家庭权初论

王琼雯　著

吉林大学出版社
·长春·

献给我的父亲王剑鹰先生、
母亲章亚君女士

序——家庭权的公法规范意义

王琼雯博士的《家庭权初论》一书出版，瞩余为序，欣然。遂选取家庭权与国家权力的交叉处，在王博士研究的基础上作一点延伸，发一点感慨。

一、家庭与家庭权

不独人类有家庭，猫、狗、象、猴这些高等动物也有它们的家庭，不过它们的家庭通常是短暂的，一旦幼体自立，家庭即告解体。但是人类的家庭则是长久存在的。除了个别例外，人一辈子厕身于家庭之中：在家庭中长大，在家庭中生活，在家庭中死去，最后归葬于家庭墓地。因此，家庭成为人类最原始、最基本的社会结构，也成为人类最基本的生存方式与精神依托，家庭一员，成为人的基本“身份”。究其原因，大概是因为人类幼体成长过程过于漫长，单靠母体的力量难以支撑，不过更重要的可能还是人类发达的情感需求，理性的交往需求，人不仅是物质的存在，人还是精神的灵知。

人不仅天生是家庭的动物，人同样天生是社会的动物，因为“家外有家”，人免不了同“家外人”发生种种爱恨情仇的物质与精神交往关系，“家庭际”的关系也随之产生。待到人口基数达到一定规模，社会的有序运行在家庭之间甚或家庭之上形成更复杂的社会结构时，人就超越了作为家庭内的“私人”存在，取得了超越家庭的“公人”性质，人获得了“公”和“私”的双重属性，家庭也随之成了介于个人与政治机构之间的社会结构的一部分，从而产生了个人之间、个人与家庭间、个人经由家庭或超越家庭与政治机构间的复杂关系。这一发展过程大体上经由两种不同的模式：东方的家庭政治化模式与西方的家庭权利化模式。

古代东方的家庭政治化模式就是通常所说的“宗法国家”的模式。在这一模式下，强有力的大家庭凭借暴力演化成为国家，所谓国家只是家庭的扩展版，国王乃一超级大家长。与此同时，原本自主的家庭则被“收编”进统治序列，成为国家控制的工具，成为政治统治的基础环节。在这一过程中，家庭自身也由亲人的共同体经国家立法改造成一个“微型国家”，国家则投桃报李，对家长予以支持与庇护，以换取家长的支持。这一制度的核心是政治国家攫取了全部利益，普天之下，莫非王土；率土之滨，莫非王臣。天下的财富（包括人）一起成了国家（实为朝廷）的财产。这一制度实行自上而下的恩惠型分配机制，对社会实行全景式的控制。在这一模式下，利益源自王权的恩惠，足以对抗王权的权利是不存在的。也正因为利益的合法性来自特定时期的王权，一旦王朝更迭，一切财富随之易主，为了生存下去，家庭就必须对新主表达效忠，否则只有死亡。显而易见，这种模式下的家庭无法取得独立的主体地位，家庭权利毫无立足之地。当然，这并不表示任何家庭利益都不受保障，因为新的主人同样需要家庭的支持，他同样会给家庭以适当的生存空间。

西方的家庭权利化模式则是建立在家庭主体之上的家庭联合。诚如亚里士多德所言，西方社会演进的基本模式是家庭—村坊—城邦，家庭的联合产生村坊，村坊的联合产生城邦。当然，这样的描述只适合于欧洲社会甚至可能仅适合于雅典，不过，它却为我们提供了一个不同于东方的社会发展的“非暴力”模式，而恰恰是它发展出了家庭权利。与全人类一样，早期希腊社会的基础是自然家庭，它的特别之处在于，家庭地位及财产权的神圣性，这可是人类“权利文化”的卵巢。在结成社区的过程中，无论是最初的村坊还是后来的城邦，它们的基本单位都是家庭。换句话说，西方复杂社会建立在独立家庭的联合之上，而不是削弱，更不是消灭独立的家庭，家长成为城邦政治最早的主体——公民。早期的公民仅限于家长，家庭成员则服从家长的权威。神圣不可侵犯的家庭财产权以及公民的政治参与权是城邦的根基，正是这两者成为后世权利文化的核心，当然，它也是家庭权利诞生与发展的条件。随着社会的进步，家长以外的其他家庭成员逐渐取得了公民资格，而城邦权力也日益向家庭渗透，这就形成了公民、家长、城邦间的多元关系，而维系这个结构的是城邦的法律，在这个法律中，家庭的自然权利得到尊重，而这就是现代家庭权的前身。

古罗马的家庭变迁与古希腊大同小异，不过，它的主要途径不是如希腊那样让更多的家庭成员成为城邦公民，而是通过一系列改革限缩家长的权力，使家庭成员从专制家长权下解放出来。其要者如：取消家长对家庭成员的生杀权及限制家长惩罚权；建立特有产制度使家子逐渐取得财产权；对家长主婚权的限制；等等。限制家长主婚权对于专制家长来说就如釜底抽薪，它的结果是个人取得了组建家庭的权利，自己成为“家长”，这最终导致专制家庭的解体，个人得以挣脱专制家庭的束缚而取得独立人格。经过这一系列长期的变革，家庭实现了从代替国家实施政治管理的专制家庭到向成员提供物质与情感生活的“自然家庭”的回归。个人不必再借助家庭成员的身份去宣示其社会存在，个人在与国家发生联系时也就获得了公法上与私法上地位的统一性，使家庭的团体性价值与个人在契约社会中的独立性相协调，家庭成为培养理性公民不可或缺的要素之一。[1]至此，家庭权利的概念就呼之欲出了。

催生家庭权利的关键因素有两个：一是基督教，二是古希腊、古罗马的权利文化。基督教带给人类的上帝面前人人平等观念及其契约观念，在宗教改革运动中生化出个人自主独立、个体神圣的宗教观念，加上人文主义的熏陶，在启蒙时期个人主义终于成为风尚，个人最终从家庭中独立出来成为社会活动的主体，个人超越家庭成为世界的中心。家庭则从独立意志体演变成为一个日常生活的亲密关系领域，成为个人表达其生活方式的重要场所，而与家庭相关的家长权、夫权、母权、父母的亲权成为“自然权利”，成为国家家庭权立法的观念与习俗基础。最早将家庭事务权利化的宪法是法国1791年宪法，它的序言即大名鼎鼎的《人权宣言》。该宪法第2章第7条规定：“法律仅承认婚姻为民事契约。”婚姻的契约化成为家庭权利发育的宪法根基。从此以后，家庭权就在全世界的法律中逐渐普及开来。

但可惜的是，在东方却始终没能产生出家庭权及其概念。古代中国社会规模的扩大，并没有带来社会结构的改变，代替自然家庭社会的是“家天下”的社会，一个最大的家庭“得天下”蜕化成为朝廷，而其他的家庭则成为臣服于他的统治工具，自主的家庭成为历史。不过与西方社会不同，中

[1] 参阅本书第1章。

国家庭地位的衰落并没有带来个体的自主与解放，相反，他落入了国家与家庭的双重枷锁之中。在东方的“普遍奴隶制”下，个体永远长不大，他没有独立自主的人格，不能合法地拥有财产——“别籍异财”是犯罪。即使是作为个人的家长，他也无权参与公共领域——因为家天下的结构根本容不得公共领域，朝廷是“自家”的，而不是公共的。由于家长的权威由自然的血缘让位于国家的恩惠，他也由独立的家长降格为奴隶主管——在朝廷面前他终究还是奴隶，无论是作为家庭成员的个人还是作为家长的个人，他们都是朝廷的“财产”。[1]在这种“家天下”的体制下，不存在任何真正意义上的权利，自然也不可能产生任何权利观念，包括家庭权利及其观念。

那么，什么是家庭权？“家庭权是家庭整体及家庭成员在家庭生活方面所享有的权利的总和。”[2]家庭权是一种复合式的权利，甚至可以说，家庭权不是“权利”，而是一组以家庭为核心的“权利群”。因此家庭权远比通常意义上的权利来得复杂。首先，从主体上来说，家庭权的主体包括了组织与个人，这个组织就是“家庭”。其次，家庭权所涵盖的利益是多元的，它包含了，但不限于经济利益。除了经济利益以外，家庭权还包含了教育，情感的慰藉与亲情的呵护等维系家庭存在的精神利益。家庭权所保障的利益多元源自家庭作为社会组织的特殊性。与一般的社会组织（公司、教会、政党、国家）不同，家庭的社会价值是多元的，它的基础是精神的、情感的，它不仅是经济、社会的共同体，它还是情感共同体，在家庭中，经济关系是由于情感而产生的。再次，从权利内容上来说，有以家庭为对象的权利，例如，个人组建家庭的权利，儿童生活在家庭中的权利；有家庭本身所享有的权利，例如，生育权（中国法律规定的）、家庭承包经营权、收养权等。最后，从权利所规范的领域来看，它横跨公私两域。家庭权不仅涉及家庭内成员之间的关系，还涉及家庭与国家的关系、家庭成员与国家的关系，这其中包含公法性质的关系。例如，对子女教育权上国家公权力介入的界限问题，

---

[1] 古代中国的国家概念与西方的截然相反。西方国家观念建立在“公共利益”之上，它本身是公器，它的宗旨是保障公民的私产与自由。古代中国的国家观则建立在“主上利益”之上，所谓国家指“土地、人民、社稷”，而这三者都是国王的私产，因此，不仅天下之物是国王的，而且天下之人也是国王的，所以马克思称东方社会为“普遍奴隶制”。在这样的体制下人权必是天方夜谭。

[2] 见本书第2章。

子女的宗教信仰问题等。

与家庭权的复杂性相应，家庭权的效力也是复杂的。除了家庭成员间的权利义务关系以外，在与国家的关系上，家庭权有三重权能：一是防御性权能，二是受益性权能，三是请求国家保护的权能。与这三重权能相对，家庭权课以作为义务主体的国家承担相对的义务，这些义务也可以“分为三个层次，作为主观防御权产生的国家尊重义务，作为受益权产生的国家给付义务，以及作为客观法产生的国家保护义务”[1]。

二、家庭权对国家权力的规范力

通常公权力都会对家庭表现出某种尊重与敬意，但是，家庭权在法律上取得对国家权力的规范力却是现代的事情。让我们先说一个法律人所熟知的安提戈涅的故事。

安提戈涅的大哥波吕尼刻斯引外敌同弟弟争夺忒拜的王位，结果兄弟俩在决斗中双双毙命。新国王克瑞昂以波吕尼刻斯叛国为由，下令禁止安葬他，违者处死。安提戈涅罔顾王命，以宗教仪式安葬了她的大哥波吕尼刻斯。事发后，面对死刑，安提戈涅对国王说：“天神制定的不成文律条永恒不变……也没有人知道它是什么时候出现的。”“你，一个凡人，竟敢僭越诸神不成文的且永恒不衰的法。”这里安提戈涅辩护的依据显然是一条超越实在法的一般法律原则：神的法律高于国王的法律，而这个神法指的是“家人有安葬他的亲族的义务”，这个义务后面是一项维护家庭利益的权利。值得注意的是，最后，违反神法的国王受到了神的惩罚：他的儿子因情人（安提戈涅）之死自杀，他的妻子也因为痛失爱子而自杀。这个故事告诉我们，早在公元前11世纪的古希腊，或者起码是在索福克勒斯创作这个戏曲的时候（公元前6世纪），保护家庭利益的习惯规范具有神性，它对公权力具有规范力。在中世纪的西方，《圣经》中有关家庭的教义具有超级法的地位，对世俗权力具有规范力。[2]

---

[1] 参阅本书第5章。

[2] 《圣经》中这样的教义很多，例如：神说：“那人独居不好，我要为他造一个配偶帮助他。”（《圣经·创世记》第二章）“妻子没有权柄主张自己的身子，乃在丈夫;丈夫也没有权柄主张自己的身子，乃在妻子。”（《圣经·哥林多前书》第七章）

家庭权利对立法权的规范力，在不同的时空中以不同形式的“超级法”面貌出现，除了上述安提戈涅案中的神法，还有自然法、人民意志等等。神、自然、人民意志这些都是人想象出来的超越人间立法者的权威，这种种权威存在于不同的思想体系中：宗教的、哲学的、民主政治的理论。由于思想的权威具有不确定性，在不同的制度建构中，这些超级法权威对立法者的规范力是不确定的，不过在西方总体上实行个人所有的经济体制及信奉神学的社会氛围中，神学及哲学的理论还是具有相当的规范力的。至于民主政治理论，它只有在民主制度建立以后，即民主成为现实以后，人民意志方具备对立法者的规范力。不过即使在民主制度下，人民意志也不是实在意义的法律，而是一种理论上的假设，只有当这些理论成为实在的、可诉的最高位阶的法的时候，家庭权利才真正取得了实在法上的拘束力。[1]这个最高法便是宪法。

在现代立宪运动中，作为现代价值观一部分的家庭权利通过立宪程序取得了规范立法权的效力。这一进步的政治逻辑是，体现人民意志的立宪权高于体现人民代表（议会）意志的立法权，当人民出现的时候，代表就闭嘴；其法理基础是法律效力等级理论，宪法处于法律效力位阶的顶端，一切违反宪法的法律均属无效；其宪法理论基础则是人权神圣不可侵犯理论及由此衍生出来的基本权利理论，基本权利是直接约束立法权的宪法规范。在这一方面，曾经饱受纳粹蹂躏的德国宪法为世界树立了榜样。

德国基本法在整体上架构起了家庭权的规范体系，将婚姻与家庭列入国家秩序的特别保护中。该宪法第一条是整部宪法的灵魂，它的第一项（人之尊严不可侵犯，尊重及保护人之尊严是所有国家机关之义务）和第二项（人权“不可侵犯与不可让与”）奠定了宪法的基本价值，第三项（“下列基本权利拘束立法、行政及司法而为直接有效之权利”）则将由前两项基本价值转化而来的基本权利法律化，并规范所有国家机关，使整部宪法在所有国家机关面前活了，站起来了。将历史上的自然权利理论、人权理论转化成为实实在在的法规范，拘束所有国家机关，这是德国人对世界宪法的伟大贡献。

[1] 需要单独说一下的是中国儒家的“礼”。“礼”中包括丰富的家庭利益（还没有上升到权利的高度）内容，对立法者有一定的规范价值，但是由于“家天下”体制下世间万物皆归于国王，它的最高原则是王权至上，所以“礼”对于王权的规范力以主观道德的形式出现，对王权不具有客观规范力。

不仅如此，德国基本法还以两条规定了基本权利的保障问题，第17条规定了“请愿或诉愿之权利”以作为权利（包括家庭权利）救济之手段，第19条更规定了立法限制基本权利所应遵循的原则，特别是它的第四款（任何人之权利受官署侵害时，得提起诉讼）进一步给基本权利安上了牙齿。家庭权被纳入这一特殊的基本权利体系后便成了规范公权力的规范体系的一部分。

除了第1条，德国基本法用了三条型构了作为基本权利体系重要组成部分的家庭基本权利体系：第3条、第6条和第7条。第3条规定了“男女平等”、第6条规定了婚姻家庭的特别保护，以及家长的教育权、母亲的社会保障及照顾，非婚生子女的平等地位之保护。另外，第7条第二款对子女宗教教育问题作出了特别规定：“子女教育权利人有权决定其子女是否接受宗教教育。”确立了子女教育权利人在宗教教育问题上优先于国家的决定权，或优先权。

三、中国现代化过程的家庭权利保障

前述关于家庭及其权利的历史与规范性叙述其实只适用于典型的西方社会，古代中国社会在告别自然家庭以后走的是一条完全不同于西方的特色道路——宗法制道路。在这一体制下，个人不仅未能升华为公民，反而处于国家与家庭的双重压迫之下，家庭权只能是天方夜谭。当然，由于家庭是国家统治的基本单位，家庭的家长制原则被确认为专制国家的基本原则，因此，在家天下体制下，家庭的利益也是得到相当程度的保护的，这种保护起码有：将“孝”确立为最高礼法规范，将“不孝”列为重罪；确立家长制财产权，将“别籍异财”入罪；确立家长的主婚权；确认家长几乎无限度的惩罚权，包括处死家庭成员的权利；审判制度中的容隐及刑罚制度中的存留养亲制度[1]；等等。为了增加人口以增强国力，有的王朝还强制人民结婚。[2]当然，对家庭利益的这些保护是以牺牲家庭的自治与个人自由为代价的。

如果单单从巩固体制的角度来看，古代中国模式是相当成功的。从夏代起算，这个体制有效地运行了四千年，即使从汉代起算，它也起码存活了

[1] 指为照顾年长的父母可以辞官，父母死后可以守孝等制度。

[2] 例如，汉代规定，男子三十不婚，女子十五不嫁，“五算”——五倍征收人头税。

超过二千年。且在这个体制下，其原则也不完全是残酷或虚伪的，它也有温情脉脉的一面，有缓解专制暴力残酷性的一面，典型的事例当是汉代的“缇萦上书”。在那个千古流传故事中，汉文帝出于家长对子女式的爱，废除了肉刑。[1]不过，由于东方社会奉行的是王权至上的原则，法自君出，皇帝口含天宪，这些保障家庭利益的条款，只有在“明君”统治时才有效力，一旦皇权昏乱则家庭不免遭殃。南汉的末代皇帝就曾下令阉割臣下——不是太监，[2]太平军更曾禁止基层战士结婚，全体人民组成“男营”“女营”，实行男女分居，这是彻底消灭家庭的架势。

诚所谓“天下大势，浩浩汤汤，顺之者昌，逆之者亡”，19世纪末，家天下的体制在先进的西方文化面前终于败下阵来。1911年的狂飙催生了亚洲第一个共和国，1912年的《中华民国临时约法》为新的家庭体制奠定了宪法基础，1936年的民国婚姻法则进一步确立了文明世界的先进家庭制度。1949年以后，这一短暂的“西化”过程中断，迎来了新的以公有为特色的、同样源自西方的现代计划经济体制和动员型政治体制。在这一时代背景下，家庭主体地位受到冲击。改革开放以后，正常家庭功能的恢复是其第一步：家庭承包责任制的建立。从此家庭开始有了自己的财产，家庭成为重要的经济单位。经过四十年的改革开放，中国的家庭权利得到了长足的发展，但是家庭权利仍大有提高的余地。

特别需要关注的家庭权利首先是收养权。古今中外的法律都很注重收养问题，中国古代法律关注的焦点是宗祠的延续，其实背后更重要的是老

[1] 据《史记·孝文本纪》记载：五月，齐太仓令淳于公有罪当刑，诏狱逮徙系长安。太仓公无男，有女五人。太仓公将行会逮，骂其女曰：“生子不生男，有缓急非有益也！”其少女缇萦自伤泣，乃随其父至长安，上书曰：“妾父为吏，齐中皆称其廉平，今坐法当刑。妾伤夫死者不可复生，刑者不可复属，虽复欲改过自新，其道无由也。妾愿没入为官婢，赎父刑罪，使得自新。”书奏天子，天子怜悲其意，乃下诏曰：“盖闻有虞氏之时，画衣冠异章服以为僇，而民不犯。何则？至治也。今法有肉刑三，而奸不止，其咎安在？非乃朕德薄而教不明欤？吾甚自愧。故夫驯道不纯而愚民陷焉。诗曰‘恺悌君子，民之父母’。今人有过，教未施而刑加焉？或欲改行为善而道毋由也。朕甚怜之。夫刑至断支体，刻肌肤，终身不息，何其楚痛而不德也，岂称为民父母之意哉！其除肉刑。”

[2] 太监是不能组建家庭的，是东方特色的制度，这里存而不论。南汉末代皇帝刘鋹（chǎng）因为担心家庭妨碍臣下对他的忠诚，竟然着手消灭家庭存在的“物质基础”——将臣下阉割：“以谓群臣皆自有家室，顾子孙，不能尽忠，惟宦者亲近可任，遂委其政于宦者龚澄枢、陈延寿等，至其群臣有欲用者，皆阉然后用。”《新五代史·南汉世家·刘隐》

了以后怎么办的问题。现代关注的则是以收养权形式表达出来的个人自由与幸福。收养权涉及收养人与被收养人双方的家庭权利。对于家庭来说是家庭的发展与情感权利，对于未组成家庭的单身人士来说，是通过收养组成家庭的权利。对于因家庭变故或其他原因需要被收养的儿童来说，被收养则是生存的权利及过正常家庭生活的权利。在这方面，我国《收养法》的规定不甚合理，特别是其第三条的规定。[1]该条规定导致许多愿意收养的人士无法收养，而许多待收养的孩子却因无人收养而不能过上正常的家庭生活，收养方与被收养者之间横梗着一堵无情的权力之墙，以致产生了这样的咄咄怪事：外国爱心人士为收养中国儿童还需支付重金。[2]这是非常不合情理的。

家长权的规制也是个值得认真对待的问题。家长对子女的扶养教育权，是一种复杂的存在物。它首先是义务，如果不履行的话，将导致国家给予的不利后果；其次，对处于被动地位的子女来说，它是一种权力，子女得服从；最后，当它与国家的外在干预相对时，它又为一项权利——家庭内的自治权利——抵制国家干预的权利。在教育子女方面，亲权与政治权力间的关系也很微妙。国家不应过度干预，这里需要适度的平衡，这种平衡还应当随着儿童年龄的增长而有所调整。更复杂的是，到了一定年龄，子女的自主选择权将加入，作为平衡的一块砝码。当下有国家义务的履行不到位的问题，[3]也有国家对家长的教育权过度干预的问题。

家长对未成年子女的惩罚权是一个逐渐国家化的过程，家庭残留“薄惩”的权利。对于家长来说，这是一种针对国家的防御性的“自治权”，对

---

[1] 《中华人民共和国收养法》第三条：“收养不得违背计划生育的法律、法规。”

[2] 据国际儿童救助基金会官方网站公布出来的费用，美国人收养一名中国儿童的费用是17.5万元人民币左右，其中包括申请费、档案费、指纹费、家庭学习费、文件费、管理费等名目不一而足。《时代周报》记者从中国收养中心咨询的情况表明，国外家庭要收养中国的孩子，需在中国儿童福利与收养中心缴纳的费用为600到1000美元不等；《美国人收养中国孩子，还记得儿子在南京吃碗馄饨后走丢》，中国法律网https: //www.5law.cn/info/minshang/shouyang/shouyangfagui_/2012/0205/136698.html。

[3] 例如有的地方政府没能为适龄儿童提供合理的教育设施和合理的师资，特别是在学龄前及义务教育阶段，有的地方对外地户籍的子女入学上实行歧视性规定。

于孩子来说，这是一种“保护性的伤害”，它极易蜕变成为家庭暴力。[1]因此当由国家法律作出适当规定。

其他需要完善的家庭权仍有不少，比如：就组织家庭的权利而言，同性恋者组织家庭的权利似乎有待讨论并保护之余地；老人重组家庭的权利应当得到进一步的保护。就家庭作为权利主体的权利而言，其生育的自主权应当得到尊重，不可成为国家计划的牺牲品；家庭的迁徙权不应受到户籍制的束缚；农村家庭土地权利（宅基地及地上建筑权利、承包地权利）应当市场化，以免造成权利的“制度性”贬值并成为家庭自由发展的桎梏。就家庭内部关系而言，妇女儿童在家庭中的权利保障有进一步加强的必要。

对于当下的中国，提升家庭权利的关键在于宪法权利特别是宪法基本权利要活起来，宪法权利活起来的关键又在于建立宪法权利的救济渠道，盖没有救济就没有权利，这个救济渠道就是诉讼。换言之，宪法上的家庭权利必须是可诉的，否则它就只能是海市蜃楼。诚如西方法律家所言：“宪法不是辉煌的政策便览，宪法重要原则的真正适用应成为社会在法律政治意义上进步的起点。”[2]

是为序。

周永坤

己亥年正月初八

[1] 诚如本书作者所言，“家庭并不总是脉脉温情，它有时就是监狱，就是地狱。”家庭暴力对于毫无抵抗力的孩子来说是最残暴、最难以逃避的灾难。中国的家暴屡见于各种媒体，一些孩子的处境令人触目惊心。

[2] 转引自［美］詹姆斯·安修：《美国宪法解释与判例》，黎建飞译，中国政法大学出版社1999年版，第191页。

目　录

导　言

一、问题缘起

有人就有家，有家必有人。家是孕育个人的摇篮，人从呱呱落地开始，便生活在家庭之中，成长于家庭之内。实际上，“家庭”虽然只是个普通的字眼，但触动的却是人们最深层的情感记忆。“众所周知的事实是：人性的情感通常随着对象的距离或散漫情况而减弱。根据这个原则，一个人对家庭的依附性胜于对邻居的依附，对邻居的依附胜于对整个社会的依附。”[1]家，在心灵疲惫时，给我们以安慰；在狂风骤雨之时，给我们以庇护。家是个人走向社会的起点，每个人通过家完成社会化的第一步。家为每个人提供了经济上、心理上、教育上的重要支撑，并成为人终其一生所眷恋、牵挂的港湾。无可否认，随着社会的变迁，家庭也经历了相应的演变和发展，家庭的功能日益萎缩：学校取代了它的文化传承功能，企业取代了它的经济营生功能，国家取代了它的民生福利功能，甚至慰藉心灵的功能，也部分地被社团、媒体、网络所取代了。但是，即使是最现代的国家，其家庭仍然屹立不倒，不可取代。正如学者所说，“人们仍然制式地进行‘回家’的行为，每天回‘小家’，每年回‘大家’，祭祖和团圆，家庭的功能体系变成小而美，但仍然不可或缺。”[2]实际上，无论是远古还是现代，也无论家庭功能如何逐步萎缩，家庭对于个人目的性的存在仍具有十分重要的价值，可以说家庭的组成、家庭成员间的共同生活和亲密关系，满足了人生最起码的需求。这种生活模式先于国家和法律，它附随个人而存在，具有普遍性，在这

[1]　[美]汉密尔顿等:《联邦党人文集》，程逢如等译，商务印书馆1980年版，第83页。

[2]　苏永钦主编:《部门宪法》，元照出版公司2006年版，第805页。

种生活模式下享有的家庭权利因而是人的“自然权利”。从现代社会的人权制度上看，家庭权也已经在国际、国内法律文件中得以明确表述。第二次世界大战以来，随着人权的国际化与普及化，家庭权也向全球普及，《世界人权宣言》及《公民权利和政治权利国际公约》等重要的国际人权文献中均明确规定家庭权。这意味着家庭权不仅是人权谱系中的重要组成部分，而且也是一项跨越国界的普遍人权。就国家法而言，美国、德国等国家也纷纷通过国内立法和司法判例确立了家庭权，并在国际人权文献的基础上扩展了家庭权的权利内涵和保障方式。

不可否认，20世纪以来，因市场经济、生物技术、社会转型等因素的推动，加上自由主义理念的影响，家庭的组成方式和内部关系业已发生了巨大的变革。首先，现代的个人更趋向于自主建构日常生活、表达亲密关系的模式，由此“丁克家庭、单亲家庭、未婚同居、试婚、同性恋婚姻、隔代家庭”等新的家庭模式，都在冲击着传统的、以异性婚姻为基础的家庭模式。[1]传统让位于现代，社会迁就于现实。特别是在价值多元的今天，人们对于与传统模式不同的家庭组合已经变得越来越宽容。与现实中家庭形式和结构的重大变化不相适应的是，许多国家的法律仅仅只是保障“合法婚姻”下的家庭，其他“异质家庭”则被污名化和边缘化。比如依照我国《婚姻法》的规定，非婚同居关系（有配偶与他人同居者不在此列）不受法律保护，同居男女间发生纠纷，无论财产的分配、子女的照顾，彼此的扶养、还是过错方的损害赔偿责任等问题，几乎都处于法律真空状态，完全不能同合

---

[1] 潘允康：《社会变迁中的家庭》，天津社会科学院出版社2002年版，第8页。此外，根据据美国《时代》杂志2010 年11 月19 日报道，美国皮尤研究中心日前公布的调查报告显示，39%的美国人声称婚姻变得过时，1978 年只有28%的美国人持此观点。这并不意味着美国人对婚姻绝望，相反现在美国人对家庭更有信心，只是对家庭的定义更灵活。美国约翰·霍普金斯大学社会学和公共政策学教授彻林说，“婚姻在这个国家仍然非常重要，但不像过去那样主导家庭生活，如今，拥有成功的家庭生活有很多方式，婚姻不再是唯一。”皮尤研究中心的调查显示，对于家庭组成方式，大多数美国人认同传统结婚的方式，但五分之四的人认为，没有结婚但有孩子的异性情侣也可以组成家庭；另外，单亲家庭也是家庭的一种。皮尤研究中心的调查还发现，29%的18 岁以下的人现在同单亲、离异或从未结婚的父母住在一起，这一比例比1960 年增加了5倍，15%的孩子是父母已经离婚或分居，14%从没结婚。参见Belinda Luscombe, Who Needs Marriage: A Changing Institute, TIME， 2010.11.19.

法婚姻状态下离婚制度的效力相提并论。此外，同性婚姻、代孕母亲、人工生殖等各种社会新问题更是处于争议的中心，在世界各地引发了广泛关注。其次，两性平等以及儿童最佳利益的观念冲击着家庭内部权力关系。传统上，家庭一直被视为由自然情感支配的私人领域，家庭事务是由家长按照“爱”的道德法则和基本的人伦来加以管理的。尽管这种家庭自治维持了家庭的秩序，爱的力量也能够大致保持家庭的和谐，但这种模式却是以无视子女的独立自由及维系父权体制为代价的。在这样的制度安排下，家庭便成了性别歧视的庇护所和压迫性的权力之源。现代个人权利意识的觉醒，冲击着家庭内部的伦理法则，并使得传统父权结构趋向瓦解，特别是伴随着对利益的追逐，家庭内部的冲突、甚至暴力现象也更为频繁。那么，作为公民保护人的国家如何介入家庭以平息冲突，维系微观社会的基本秩序呢？这些变化显然给现代家庭制度的重构提出了新的课题。再次，工业化、城市化一方面带来了经济的快速发展和生活水平的提高，但与此同时，人口膨胀、社会贫困现象在某些方面也有所扩大，由贫困带来的生存、就医、养老、育儿、教育等一系列的现实问题使许多家庭难以承受。但不可改变的是，家庭仍然承载着养育个体、延续人类的重要使命，也是为工业化生产提供劳动力的主要渠道，因此国家出于社会整体发展的考量，也为了社会公平，必须扶持、保障家庭的基本需求，对家庭中的最弱者——母亲和儿童——予以特别的保护。这就在福利的名义下，使国家对家庭的渗透和干预取得了正当性。

以上所言还不是现代家庭问题的全部，但即便如此也可看出，家庭问题如果不能妥善处理，势必会动摇社会秩序的根基。必须注意的是，尽管家庭附随于人而来，先于国家和法律，但现代家庭又是被国家法律刻意塑造的结果。换句话说，法律所规范的家庭模式与家庭关系，一定程度上又会被转换为人们评价家庭问题的标准，因而，法律既是稳定社会关系的安全阀，也是阻碍革新的保守力量。就目前的主流法律体系而言，它所勾勒的家庭显然是指一夫一妻的异性婚姻家庭，且这种家庭具有法律上的排他性，与此不合者均为“异端”。然而，人们组成家庭的动机、目的各异，是否组成家庭、组成什么样的家庭、选择什么样的生活形态关系着我们每个人的目的性存在，为什么法律如此偏好将“家庭”定义为一男一女组成的异性婚姻家庭？面对当今世界的变化，人与人情感交流的方式日趋多样，法律是否仍然有必要只保护以“婚姻”为基础的“家庭”？现代国家在将个人从家庭的身份等级束缚中解放出来的同时，自身又以家长主义的姿态成为个人的监护人和保护者，这就产生了一系列新的问题：国家如何在保障个人日常生活的自主权与维系传统的社会制度方面寻求平衡？国家如何给予没有合法婚姻外衣的公民同等的家庭权益保护？国家公权力在福利的名义下取得对家庭的干预权，这种干预既有通过社会救助、社会保障手段对家庭整体的介入，又有对家庭内部冲突关系的调整，那么，如何兼顾家庭自治与保护家庭弱势者？必须注意的是，婚姻法是典型的私法，重在调整家庭成员间的关系，而有关家庭的组建以及国家公权力对家庭的介入、救济、给付等问题涉及国家与私人间关系的处理，这些是私法无力触及的。如前所述，转型时期家庭模式和家庭关系也在快速变更之中，面对新的社会现象所反映出的法律与现实的脱节，就需要在更高法律位阶去关注家庭及其权利问题。具体而言，我们应当跳出将异性婚姻作为预设前提的家庭制度，在法律上为各种形式的家庭正名；同时，应该着眼于婚姻家庭制度的上位概念，从基本权利的角度确立家庭权并且重构我国目前的婚姻家庭制度。总之，作为奠定整个共同体价值秩序的宪法，必须要回应时代的变迁，重新调适个人、家庭、国家之间的关系，同时将传统的家庭法律制度纳入合宪性审查的范畴。对于上述有关家庭权的法理学、宪法学研究，是摆在法学研究者面前的一项迫在眉睫的任务。

二、研究现状

国内学术界对于家庭的研究成果极为丰富，但多集中于社会学、伦理学和哲学层面。相较而言，法学界主要是从私法角度研究家庭内部亲属关系，而从公法尤其是从基本权利的视角研究家庭权则几乎处于空白状态。近年来随着人权意识的增强，促使学者转向在宪法层面上认识家庭、家庭权。从已有文献看，首次专门提出家庭权的是我国台湾地区的学者李震山教授。但就目前大陆学者的研究来看，不知是否因为法规范层面的完备使得学者们缺乏研究动力，还是本身也受到“法不入家门”观念的制约，研究成果寥寥。由于“重契约轻身份”的私法研究现实，婚姻家庭领域似乎也主要是婚姻家庭法学者孤军奋战的场所。由于缺乏研究的群体与兴趣，鲜有专门研究家庭权问题的成果。通过文献检索，发现以家庭权作为主题的代表性论文有：《家庭权及其宪法保障——以多元社会为视角》（张燕玲，2011）、《家庭权的私法保障》（张燕玲，2012）；《在伦理与法理之间：一种古老权利的重新构造——家庭权法律问题初步研究》（李秋高，2011）；《论婚姻家庭权的伦理内涵与法律规制》（陈燕萍，2005）。将宪法与家庭作为研究主题的成果有：《民法典应承载宪法对家庭之制度性保障》（刘练军，2018）；《婚姻、家庭的宪法保障——以我国宪法第49 条为中心》（王锴，2013）；《宪法是如何介入家庭的？——判例法视角下的美国宪法对家庭法的影响及其争拗》（姚建国，2011）；《论国家保护婚姻家庭的宪法原则及其施行》（杨遂全，2001）；《国家与婚姻：婚姻自由的宪法之维》（周伟，2006）；《求同存异与求异存同：同性婚姻的宪法之纬》（郭晓飞，2005）。此外，学者们在一些有关基本权利或人权的著作中也有涉及家庭权，但他们在论述时通常是将家庭权和婚姻权联系在一起的，这与我国法律上正常家庭是和婚姻联系在一起的制度建构相吻合。从这类研究成果看，李步云教授主要对婚姻家庭权的定义及其主要内容做了概述（李步云，1998），黄列教授主要研究了家庭生活权的概念、性质、特点及相应的国家义务等（黄列，2000），林喆教授对婚姻家庭权的概念、特点、保护理由进行了阐述（林喆，2005），秦前红教授则区分了隐私权意义上的家庭权和一般意义的婚姻家庭权（秦前红，2009）。总体来说，目前家庭权的宪法理论研究较为缺乏，这与家庭在现实生活中的重要地位是极不相称的。

三、研究意义

（一）确立家庭权在宪法人权体系中的地位

如果仅从规范来源看，一项自然权利能够转换为基本权利取决于宪法的确认，但从终极意义上，能成为宪法基本权利必定来自人的基本需要和价值诉求。“人的基本权利是人作为社会整体的自律的个人，为确保其自身的生存和发展，维护其作为人的尊严而享有的、并在人类社会历史过程中不断形成和发展的权利。”[1]但基于人的多样性和人类生活的复杂性，并非每一种需求和利益都能进入宪法的基本权利清单。权利能否入宪必须考虑以下

[1]　林来梵：《从宪法规范到规范宪法》，法律出版社2017年版，第88页。

两点：第一，该自由与权利在实质上已具备基本权利之品质，具有普遍性及神圣性。权利固然是可欲的，但是，权利不是越多越好，无限度地主张这样或那样的权利，只会导致权利的"通胀"，使权利贬值和庸俗化。[1]第二，这种自由或权利的确立，不能够妨害社会秩序与公共利益。那么，家庭权是否具备这样一种入宪资格呢？答案是肯定的。家为每个人提供了经济上、教育上、情感上的重要保障，"是家庭在为社会生产、塑造出特定类型的个体。"[2]无论在现代化的洪流冲击下，家庭的结构和功能发生怎样的巨变，"家庭（无论何种形式）的确仍是关乎人民情感、心理、经济、安全等最重要的生活面向，家庭和谐的追求更是人格发展、人际关系所追求的重要目标，并不仅是'生活与伦理'的道德规训。"[3]可见，无论是从个人，还是就社会而言，家庭权的宪法性存在都有其正当性和必要性。反之，"宪法若对于提供个人在社会生活中所必要的心理、经济、教育支持的最基本单位，不予保障，殊难想象。"[4]由此可见，家庭作为个人私生活领域的中心地带，宪法基本权利体系应当为其留下一席之地，宪法家庭权的确立也是顺理成章之事。从世界宪法发展的实践来看，19世纪以降，西欧国家的宪法典普遍将家庭生活纳入宪法保障体系，实现了家庭权从自然权利到宪法权利的变更。而二次世界大战后相继通过的《世界人权宣言》《公民权利和政治权利国际公约》等一系列国际和区域人权公约，更将家庭权提升到国际法的层面。

笔者之所以选择从基本权利的角度研究家庭权，还在于作为基本权利的家庭权，显然与私法上旨在调整平等主体间关系的家庭权意义不同。宪法是基本法，不仅规范国家权力，还为整个国家共同体的秩序提供价值基础，宪

[1] 正如美国学者格伦顿所言的那样："权利范畴的迅速扩展——延及树木、动物、烟民、不吸烟者、消费者等等——不仅使权利碰撞的机会成倍增加，而且也使核心民主价值面临平凡化的风险。"参见［美］玛丽·安·格伦顿：《权利话语——穷途末路的政治言辞》，周威译，北京大学出版社2006年版，前言第3页。

[2] 齐格弗里德·布兰奇：《自然伦理生活与市民社会：黑格尔的家庭建构》，载许章润主编：《人的联合：从自然状态到政治社会》（《历史法学》第八卷），法律出版社2014年版，第296页。

[3] 陈宜倩：《以家庭之名强化父权的社会控制——评释字第五六九号解释》，载《月旦法学杂志》2005年第5期，第120卷，第199—209页。

[4] 李震山：《"宪法"意义的家庭权》，载《中正法学集刊》2004年第十六期，第61—104页。

法权利正是这种价值基础的体现，而宪法体现的价值又必须落实在具体法律部门中。可以说，家庭权作为宪法确立的基本价值构成了国家家庭立法的总原则，家庭法制的展开必须以宪法上塑造的家庭价值观为指导。当前的婚姻家庭立法以异性婚姻为基础，和现实生活存在偏差，而人们组建家庭的方式并非私法能够涵盖，将宪法意义上的家庭权作为家庭法制的上位概念，可以打破目前合法婚姻家庭一元化的格局，使宪法真正与社会现实互动。

（二）理顺个人、家庭、国家之间的合理关系

传统上，家庭作为国家权力统治下的自治单位，借由家长代表国家按照“爱”的人伦法则加以管理，这种家庭模式经由国家法律得到认可与强化。这种家庭虽然维持了家庭整体的和谐，但它却是以内部专制为基础、以家长权为核心的权力装置，在这样的制度安排下，家庭充斥着性别歧视，卑微者无人格与自由可言。新中国成立后，由于意识形态一度发生扭曲，曾经全面否定公私领域的区分，企图将包括家庭生活在内的所有社会生活全面纳入国家管制范围，公民的家庭生活自主权遭到漠视，凸显出公权力对私人生活的过度干预。[1]随着改革开放和市场经济体制的确立，个人的权利意识和主体观念前所未有地增强，公民的个人自由和私生活自主权受到重视，在此背景下，如何去规范公民、家庭和国家的关系，成为婚姻家庭立法和司法的根本性问题。

就宪法发展的实践来看，近代立宪主义的兴起，使个人得以摆脱家庭之束缚，发生了如梅因所言的“从身份到契约”的重大社会转变，在个人主体意识的觉醒以及人权运动的驱动下，个人、家庭和国家的关系得以重新调适。纵观三者之间的关系，大致存在自由主义和社会连带主义两种不同立场。自由主义以个人自主为中心，一方面赋予家庭保障个人对抗国家的功能，使个人的自由发展得到庇护；另一方面又要国家监督家庭，防止家庭内个人人格受到不当的钳制。在自由主义的家庭观念下，国家法律对于家庭身份关系的规范，以保障家庭私生活，尊重家庭自治为圭臬，国家仅扮演夜警

[1] 这种观点来自列宁，列宁对制定1922年苏俄民法典的指导思想是“我们不承认任何私法，在我们看来经济领域中的一切都属于公法领域，而不是私法范围。我们容许的……只是扩大国家干预私法关系的范围，扩大国家废除私人合同的权力，不是把罗马法典，而是把我们的革命意识运用到‘公民法律关系’上去。”参见列宁：《列宁全集》（第36卷），人民出版社1987年版，第587页。

的角色，法律也多为任意规范。社会连带主义则迎合了福利国家兴起的背景，强调社会上人与人之间休戚与共、守望相助的连带关系，家庭变成计划经济和社会管理的单位，国家对于家庭、子女都负起高度的照顾责任。在此立场下，国家基于保障弱者及维护社会公共利益的目的，将原属家庭自治的夫妻及亲子关系予以重新规制，使得在公共机构的监督下，凡有违反男女平等或未成年子女利益的，都可以授权法院或福利机构限制家庭自治，以保障个人权益或人的尊严。然而必须注意的是，无论是为“小我”而存在的自由主义，还是为“大我”而存在的社会连带主义，两种理论下的家庭在现代社会都不再具有传统社会那样的自主地位，由此引发出个人、家庭与国家三者之间关系的紧张。自然，这种紧张关系在不同历史条件下都会存在，问题是如何在法律的层面上加以调整。在现代法治社会，宪法成为国家的根本大法，通过宪法理顺三者间的基本关系是十分自然的事情。早期西方国家的宪法往往规定了防御性质的家庭权，禁止法律对家庭关系的随意介入；堪称社会主义典范的苏联宪法，则偏重国家对未成年子女的保护。深入观察，现代国家又多半经历了自由主义和社会连带主义理念的折中，强调个人自由，但又构建了社会安全网络。二战前颇具社会主义色彩的魏玛宪法和德国基本法，就体现了对于家庭生活保障的立体模式。而在国际法层面，二战后联合国通过的《世界人权宣言》中，有关家庭的部分具有较浓厚的自由主义色彩（如第12条），其后通过的《经济、社会和文化权利国际公约》，又融入了福利国家的精神（如第10条）。总之，不同时期不同国家的宪法对个人、家庭与国家关系的定位，就如同色彩斑斓的图画，从中折射出家庭意识的流变。

本书的研究旨在说明，国家必须在尊重家庭私生活自主的同时，对家庭生活中那些关乎家庭成员的具体法益，那些关乎情感与思想的事项，应当有所作为、有所不为。国家真正应该关心的是那些因贫困而无以为继的家庭以及家庭生活中的弱者，这是隐藏于家庭中真正具有公共利益而值得国家介入的部分。对此，国家可提供经济上或机制性的协助，帮助贫困家庭获取符合其尊严的最起码的生活水准；强化父母的责任，确保家庭以维系未成年人利益为中心；保障婚姻当事人之间权利义务的平等、确保家庭成员的人身安全、经济安全等，保障公民不因进入婚姻关系而使个人权利受到减损。至于家庭生活如何经营，夫妻情感如何维系，父母与子女间如何相处，则属于家庭成员间亲密生活自主的范围，国家介入当持慎重态度。

（三）倡导宽容的多元家庭理念

一个文明的社会，寄望于人与人之间的相互宽容。在德国著名法学家考夫曼看来，宽容即“为了能够掌握未来的任务，我们必须对新事物保持开放的态度。此种对于不同的事物与新事物原则上开放的态度，以及研究未知事物的开放态度，吾人称之为宽容。”[1]可见，宽容并非简单容忍别人的无知或错误，而是以一种开放态度应对新事物，容许人们尝试新的生活方式和生存路径，对别人的试错加以理解与同情。

一个社会若要真正发展并落实其多元性，其重要基础就在于国家能够宽容并保护少数或弱势文化群体的生存与发展，尊重并保护多元文化。国家是由社会成员组成的，国家权力的行使必须通过社会大多数成员之代表的民主形式来决定。因此，我们所倡导的宽容原则，应是指社会多数成员的宽容，只有在社会大多数成员愿意且能够对不同文化社群的文化差异予以宽容，多元文化国的保障才有落实的可能。[2] 如果国家或社会的多数成员无法宽容异质的文化观念和生活方式，要建立价值多元的社会无异于痴人说梦。宽容是自由民主国家赖以生存的基本要件，但它并非自然产生，需要持续地学习和演练。也正因如此，国家就应当去倡导、促成并保障“宽容”的美德。在多元文化国中，国家不是不同文化纷争中的“裁判者”，而是厕身于斯的“当事人”，因此更应积极扮演宽容守护者的角色。

诚然，以异性婚姻为基础的家庭模式代表了当今世界家庭法的主流，不过实际上这种模式并非纯自然形成，而是杂以规范建构的产物，正如学者所言：“作为现代婚姻法的上位概念，是国家透过核心家庭之意识形态，借助于法律的强制或解决纷争而形成的效果。”[3]在这种理念之下，不符合法律模式的家庭被异质化，从而使得现实中少数人的权利被忽略。然而，人权

[1] ［德］考夫曼：《法律哲学》，刘幸义等译，五南图书出版公司2000年版，第315页。

[2] 许育典：《法治国作为和谐社会的理论基础》，载《南京大学法律评论》2010 年第34 期，第45—59页。

[3] 施慧玲：《家庭、法律、福利国家——现代亲属身份法的主要研究课题》，载《家庭、法律、福利国家——现代亲属法论文集》，元照出版社2001年版，第10—11页。

思想的普及以及人权运动的兴起，激发了同性恋者被压抑的对婚姻权利的渴望，他们清楚权利是依附于婚姻制度的，合法的婚姻才能给他们以身份的保障，没有婚姻，意味着他们只能成为家庭权利的旁观者。婚姻家庭制度设定的初衷即在于实现每个人的婚姻家庭权，然而现行的婚姻家庭制度却因将准入门槛设定在异性男女间而成为限制少数人基本权利的利器。这不应是法律的作为，更不能表明法律的本意。因而，只有将家庭权作为上位概念，以其作为个人亲密私生活领域的规范基础，才能使异于传统制度的多样生活方式获得存在空间，这才是真正落实宪法宽容精神。

（四）为中国家事法制改革提供规范基础

权利的宪法化是对普适性价值的确认，但是权利的保障和实现有赖于具体法治的建构和推进。同样，家庭权离不开法律制度的规范调整，但这种调整必须能够回应社会价值需求而非成为时代进步的桎梏。如前所述，受到自然科技、工业文明、社会转型等诸因素的影响，家庭结构和功能发生巨变，这就使得“新型家庭”与以异性婚姻为基础的家庭法规范之间产生冲突，这些迫使我们对主流婚姻家庭制度进行反思。

家庭关乎个人目的性存在，在一个权利意识觉醒、崇尚个性自由的时代，本书强调关于“家庭”的法律建构必须充分尊重个人私生活的自主，无论是异性恋、同性恋，成员间有无性关系、来自什么样的种族、文化背景，只要不违反性别平等及保护未成年人原则，国家法律都应该充分尊重其组建家庭的权利。但是当下家庭法对于异性婚姻的偏好，却是国家借助对“合法”正常家庭的规范不当介入私人情感领域所形成的。法律发展的历史业已证明，法律规范人的思想或感情之类的尝试，都超越了法律的正常功能；进一步说，未成年子女的幸福、福利，也不应诉诸父母情感关系的成败，更不应诉诸父母之性别或性倾向。如欲使家庭成为支持个人自主、人格自由发展的社会基础单位，就需要在最高法律位阶上关注家庭权利问题，并以此为基点将传统的家庭法律制度纳入合宪性审查的范畴，继而为完善家事法制提供规范基础。

宪法上的家庭权有两层基本含义：第一，公民享有是否成立家庭的权利；第二，依法成立的家庭受国家保护。后者体现为家庭权的保护功能，它要求国家机关特别是立法机关应该制定法律规范明确宪法上基本权利的内涵、边界，从而保障作为基本权利一员的家庭权的实现。立法机关对于家庭权的保护义务具体涉及公法和私法两个层面。

从公法角度看，主要是国家对于家庭弱势群体的救济、对于贫困家庭的福利保障方面，此外政府在劳动、税收、教育等领域协助公民实现家庭的存续和运转，也涉及公权力与家庭自主间的平衡问题。但是现在的制度设计都是以异性婚姻为基础的，当一个“家庭”不具备这些合法因素时，有关的社会保障、福利救助也将与之无缘。所以未来我国公法制度的完善，必须以宪法上家庭权的落实为基本价值取向。

当然，家庭作为人的基本归属，其对个人的安身立命、幸福生活意义重大，从这个角度说，私法对家庭权的保护更为基本。2017年全国人民代表大会表决通过《民法典总则》，包括调整家庭生活在内的民法典分则编紧锣密鼓地提上编纂日程。民法典必须认真对待家庭，因为“民法典作为根据宪法所颁布的特定规则而创制出来的下位法规范，不能不尊重并遵循宪法上的保护家庭之基础规范，并借助一系列有关家庭的具体规则来落实和彰显保护家庭这一宪法基础规范之价值目标，否则，其正当性和合宪性将面临质疑。”[1]基于民法典前瞻性和体系化的要求，围绕家庭立法的完善而进行的理论准备就非常重要，就目前而言，学界更多是从部门法的视角研究婚姻家庭关系，从宪法层面反思我国民事立法、特别是婚姻家庭法得失的成果相对较少，本书将充实这方面的研究，通过对作为“基本权利”的家庭权意义的解构，勾勒出民主法治社会下属于个人家庭的法律镜像，以此区别于那种将“先在的、传统的”家庭制度本身作为宪法关照对象的固化思维，从而使未来的民法典能在尊重和保护家庭伦理和宽容接纳个人自治间寻求平衡。

四、研究方法与思路

本书拟在充分吸收国内外相关研究成果的基础上，采用多种研究方法，坚持理论联系实际，紧紧围绕我国家庭权宪法保护事实，有针对性地展开研究。具体采用的方法包括：语义分析的方法，主要是在对本书的核心概

[1] 刘练军：《民法典应承载宪法对家庭之制度性保障》，载《法制与社会发展》2018年第2期，第32—42页。

念——家庭、家庭权进行定义时采用；案例分析的方法，主要就家庭权的限制问题，结合我国和国外典型的案例进行分析；历史考察的方法，在梳理家庭权历史发展时采用；比较分析法，重在考查美国、德国家庭权保障模式时采用。当然，没有哪种研究方法是单一的，在同一个论域中不排除多种方法的综合运用。

就研究内容而言，本书旨在建构一个相对完整的家庭权体系，围绕这一核心命题，论文将按照以下思路展开：

（一）家庭权基本理论问题研究。包括家庭的定义、家庭权在宪法上的产生与发展、家庭权的概念、主体、属性等基础性问题。

（二）家庭权的内容。基本权利的保障首先应明确权利的内涵和外延，唯有此，才能明确国家的义务及有关权利限制的合宪性问题。

（三）家庭权的价值。基本权利为整个共同体秩序提供核心价值基础，家庭权从应然权利到基本权利恰是人的价值在宪法体系中的折射。

（四）家庭权的效力。基本权利勾勒了国家公权力的边界，保障和实现家庭权必须明确国家的基本义务。本部分将结合基本权利功能理论，将家庭权的效力分为三个层次来进行论述。

（五）家庭权的限制。为了使得共同体的人们得以保持良善生活，家庭权并非不能限制，但相关限制必须满足特定的理由并按照特定的原则进行。

（六）中国家庭权的保障。在转型时期，家庭领域正经受个人主义、去性别化、生殖科技等思潮和实践的强烈冲击，这就需要以人的尊严为中心，重新建构家庭在宪法中的地位，以此为指导规范我国家庭立法。

第一章 家庭权的由来

家庭是人类社会乃至于国家最基本的单位。除了极个别例外，人皆于家庭中成长，并借由家庭的组织，父母的教育，社会化为社会的一分子。人类天性为群居的动物，无法离群索居，因此大多数人都有组成家庭的欲望与本能。组成家庭、与家庭成员共同生活，是人的基本需求。但“需求”要成为一项法律上确认的基本权利，却依赖于独立自主的个体的出现。传统社会由于并不存在独立的个人，家庭只是国家控制个人的工具，因而家庭权仅是建立在家长权基础上的团体的自治权而非个人私生活的自决。本章将从家庭的定义出发考察宪法上家庭权的由来。

第一节　家庭的界定

一、社会意义的家庭

家庭构成了我们每一个人最熟悉的私人生活场域，但要对家庭作出一个准确的概念判断，却不免让人产生“这么近，那么远”，难以捉摸，无从界定的感觉。迄今为止，有关家庭的定义蔚为壮观，却至今没有一个公认的界定。[1] 个中原因正如大卫·切尔所说：“并不存在一种单一的家庭定义对于任何历史时期、任何地方都是正确的。家庭的定义是与社会环境及文化环境相关联的，这其中包涵了人们如何思考家庭、人们如何谈论家庭以及他们所

[1] 正如社会学家古德所说，社会学家和人类学家为了给家庭下定义，争论了几十年，但是“要给研究的对象下一个正式而又明确的定义，要比研究本身困难得多。”参见［美］威廉·J. 古德：《家庭》，魏章玲译，社会科学文献出版社1986年，第11页。

进行的日常生活。”[1] 因此对于家庭定义的理解，应当置于特定的历史时代背景中。英国社会学家吉登斯就将“家庭”看成是一种意识形态——基于某种社会控制的目的，而制造出的并加以维持的刻板印象。[2]但尽管如此，出于研究的角度，对家庭的界定又是十分必要的。让我们从历史开始，追溯家庭界定的脉络。

（一）古代社会的家庭

家庭，作为人类社会的产物，其内涵随着社会的发展而不断变化。据考证，西方社会从古希腊、古罗马开始，就有了特殊的定位方法。[3] “家庭”从词源上源于拉丁文的“Familia”，原来的意思是指全体“Famuli”，并不是表示男女结合的理念，甚至不只是夫妻及其子女，而是指一个人的全体奴隶。因此，在古代西方社会，家庭具有奴隶制的本质，家庭不仅是一个生物意义的亲缘共同体，还是一个政治单位。正如彼德罗·彭梵得教授所说：“家庭是单纯由权力联合在一起的人的团体，在这一团体中，一人对其他人行使权力，以实现比维护家庭秩序更高的宗旨。”[4]随着历史的变迁，家庭的原初含义消失了，最终演变为丈夫和妻子的共同体、主人和奴隶的共同体。[5]在这个阶段，家庭一词就包含两重意思，即亲族关系和共同的住所。

在古代中国，“家”“室”“户”“同居”都是表示家庭概念的名称。一方面，家或室代表亲属同居在一个居住单位，如《左传》桓公十八年所云“女有家，男有室。”《说文解字》对家的解释为：“家居也，从宀，豭省声。”“家”字象征房子底下有一只猪。进一步考证后得知，“豕”实际上是“众”字的误写，所以，一群人住在一所大屋子里便称之为“家”，并无猪圈的意思。《易·家人》释文云：“人所居称家”，这里的家指居住之意。另一方面，“家”也指共炊共财的生活单位，如《礼记·丧服小记》言：“同财而祭其祖祢，为同居。”显然，古时的家就其一般意义来说是指

[1] ［加］大卫·切尔：《家庭生活的社会学》，彭铟旎译，中华书局2005年版，第5页。

[2] ［美］John Muncie：《家庭社会学》，洪慧芬等译，韦伯文化国际出版公司2003年版，第22页。

[3] 关于欧洲家庭概念的变迁，可详见俞金尧：《欧洲历史上家庭概念的演变及其特征》，载《世界历史》2004年第4期，第4—22页。

[4] ［意］彼德罗·彭梵得：《罗马法教科书》，黄风译，中国政法大学出版社1998年版，第114页。

[5] ［法］安德烈·比尔基埃等主编：《家庭史》第3卷，袁树仁等译，三联书店1998年版，第581页。

含有同居亲属的血缘生活共同体。此外，与古代西方不同，中国特殊的文化背景还存在着家庭、家族、宗族间的差别。[1]

（二）现代社会的家庭

进入现代，由于家庭结构和功能的变迁，人们对于家庭的认识也发生了巨大的变化。家庭中的特权思想逐渐被摒弃，平等观念渐入人心，以婚姻和血缘为纽带、以共同生活为核心的自然家庭得以出现。

1. 从家庭的组成结构来定义家庭

家庭结构一般指家庭内部成员的代际与亲缘关系的组合状况。美国社会学家默多克在1971年给家庭下的定义是："家庭是一个由共同居住、经济合作、再生产等特征所标志的一个团体，它包括两个获得为社会批准的两性关系的成年人，还有一个或多个孩子。"[2]该定义描述了一个典型的"核心家庭"（即一对法律上的已婚夫妇和他们的孩子组成的家庭）模型。20世纪中期的几十年中，许多社会学家趋向于将家庭视为一种小群体或是核心家庭[3]，显然这里的家庭具备了聚居和血缘的双重含义。[4]独立核心家庭的社会学图

[1] 家族是指几代人按照一定的血缘层级关系生活在一起的社会组织形式。参见徐杨杰：《宋明家族制度史论》，薛刚译，中华书局1995年版，第20页。宗族，主要来自单系大家庭的扩张，它以血缘原理为基础，是一种沿男系或女系血统直接从家庭延长了的组织，参见［美］许烺光：《宗族·种姓·俱乐部》，薛刚译，华夏出版社1990年版，第63页。按照瞿同祖的说法，凡是同一始祖的男系后裔，都属于同一宗族团体，概为族人，其亲属范围则包括自高祖而下的男系后裔，以世代言之，包含自高祖至玄孙的九个世代，即所谓九族，参见瞿同祖：《中国法律与中国社会》，中华书局1981年版，第2页。家庭、家族、宗族之间在某种意义上是没有界限的。当没有分家时，家族就是一个家庭，当一个家庭足够大时，就变成了一个家族。中国人的家庭可大可小，从最基本的核心家庭到家族到宗族是一个层层不断外推的过程，这正体现了费孝通先生提出的中古社会"差序格局"的特点。

[2] Bert N. Adams, The family: a Sociological Interpretation, San Diego: Harcourt Brace Jovanovich, Inc, 1986, p.2

[3] 根据社会学者的统计，其他家庭结构包括不完整的核心家庭，如配偶家庭、单亲家庭；扩大家庭包括主干家庭、联合家庭；断代家庭等。

[4] "家庭"就其兼具聚居和血缘的含义来说，是个相对新的词。严格来说18世纪之前，在欧洲语言中并没有对应于父—母—子女这种组合的字，比如德文的familie来源于法文，用这个词语表示父母及其子女的整体并含有亲情意味，是在18世纪才普及的，在此之前，德国人用"Haus"表达既是住所，又是住在其中的与之相对应的社会群体。对于北美人来说，family是指夫妇及其子女。一个美国人在给你看他孩子的照片时，会说，"this is my family"，而如果孩子已经不再和父母住在一起，他就会说，"my family is gone"。参见［法］安德烈·比尔基埃等主编：《家庭史》第3卷，袁树仁等译，三联书店1998年版，第583页。

景反映了一套特定的文化传统，这种文化传统部分是基于基督教信仰并且主要起源于北欧地区，后又扩展至北美。[1]也有学者将传统意义的大家庭（家族）同样视为“家庭”，如《家庭史》作者所总结的，“我们称其为‘家庭’的，覆盖的是一个变化不定的现实，跨着数种相互关联的形式：一种形式是囊括同一血统或同一祖先的人，另一种是囊括生活在同一屋檐下并且分享生产者或消费者同等利益的人。”[2]显然，这里的“家庭”同时涵盖了我们所说的家庭和家族的概念。

2. 从功能角度界定家庭

家庭和家庭的功能有本质差别，所以一些社会学者在使用家庭这一语词时更多地借助于家庭的功能而不是结构来进行定位。“强调家庭是一种满足某种功能的结构”，这始于马利诺夫斯基，“宣称家庭是一种普遍性的制度，他们认为家庭之所以被发现存在于每一个人类社会中，是因为它履行着维系社会生活的基本功能。”有学者认为家庭的功能包括“群体成员之间身体上的抚养和照顾；通过生殖和收养增加新成员；儿童的社会化；对成员的社会控制；对食品和劳务的生产、分配和消费；通过爱来维护道德和动机。”[3]该定义具有相当的开放性和包容性，强调家庭的经济和情感的支持以及身体上的照顾功能。但是这个定义在社会分工日益精密、细致的今天，明显无法回应“家庭功能社会化”的事实。对于现代社会来说，以上列举的原本专属于传统家庭的职能都可能被专业性社会组织所取代。

有鉴于此，一些学者试图从核心功能的角度来定义家庭。伊拉·瑞斯特别指出，相对于维系社会的其他制度而言，“对新生儿的抚育性的社会化”是每一个社会的功能性前提条件，他宣称一个“小型的亲属群体”是履行这些功能的结构性的前提条件，因此他的家庭定义就是“一个小型的亲属结构化群体，其核心功能就是对新生儿进行抚育性的社会化。”这种观点受到了女性主义者的批评，她们认为家庭“是一种专制性的社会建构”。[4]家庭根本就不是一种社会的自然现象。将女性禁锢在生育、抚养的角色，这种家

[1] ［加］大卫·切尔：《家庭生活的社会学》，彭铟旎译，中华书局2005年版，第5页。

[2] ［法］安德烈·比尔基埃等主编：《家庭史》第3卷，袁树仁等译，三联书店1998年版，第40页。

[3] ［加］大卫·切尔：《家庭生活的社会学》，彭铟旎译，中华书局2005年版，第10页。

[4] ［加］大卫·切尔：《家庭生活的社会学》，彭铟旎译，中华书局2005年版，第12页。

庭观念被认为是通过立法和执法的手段、由国家强加给社会的。也有观点认为，“家庭的本质是经济关系，是社会生产关系在家庭中的本质体现，因为经济生活是家庭建立、运动、发展的物质基础，是使家庭职能得以正常发挥、家庭生活得以顺利进行、家庭关系得以加强维系不至解体的必要前提。”[1]此外还有观点认为，“我国家庭的本质是感情关系，其理由在于无论是一般夫妻间的性爱、父母子女之间的血缘关系，还是领养、同性恋、互助家庭，都是以一定的感情为基础的生活组织；家庭的建立以感情为基础和纽带，并以共同生活为基本特征。”[2]

以上关于家庭本质的争论，侧重于从功能角度反映家庭的本质，虽有其合理之处，但存在以偏概全之嫌，未能反映出家庭生活的全貌。首先，家庭成员间彼此的照顾、扶持，人口生产只是家庭的重要功能，即使没有这些功能，也不能完全否定家庭关系的存在。其次，家庭的存续发展固然有赖于经济的支持，但即使没有生产和经济活动，哪怕家庭成员失去生活来源，家庭成员之间的关系也不会因此受到影响或者中断。而且如前所述，现代社会，企业、公司逐渐取代了家庭的经济营生功能，显然这些组织与家庭完全不同，经济性也不能完全反映家庭的本质。再次，感情也不是维系家庭关系的唯一纽带。尽管我国婚姻法规定感情破裂是婚姻解除的必要条件，然而即使婚姻破裂、感情随风而逝也未必导致家庭关系的解体。

3. 从婚姻角度定义家庭

在有关家庭的诸种定义中，将婚姻作为前提，或是将婚姻关系视为家庭的本质从而界定家庭是最具代表性的观点。此类观点又可以分为：第一，纯粹从婚姻关系解释家庭，这是关于家庭最为约定俗成的表达。例如社会学家罗威认为，“家庭是以婚姻为根据的社会单位。”[3]第二，从婚姻和血缘关系（自然和拟制）角度来定位家庭，如马克思、恩格斯认为：“每日都在重新生产自己生命的人们开始生产另外一些人，即繁殖。这就是夫妻之间的关系，父母和子女之间的关系。也就是家庭。”[4]我国学者潘允康也认为“家

[1] 柴效武：《家庭本质是经济关系》，载《社会》1984年第2期，第31—32页。

[2] 何道宏：《社会主义家庭的本质是感情关系》，载《社会》1984年第1期，第34页。

[3] 龙冠海：《社会学》，三民书局股份有限公司1983年版，第262页。

[4] 《马克思恩格斯全集》，人民出版社1995年版，第3卷，第32页。

庭是以婚姻血缘关系为纽带的社会生活的组织形式。”[1]《中国大百科全书·社会学卷》则认为，“家庭是由婚姻、血缘或收养关系所组成的社会生活的基本单位。”[2]第三，结合婚姻和同居供养的角度来定位家庭。社会学家蔡俊生认为：“所谓家庭，至少应包括两个方面的关系：一是婚姻关系；二是供养关系——即双亲对未成年子女的供养以及成年子女对年老体衰的双亲的供养。只有这两种关系结合在同一社会单位之内，才组成家庭。”[3]另有社会学家干脆将家庭简单表述为“家庭是以亲缘或收养关系为基础的同居共炊共财单位。”[4]美国社会学家古德先生的定义则高度融合了前三种视角，认为家庭“至少有两个不同性别的成年人居住在一起；他们之间存在着某种程度的分工，有交换关系；他们共享共同生活，既包括物质生活，也包括社会活动；成年人与其子女有亲子关系，对子女承担保护与抚养教育义务；孩子们之间存在着兄弟姐妹关系。”[5]美国人口普查局对家庭的定义则更为简单，认为家庭是由两个或两个以上的人生活在一起，并且他们由血缘、婚姻或收养而相互关联。[6]在这几类定义中，婚姻关系始终居于核心地位，因此不少学者把婚姻关系视为家庭的本质。在他们看来，尽管同居家庭、同性恋家庭、丁克家庭业已存在，然其数量有限，婚姻家庭仍是主流，不能因为少数特殊家庭的存在而否认家庭和婚姻间的内在关联。

二、我国法律意义上的家庭

我国《宪法》第49条规定：“婚姻、家庭、母亲、儿童受国家保护”。《婚姻法》《人口与计划生育法》《继承法》《收养法》等法律为落实宪法精神规定了个人在家庭生活中的具体权利，如婚姻自由、生育权、亲权、亲属权、继承权等。然而无论是国家基本法、一般法还是司法解释，均未明示家庭的概念。但从目前我国的司法实践、法学研究的惯常表述来看，我们可

[1] 潘允康：《家庭社会学》，中国审计出版社、中国社会科学院2002年版，第51页。
[2] 《中国大百科全书·社会学卷》，中国大百科全书出版社2006年版，第260页。
[3] 蔡俊生：《论群婚》，载《中国社会科学》1983年第1期，第5—10页。
[4] 岳庆平：《中国的家与国》，吉林人民出版社1990年版，第5–6页。
[5] ［美］威廉·J. 古德：《家庭》，魏章玲译，社会科学文献出版社1986年，第13页。
[6] Bert N. Adams, The family: a Sociological Interpretation, San Diego: Harcourt Brace Jovanovich, Inc, 1986, p.2

以发现，法律意义的家庭是依附于合法婚姻的。所谓合法婚姻，即男女两性符合国家结婚的法定条件并办理婚姻登记的结合。那些不具备法定结婚条件或虽符合结婚条件但未办理结婚登记的结合则不产生婚姻的法律效力，只能属于社会婚姻，在此类婚姻基础上形成的“家庭”自然不产生家庭的法律效力。

将家庭的法律内涵绑定在合法婚姻以内，此种界定家庭的方式是否科学合理？答案是否定的。

首先，如导言中提到的，随着社会关系的发展，核心家庭面临着来自同性恋、非婚同居、丁克家庭、单亲家庭等新型家庭模式的多种挑战，法律规范构造的“标准家庭”模式将这些新型家庭排除在外，这意味着生活在这些“家庭”中的公民的家庭权利得不到承认与保障，从而使得公民追求幸福生活的权利受损，这明显与当代社会人权保障的意旨不符。其次，由于对“合法婚姻家庭”的偏爱，我国家庭法出现了明显的婚姻本位的倾向，家庭法体系的建构围绕婚姻的成立和解除而展开。就此而言，认为“家庭法”等同于“婚姻家庭法”，亦不为过。[1]事实上，仅就法律的内部视角而言，家庭的组成途径包括了婚姻、血缘和法律拟制三个方面，由此法律意义的家庭也可分为婚姻家庭、自然血亲家庭和拟制血亲家庭三种，显然，婚姻家庭只是家庭组成模式的一种，家庭关系并不等于婚姻关系。

三、“家庭”概念的重构

（一）广义家庭概念之必需

家庭的概念，应从各种结构、各种类型的家庭模式中抽象出区别于其他社会团体的本质特征或专属功能来建构，这样的家庭概念才具有普遍性、科学性。如果从家庭中抽离出某特征或某功能而对家庭的存续并无实质影响，则该特征或功能就不构成家庭的本质，相反，如果抽离出该特征或功能则导致所有家庭团体名存实亡，则此特征或功能就构成家庭概念之必备要素。

---

[1] 这从婚姻家庭立法的名称定位以及相关教材的命名就可以看出。婚姻家庭法，在法国法中为Droit de famille，德国法中为Familienrecht，英美法中称为Family Law 或Law of domestic relations，在中国法律体系中通常称为婚姻家庭法或亲属法。关于婚姻法名称的质疑，可详见曹诗权：《中国婚姻法的基础性重构》，载《法学研究》1996年第3期，第100—108页。

从古代权力主导下的政治家庭，到后来以婚姻、血缘等为纽带的自然家庭，再到现代以共同生活为核心的平权家庭，家庭形态之演化，经历了如梅因所说的从身份到契约的转变过程。而今家庭结构和类型的丰富，已远非往昔所能想象，然而无论是一再被奉为主流的婚姻家庭，还是异质的非婚同居家庭、人工生殖家庭、丁克家庭、异地分居家庭，他们既然都能以“家庭”的名义涵盖在一起，其中必然存在一定的共性。这一共性便是家庭的本质，它在于“指涉一种身份，基于此身份，建立一个亲密关系的领域，并且无形地将个体与社会组织相分隔，使个人的私人生活与社会公共活动相分开”[1]。家庭通过成员间的共同生活形成一个亲密关系共同体，这种共同生活或基于自愿、或基于血缘或者伦理、法律，不论何种缘由，主要围绕私人日常生活而展开；在共同的生活互动中形成特定的亲密关系，这种亲密关系即使在单亲家庭、异地分居家庭中也不曾被打破；借由家庭塑造的日常生活领域，将个体私人生活与社会生活相隔离。

综上，本书可以给广义家庭一个定义：家庭是日常生活的亲密关系共同体。本定义涵盖了各个时期、各种形态的家庭模式，具有一定的普遍性。

（二）广义家庭的特征

1.家庭是将私人生活与社会分隔的虚拟标签

家庭制度的建立在于确保家庭能够成为区别于其他社会组织和单位的一个相对独立的特殊领域，确保家庭成员能够获得区别其他社会成员的一个特别的身份标签。在这一制度框架下，社会群体被分割为若干以家庭为单位的虚拟空间，并以这种虚拟的形态与社会发生关系，使得私人生活与社会政治、经济、文化等活动等相隔离，从而形成家庭与其他社会团体的区分。

2.家庭是私人日常生活的重要领域

黄列教授认为，“家庭生活主要是一个相对于社会生活和个人生活的概念，是指人们在家庭范围内以家庭成员的角色所进行的各种活动。就主体范围而言，家庭生活本质上是一种群体活动，这是它与个人活动的主要区别。但是家庭生活又有着不同于社会生活的群体性质。社会生活中的群体活

[1] 曾培芳、王冀：《议“家庭”概念的重构——兼论家庭法学体系的完善》，载《南京社会科学》2008年第11期，第86—91页。

动具有公开性、普遍参与性和公众性等‘公’的特点；家庭生活中的群体活动则在于它对外界、对‘公众世界’的相对隐蔽性、排他性、专属性和私人性。”[1]社会学的角色理论认为，人是具有多种角色的社会存在物，以妇女为例：在家中，作为家庭主妇的她，既是丈夫的妻子，又是父母的女儿，同时还是子女的母亲。人们以家庭成员的角色在各自家庭的范围内活动，就是家庭生活的基本含义。家庭生活具有多方面和多样式，既包括衣、食、住、行等物质方面的活动，也包括思想、情感、性爱、德行等精神方面的活动。在不同的社会条件下，其内容也不断地发生变化，但无论何种社会，家庭作为一个生活单位，其组织家庭消费和进行家庭教育的作用都是其基本职能。此外，家庭作为一个生活单位，还具有同财共居的特点。家庭成员共同生活、共同居住、共同财产、共同消费。这种同财共居的特点不仅构成了社会中最密切的不可替代的人际关系，而且成为家庭与其他社会单位的重要区别。

3.家庭是私人亲密关系的共同体

与传统社会将家庭仅仅视为一个独立意志体不同，现代社会由于个人从封建枷锁中摆脱出来，取得了独立人格，因此家庭也逐渐被视为一种人际间关系的范畴。正如20世纪上半叶享誉全球的德国法学家拉德布鲁赫所描述的那样：

“前资本主义时代还将房屋和院落看作一个经济单位，当作是手工业和农业经济的最小细胞。丈夫和妻子，父母和子女共同分配和担负经济任务。资本主义却将由房屋、院落、家庭成员组成的生产团体强行地打碎了。一个更强大的社会实体，新的经济单位——企业将个体成员从家庭中抽了出来，并使他们中的每一个都成为另一个经济单位的组成部分。丈夫走进工厂，妻子操持别人家的家务，女儿在商店里当售货员，儿子或许在某个办事处当职员——这个家庭不再是一个具有自己的经济任务的社会学实体了。他们还是一个消费共同体，但其程度是越来越小了，并由一个越来越广泛的消费性经济任务所抽空……。由于这些任务的抽空，家庭越来越多地丧失了作为一

[1]　黄列：《中国的家庭生活权及其保障》，载刘海年《〈经济、社会和文化权利国际公约〉研究：中国挪威经社文权利国际公约研讨会论文集》，中国法制出版社2000年版，第178—193页。

个组织的特点和个性。同样，一个住宅楼容纳了很多家庭，并将它们全都融进一个无形的、也是充满摩擦的过道和楼梯共同体中。家庭失去了它的形式，变成了一种纯粹家庭成员之间的关系，同时围绕着它正想成立新的组织团体，如企业组织、同业组织、政治思想团体等。家庭被个人主义式地溶解为家庭元素，这种发展在经济上也是合理的，而从这种发展中找出文化和法学结论的愿望，则在妇女运动和青年运动中体现了出来。婚姻和家庭从团体向关系（在这种关系中，丈夫和妻子、父母和子女不再由实质任务所联结，而是在单纯的人的、心理的和生理的联系中面对面地站在一起）的发展过程中。”[1]

显然，工业化时代的家庭功能锐减，强化了家庭作为个人之处所的特征，从前的家庭更多体现的是一种法定的、客观存在于家庭成员间的角色分配，今天的家庭观念更多强调法律之外的、配偶之间以及父母子女间的主观联系。[2]这种联系即“亲密关系”。

那么，什么是亲密关系呢？美国社会学家薇薇安娜·A. 泽利泽认为，亲密关系是指：

“双方的交往互动必须依赖于具体、特殊的知识，以及至少其中某一个人提供照料才能进行的关系，第三方不能广泛、开放地获得这样的熟知、理解与照料。其中涉及的知识，包括共同的秘密、私人之间的仪式理解、身体化的信息、对私人弱点的知晓，以及对令人为难的或羞耻情形的共同记忆等要素。照料，则包括彼此钟爱、身体性服务、私密语言、情感支持，以及对令人为难的过失或缺陷的修正等要素。因此，亲密关系是根据信任的不同程度来界定的。从积极方面看，信任意味着互动双方在面对危险情形及其可能导致的结果时，愿意共享那种知识与照料。从消极方面看，信任会使一方给予另一方个人知识或照料，如果这些知识与照料被公开或提供给第三方，就会损害另一方的社会尊严或身份。在这两种意义上，信任都是非对称性的。例如，一个年轻小孩对于父母的信任，会高于父母对于年轻小孩的信任；但是，完全的亲密关系则包含着一定程度的相互信任。”[3]

[1] [德] G. 拉德布鲁赫：《法哲学》，王朴译，法律出版社2005年版，第152页。

[2] [德] 迪特尔·施瓦布：《德国家庭法》，王葆莳译，法律出版社2010年版，第3—4页。

[3] [美] 薇薇安娜·A. 泽利泽：《亲密关系的购买》，姚伟，刘永强译，上海人民出版社2009年版，第7页。

上述亲密关系的界定，第一个要素是知识，即为当事人所具体知悉但却不为公众所能了解的隐秘性的知识；第二个要素是照料，这意味着亲密关系中的当事人能够彼此关爱；第三个要素是信任，即对对方可能行为的预知或信赖。总之，这类关系绝不等同于一般意义上的友谊，它既可以表现人的肉体的接触，更触及人的精神的交流。

总之，一个共同体可能存在多种联结纽带，但是核心的并决定群体性质的只有一种。同样，家庭关系的联系纽带尽管很丰富，但其最重要的、使其区别于其他组织的纽带便是成员间的亲密关系，家庭存在和维持的重要机制也是维持和延续这种亲密关系。加拿大学者大卫·切尔对此言道："家庭成员彼此为对方提供照顾是家庭内部最为重要的活动，家庭能够提供一种亲密且全面的照顾环境，这在其他社会群体中是很难做到的。事实上，这种亲密的照顾性关系的存在被许多社会政策的制定者看作是对家庭进行定义的特征。……对于家的一种新的强调是将其视为一种私人领域，在这个私人领域中，家庭成员可以建构一个可共享的存在物，使其与工作领域相区分，这种对于亲密情感进行私人表达的现代愿望已经成了家庭的一种稳定之源，人们花了大量的努力来使家庭处于一种恰当的位置上，从而使人们体会到一种归属感、一种安慰和安全感。"[1]总而言之，"亲密关系"是一种"情感"上的亲密，而非"经济"上的亲密。正是这种亲密关系的存在，家庭即使不以空间的形式显现（如分居家庭），也可以通过情感的交流而凸显其关系的私密与互动。

综上所述，"广义家庭"的概念是在当今个性自由、价值多元、科技发达而导致的各种非主流家庭类型大量涌现的情况下，对合法婚姻为基础的传统家庭概念所作的扩展，这是家庭的学术概念。通过前述分析，可以清楚地看到广义家庭的基本特质：家庭的存在将私人生活与社会活动相分隔；家庭是与人格自由息息相关的日常生活领域；家庭是亲密关系的共同体，这种亲密关系，主要基于情感、血缘，但也可能是对某种资源和照顾的共享，当然也可以兼而有之。从外延看，广义家庭不仅包括以婚姻、血缘为基础的标准家庭，也包括那些虽然没有婚姻血缘关系、但基于各方稳定长久的私人生活

[1]　[加]大卫·切尔：《家庭生活的社会学》，彭铟旎译，中华书局2005年版，第93页。

意愿所构成的公民联合体，这种广义家庭也应该被吸纳进受法律保护的家庭形式，同样，异性非婚同居者[1]，同性恋者，遗赠扶养协议的参与方都应当享受家庭成员的权利。显而易见，这个家庭定义可以更好地回应现实需求。

第二节　家庭权的产生和发展

一、传统社会的家长权

从发生学的角度看，人类社会先后经历了血缘家庭、普那路亚家庭、对偶家庭、一夫一妻制家庭等不同形态家庭形式的演变。[2]一夫一妻制乃是文明时代开始的标志，它是以私有制对原始的自然成长的公有制的胜利为基础的一个家庭形式。[3]从家庭内部权力结构以及家庭与外界的关系角度来看，早期人类社会的家庭都带有明显的整体主义色彩，家长权是家庭进行权力控制的主要依据，个人缺乏独立自主，个体融于家庭生活之中。梅因爵士从家长或家长权这一根本概念入手，把家长权当作国家社会秩序的起源。他指出，“古代法律并不知道有个人，只知道有家庭；个人的存在只是自己祖先的延续，反过来又被自己的子孙所延续。”[4] 显然，家长权正是个人依附团体的集中体现。家长权的主要特点有：第一，其本质乃是权力，带有所有权的物权性质，而非权利，第二，家长权的目的在于家庭利益，与私人利益并无直接关系；第三，家长权受到国家权力的限制。以下，我们以古罗马和中国古代社会为例，对传统意义上的家长权及家庭关系进行描述。

---

[1] 这里绝不是指婚姻法第3条，即“禁止有配偶者与他人同居”中涉及的“非法同居”情况，这不在本文所述的非婚同居范围内。

[2] 这个分类源于人类学家摩尔根的《古代社会》，虽然摩尔根的研究方法——从当下人际关系的称呼反推古代家庭结构——已经被现代人类学家所否定，但是鉴于它在中国的巨大影响，我还是把它作为一种观点列出。见［德］恩格斯：“家庭、私有制和国家的起源”，载《马克思恩格斯选集》，第4卷，人民出版社1972年版，第31—80页。

[3] ［德］恩格斯：《家庭、私有制和国家的起源》，载《马克思恩格斯选集》，第4卷，人民出版社1972年版，第31—80页。

[4] 何兆武：《“从身份到契约”——重评梅茵的公式》，载《何兆武学术文化随笔》，中国青年出版社1998年版，第132页。

（一）古罗马：从政治家庭到自然家庭

1.团体本位下的“政治家庭”和个人依附

“早期罗马家庭是单纯由权力联合在一起的人的团体，在这一团体中，一人对其他人行使权力，以实现比维护家庭秩序更高的宗旨。这种家庭的结构及其功能，尽管因其历史退化而改变，但仍表明它是为社会秩序和防卫的目的应运而生的，也就是说，它是作为一种政治组织而存在。”[1]由于新生的罗马城邦是家庭的联合，国家比较弱小，因此任何介入家庭的企图都会受到排斥。当然，在公法层面，正如那句法谚所说的，“家长权不干涉公法”，城邦总是对家长与家子一视同仁。除此以外，罗马国家都充分尊重家庭的这一特有自主权。[2]在整个罗马时代，罗马私法就是“家长的法”。[3]据学者的归纳，罗马家长权具体包括两大类型：

一是家长对家子的人身权，包括：（1）祭祀和裁判权。家长享有主祭司权，带领全体家庭成员定期供奉祖先；家长是家内的法官，家长对家庭成员间的纠纷、犯罪行为有裁断的权力。（2）生杀权。家长拥有对妻子、儿女及奴隶几乎不受限制的身体惩罚权和生杀权。罗马城邦对于家长惩戒的纵容说明早期罗马家长权是绝对、无限的。[4]（3）卖子权。早期罗马法中，家长享有将家子出卖为奴隶的权力。但是《十二铜表法》又规定，家长如三次出卖其子，该子即脱离家长权变成自权人。（4）限制自由权。家子处于家长的权力控制下，属于无权利能力人，家长可以变更他们的个人身份，决定他们的终身大事。

二是家长对家庭财产的权力。家长曾是家庭财产的唯一所有权人，家子个人取得的财产也属于家长所有。其实，在早期罗马人的观念中，家子本身即为家长的财产，自然无论其通过何种途径取得财产，都要归属于家长，由家长统一支配。

---

[1] ［意］彼德罗·彭梵得著：《罗马法教科书》，黄风译，中国政法大学出版社1992年版，第114页。

[2] 典型的情况如战场上担任将军的儿子可指挥父亲，充任高级官吏能够审理其父案件乃至惩罚其父的失职行为，这与他们在家族里面受家长权支配的地位恰恰形成对照。

[3] ［意］彼德罗·彭梵得：《罗马法教科书》，黄风译，中国政法大学出版社1992年版，第115页。

[4] 如《十二铜表法》的第四表中规定，对奇形怪状的婴儿，应即杀之。家属终身在家长权的支配下。家长得监察之、殴打之、使作苦役，甚至出卖之或杀死之；纵使子孙担任了国家高级公职的亦同。

从以上家长权的内容可以看出，在早期罗马私法中，家长对家庭成员拥有至高无上的权力，相对来说，家庭成员中的子女处于无独立人格的地位，他们的人身、财产都仰赖于家长的决定。正如马俊驹教授所言，“古罗马‘家长权’正是个人湮没于团体的集中体现。它禁止‘在父权下之子’和‘父’分开而持有财产，绝对不考虑‘子’有主张一种个别所有权的可能，‘父’有权取得‘子’的全部取得物，并享有契约的利益而不牵涉到任何赔偿责任。”[1]可见，家庭本位之下是子女对家庭生活几乎不享有自主和权利，这样的家庭形态显然也是畸形的、专制的。尽管如此，我们也不能完全否认在那个时代背景下，家长权及家庭存在的价值：“在最高政治组织尚软弱无力之时，个人不能轻易离开强有力的家庭群体的保护，在这种情况下，脱离父权并不产生后来的那种好处。”[2]自由固然是值得重视的价值，但是在国家公权力尚显“稚嫩”时，家庭不失为个人最有力的保护者，离开家庭的庇护，个人就成了形单影只的“孤儿”，他在充分享受自由的同时，随时可能陷入被他者攻击的危险之中。好比一个公民丧失了国籍成为无国籍人，在不受任何国家监管保护的情况下，自由就变得非常脆弱。

2. 自然家庭以及“个人”的出现

随着罗马政体的成熟以及个人意识的觉醒，横亘于国家与个人之间的“准国家”及其权力，无论是对于提升国家凝聚力还是个人自由方面都呈现出有害的一面。为了抵制和消解家长权对个人财产、人身的限制，罗马开始了一系列旨在淡化家庭干预国家职能的改革，罗马政治家庭趋于瓦解，自然家庭（即建立在婚姻和血缘关系基础上的家庭）观念开始生长发育。

罗马实施的一系列改革使家长权受到明显的限缩：（1）家长生杀权的取消及对惩罚权的限制。家庭成员的犯罪行为由国家司法机关管辖，家长不得直接处理，到查士丁尼时代，“父权已成为有节制的矫正权和规束权”[3]；（2）特有产制度的发展。该制度经历了家子有限占有财产、自由处分财产再

[1] 马俊驹、刘卉：《论法律人格内涵的变迁和人格权的发展——从民法中的人出发》，载米健主编：《中德法学学术论文集》（第1辑），法律出版社2003年版，第82页。

[2] ［意］彼德罗·彭梵得：《罗马法教科书》，黄风译，中国政法大学出版社1992 年版，第 120页。

[3] ［意］彼德罗·彭梵得：《罗马法教科书》，黄风译，中国政法大学出版社1992 年版，第 128页。

到最后拥有完全所有权的过程。[1]家长对家庭财产的管控范围和内容大大减少。（3）家长主婚权的限制。共和国后期，罗马从有夫权婚姻过渡到无夫权婚姻。此时，婚姻的成立，除双方家长同意外，必须得到男女双方当事人认可。显然，家长对于子女婚姻的决定权受到了削弱，婚姻当事人对于自己的婚姻已经具有了相当的自主权，并且权利的行使让男女趋于平等。借助这些改革措施，家子"个人"地位日益突出，家子不会因为"离家"而陷入窘境，脱离家长权变得普遍，越来越多无卑亲属的"单身"家子也进入了"家长"的行列，使得"家长"变为对外交往的单纯的主体资格，这一转变对于权利能力制度的形成至关紧要。[2]表面上看家长的数量增加了，但家长权能支配的对象和内容都大大缩减了，家庭的政治功能变得没有意义，这就为权利能力即人格的普及创造了条件。

自然，家庭本位的制度形态不仅存在于古罗马，不少早期文明都显现出这一特点。罗马的特点在于，它始终朝向这一方向演进：不断限制家长权，最终将其缩小在一个极其狭小的范围之内。与之相应的，是家子地位的改善，直至有越来越多的"个人"出现。梅因指出，在帝政时期，"家内惩罚的无限制的权利已变成为把家庭犯罪移归民事高级官吏审判的权利；主宰婚姻的特权已经下降为一种有条件的否定权；出卖的自由已在实际上被废止，至于收养在查士丁尼的改良制度中几乎全部失去了它在古代的重要性，如果没有子女的同意，移转给养父母就不能生效。总之，我们已十分接近于最后

[1] 真正的个人所有权产生依赖于一个前提条件，即家庭的单个成员在财产方面成为独立的主体。这一改变最终由查士丁尼法典完成。罗马共和时期的"特有产"制度，"家长"常常给予"家子"一定数量的财产任其经营（称为"父予持有产"），虽然家子并不能对于该项财产最终予以处分，但这意味着该项财产开始从家庭中分裂，具有相对的独立性。另外，早期奥古斯都允许作为军人的"家子"通过遗嘱处分其服役期间取得的一切财产，这部分财产构成"军营特有产"，实际上家子对军营特有产已具有最终处分权，类似于家长的权利。最有意义的是君士坦丁皇帝于公元319年颁布的一道谕令，该谕令将母亲的遗产只保留给儿子，并剥夺了父亲随意转让这些财产的权利，父亲的享用权和经营权被视为一种法定用益权，而家子的期待权利则被视为真正的所有权。到了查士丁尼时期则明确允许家子对自己的劳动所得享有所有权。参见梅夏英：《两大法系财产权理论和立法构造的历史考察及比较》，载易继明主编：《私法》（第1辑·第1卷），北京大学出版社2001年版，第165页。

[2] ［意］彼德罗·彭梵得：《罗马法教科书》，黄风译，中国政法大学出版社1992 年版，第 125页。

流行于现代世界的各种观念的边缘。”[1]

经过一系列变革，家庭实现了从代替国家实施政治管理到向成员提供物质与情感生活的有限功能过渡，个人不必再借助家庭成员的身份去宣示其社会存在，这也使得个人能够在与国家发生联系时获得公法与私法地位上的统一性，使家庭的团体性价值与个人在契约社会中的独立性相协调，成为培养理性公民不可或缺的要素之一。

（二）中国公权力末梢下的家族本位

1.整体主义家庭

中国与罗马不同，国家的形成过程恰是原始氏族组织和国家形态合为一体的过程，形成了“家国一体”的政治体制，“家”成为“国”的原型和母体，国变成家的扩充与放大。由此，家庭在整个社会结构中居于特别重要的地位，家不仅是社会经济结构、政治秩序的基础，而且构成了社会精神文化的堡垒。家成为价值的出发点、价值的生产者，家庭模式成为整个社会关系的理想模式，如“四海为家”“天下一家”等。正如钱穆先生所言，“中国文化，全部都从家族观念上筑起。”[2]黑格尔也曾指出中国的民族精神是一种“家庭的精神”。[3]

2.家长权作为发挥家庭政治职能的工具

中国古代，家庭作为社会的基本构成单位，成为稳定社会秩序、巩固国家政权的重要支柱。家长权恰是国家赋予家长进行社会管理，代为履行政治职能的权力。国家法律承认家长、族长为每一单位之主权者，而对国家负责。父，在《说文解字》中谓“矩也，家长率教者，从又举杖”，可见，“父”字本身就意味着统治和权力。在古中国，根据“天无二日，土无二王，国无二君，家无二尊，以一治之也”（《仪礼·丧服四制》）的礼制原则，全家只能有一位家长，那就是父亲。父亲的意思就是命令，全部家族事务都必须服从家长。正如瞿同祖先生所说，“中国的家族是父权家长制的，父祖是统治的首脑，一切权力都集中在他的手中，家族中所有人口——包括他的妻妾子孙和他们的妻妾，未婚的女儿孙女，同居的旁系卑亲属，以及家

[1] ［英］梅茵：《古代法》，李景一译，商务印书馆1959年版，第79页。

[2] 钱穆：《中国文化史导论》，商务印书馆1994年版，第51页。

[3] ［德］黑格尔：《历史哲学》，王造时译，商务印书馆1973年版，第164页。

族中的奴婢，都在他的权力之下。”[1]

据瞿同祖先生考证，中国古代的家长权大致包括：（1）财产权。家庭全部财产属于家长所有，家长享有全权处分财产的权力。子孙不经家长同意，私自动用及处分财产，将受到刑事处分。根据所动用的价值而决定身体刑的轻重，少则笞一十二十，多则杖一百。（2）主婚权。“父母之命，媒妁之言”是自西周以来中国古代社会婚姻成立的前提要件。子女不得违背家长的主婚权，否则也要受到法律严惩。唐《户婚律》中规定，“诸卑幼在外，尊长后为定婚，而卑幼自娶妻：已成婚，婚如法；未成者，从尊长。违者，杖一百。”（3）教令权。家长的意思就是命令，子女必须听从家长的管教，无条件服从。子女违背家长的意思就是犯罪，家长可以对之进行惩戒，即使家长在惩戒子女的过程中造成子女身体受伤甚至死亡，也不必承担法律责任。（4）送惩权。对于不肖子孙，国家赋予家长以送惩权。父母只要以不孝罪提起控诉，官府不会拒绝受理，甚至不要求家长提供任何证据。如《大清律例》中规定，“父母控子，即照所控办理，不必审讯。”尽管家长对子女的体罚甚至生杀权逐渐被法律取消，但对于父母生杀的意志却未否定，只是将生杀权由家长转移至国家。[2]可见，古代中国的家长权，与古罗马早期的家长权相比较，是有过之而无不及。

基于这样的社会结构，可以进一步认识到古代国家是如何实现对私人家庭生活的控制的，李立如教授将之概括为“传统模式”，即尊重家庭而尽可能地不介入家庭事务。[3]通俗地说，就是“法不入家门”。但事实上，国家不可能完全放弃对家庭的监管，国家一方面通过法律确认家长权而强化家庭内部的权力配置，另一方面以尊重家庭为由不再介入家庭生活。显然，介入与否的标准就在于维持家长权！国家法律的设计都是为了落实男尊女卑、长尊幼卑以及附属于家庭的各种人伦关系与家庭制度。在父权家庭被建立与

[1] 瞿同祖：《中国法律与中国社会·家族》，载《瞿同祖法学论著集》，中国政法大学出版社1998年版，第6页。

[2] 瞿同祖：《中国法律与中国社会·家族》，载《瞿同祖法学论著集》，中国政法大学出版社1998年版，第6-28页。

[3] 李立如：《法不入家门——家事法演变的法律社会学分析》，载《中原财经法学》2003年第6期，第41—83页。

维护的前提之下，法律就不再进入家门去规制国家觉得不必要或不想要处理的其他事项。所以，国家不再介入家庭去干涉丈夫和妻子的关系，不积极处理家庭暴力，也不过问父亲对子女的教养是否有问题，因为这些都是国家授权父或夫的权限。在此情况下，所谓的“法不入家门”就是：当法律要落实其所确认的父权体制时，法律堂而皇之地进入家庭来规范人们的家庭生活；当有呼声要求国家介入来限制或修正父权体制背后所要维系的价值，比如消除家庭暴力时，“法不入家门”就会成为一种看似中性的借口，以阻挡或减缓家长权所遭受的挑战。传统模式之下的法律明确将权力授予家庭中的掌权者，由其来管理家中的事务，以达到所谓的家庭自主。但是，这样的家庭自主或对家庭的尊重其实是扭曲的，是以牺牲弱者利益为代价的。国家对父权体制支持的结果是进一步加剧了家庭中失衡的权利义务关系，强化了妇女与儿童的弱势地位。

3. 个人对家庭的依附

家庭构成了整个社会结构的基础，个人依附家庭成为必然。一个人最基本的身份特征首先表现为某个家与族的一分子，其次才是他在其他社会关系（如国家）中的角色。在家这样的伦理单位中，原子式的个人是根本不存在的，没有纯粹的“个人”行为，更没有真正的个人之间的关系。个人被束缚在家族的身份网络中，个人或是父之子，或是子之父，或是兄之弟，或是妻之夫等。个人的地位，尽在此类关系之中。他没有独立的意志，没有自己的财产，甚至不能自由支配自己的身体。父亲虽为一家之主，全家人皆在其统治之下，然而他并不比其他人更有资格被看作是个人。“他从来不能如真正的个人那样思考和行动，这不仅是因为他首先也是父母之子，在成为家长之前，他曾经体验了子女所体验到的一切，而且是因为，他实际上只是家的一个部分，必须履行社会分予他的那部分职能，遵循礼法所规定的种种义务。总之，他受过这文化的洗礼，负有这文化的烙印。”[1]

孙隆基先生在《中国文化的深层结构》一书中指出，“中国人对‘人’下的定义，正好是将明确的‘自我’疆界铲除的，而这个定义就是‘仁者，人也’。‘仁’是人字旁一个‘二’字，也就是说，只有在‘二人’的对应

[1] 梁治平：《寻找自然秩序中的和谐》，中国政法大学出版社2002年版，第129—130页。

关系中，才能对任何一方下定义，在传统中国，这类‘二人’的对应关系包括：君臣、父子、夫妇、兄弟、朋友。”[1]在这种对人的设计下，孤零零的个人，亦即不受任何人伦与集体关系制约的个体，就变成很难设想的东西。一个孤零零的个人总给人一种未“成人”的感觉，因此，当一个人如果未结婚的话，无论他年龄有多大，我们都说他尚未成人。只有在他建立了自己的家庭，能够用自己组成的人伦关系去定义自己后，才算是成了真正意义上的人。[2]

显然，在这样的价值预设下，婚姻、家庭仅是国家控制的工具，与个人的权利（自由）无关。婚姻的目的，夫妻间的性行为都只是为了传宗接代，生育目的凌驾于性关系之上。因而，传统婚姻是家庭本位，个人价值服从家庭价值，婚姻的主体是家庭而非个人。正如《礼记·昏义疏》对婚姻目的的解读，“昏礼者，将合二姓之好，上以事宗庙，下以继后世也。”“合二姓之好”说明缔结婚姻的本质目的与当事人的感情无关，而关乎两个家庭、家族间的结盟，传统婚姻、家庭将个人彻底分解。如恩格斯所说，“在整个古代，婚姻的缔结是由父母包办，当事人则安心服从。古代仅有的那一点夫妇之爱，并不是主观的爱好，而是客观的义务；不是婚姻的基础，而是婚姻的附加物。”[3]

在一个几乎不存在普遍宗教信仰的国家，祖先崇拜、传宗接代几乎成为人们的宗教信仰， 斯图尔特就直言，“祖先崇拜是中国人民的真正宗教。”[4]此外，关于传宗接代的宗教意义，杨懋春先生的“第三答案说”也尤为中肯：

“在中国，以孔子为首的儒家创立了家族伦理，中国儒家的创始者既不说人死后一切归于乌有，也不愿意接受有灵魂常存在于天堂或地域的说法。

[1]　［美］孙隆基：《中国文化的深层结构》，广西师范大学出版社2004年版，第13—14页。

[2]　这也可以从中国人的习惯来体现，如中国人喜欢问人家“贵姓”，而西方习惯于问别人“名字”（name），后者强调的是一个“人”，而前者强调的是一个“群体”。中国文化意义下的人是被置于家中的，或者说，在中国文化下，说到个人是指在家庭乃至家族中的人，而不是可以被隔开来说的独自的个人。

[3]　［德］恩格斯：《家庭、私有制和国家的起源》，《马克思恩格斯选集》第4卷，人民出版社1972年版，第72页。

[4]　［美］J·L. 斯图尔特：《中国的文化与宗教》，闵甲等译，吉林文史出版社1991年版，第77页。

他们创立了第三种答案，他们的答案是，人如能在死前留下自己亲生的子女或后代，就是自己生命和祖先生命的延续……于是中国人相信家族是绵延人生命的机构，子孙或后代是照顾人死后，在另一个世界所需要的生活用品。因此信念，结婚成家是中国人视为最重要的一件事。留下后代是成家的第一个目的。”[1]

在中国人看来，个人生命的延续是与整个家庭、家族的延续融合在一起的。如林语堂先生所说，“每个人都扮演着家庭历史中的一个角色或一章，而对整个家庭履行其责任，使他自己和家庭获得耻辱或荣光……这种人生观念的实得的结果，便是使人看一切事物都抱着一种远大的眼光，因为抱这种人生观的人，再也不会把人生看作是与个人的生命同始同尽的了……中国人的人生理想是：一个人要过着不辱没祖宗的生活，同时又要有不损父母颜面的儿子。”[2]说到底，这种家庭形态下的个人不是为自己而活，而是为祖宗、为父母而活。当人生的目的都是寄寓于外在的理想时，现代社会所推崇的个人自主、个人发展显然成为无稽之谈。

好在历史的僵局终会打破，西方资产阶级革命的胜利以及现代意义上的“个人”的诞生，不仅使西方完成了从身份到契约的转变，也使家庭制度最终解除了对个人的桎梏，而传统中国的家族制度在西风东渐的背景下也逐步解体。以下，我们即追溯西方资产阶级革命后宪法上家庭权的规定，来回顾家庭权逐渐成型的过程。

二、宪法上家庭权的确立

自16世纪的文艺复兴、宗教改革，再到后来的启蒙运动，不再依附于任何团体的独立“个人”概念终于产生。“个人”的觉醒，推动了人权理念和个人主义思潮的兴起，个人不再以某个家庭成员的角色而是以自主的个体身份参与经济、政治等社会公共生活。梅因将这一进程描述为，“个人自决的原则，把个人从家族和集团束缚的罗网中分离出来；或者，用最简单的话来

[1] 杨懋春：《中国的家族主义与国民性格》，载刘志琴主编：《文化危机与展望》，中国青年出版社1989年版，第343、345页。

[2] 林语堂：《生活的艺术》，安徽人民出版社1988年版，第167—170页。

说，即从集体走向个人的运动”。[1]个人超越家庭成为世界的中心，以后团体的组建应是为个人的目的而存在、为实现人的自由、幸福和权利而存在。“在17世纪资产阶级革命之后，个人和生活领域被认为体现了道德的自然根源，被认为比公共领域更为重要。”[2]

个人主义对个体利益和价值的强调成为一般人格权和私生活权（隐私权）确立的伦理基础。家庭也从独立意志体演变成为一个日常生活的亲密关系领域，成为个人表达其生活方式的重要场所。在自由主义理论家看来，家长权、夫权、母权、父母的亲权等在内的家庭权都是一项“自然权利”。如洛克所说，“在前政治国家，即社会还处于自然状态，家庭是由一个男人和一个女人通过缔结‘自愿合约’而成立的，它主要存在于这样一种契合，或恰恰存在于彼此的身体之中以作为延续生命的必需，即生殖，当子女出生后，父母双方根据自然法的要求，负有保护、抚养以及教育子女的义务。”[3]总体来说，自由主义思潮对于推动家庭权的宪法化起到了关键作用。

宪法领域首次将家庭事务纳入的是1791年法国宪法，该法典第2章第7条规定：“法律仅承认婚姻为民事契约。立法权应对全体住民，无差别地规定其出生、婚姻及死亡之认定方式，并且指定受理、保存此类证书之公务人员。”本条确认了国家对婚姻契约的尊重。1799年，拿破仑掌握政权，他任命Citizen Portalis起草民法典，这次起草民法典的目的之一便是恢复法国以前存在的“父权”。该法认为，婚姻是一个契约，这个契约中丈夫以其对妻子的保护来换取妻子对丈夫的绝对服从。[4]根据这个法律，丈夫重新对妻子享有“监管”的权利，丈夫的通信地址和居所地址必然为妻子之相应地址。虽然该法保留了某些封建残余，但将家庭领域界定为国家不得随意进入的私

---

[1] ［英］梅因:《古代法》，沈景一译，商务印书馆 1997 年版，“导言”第 18 页。

[2] 参见［美］A.罗森鲍姆:《人权的哲学导言》，沈宗灵译，载沈宗灵、黄枬森主编:《西方人权学说》，四川人民出版社1994 年版，第 31—32 页。

[3] John locker, Second treatise of government (1969) ch.VII 43 (1980).

[4] 该法135条规定，“丈夫应当保护妻子，妻子应当服从丈夫。”第214条规定：“只要丈夫认为任何一地点为合适的居所，妻子就应当跟随丈夫；丈夫应当接纳妻子，并根据其能力和情况，为妻子提供一切为生活所用之。”这实际上又人为地区分了男性和女性在家庭生活中的地位，女性在婚姻家庭中成为男性的附属。

域，仍是该法的基本意旨，而这，预示了一个新的家庭时代的来临。

三、家庭权确立的比较观察

（一）美国

1787 年美国宪法及随后的人权法案并未明确涉及家庭权。之所以如此，是因为：首先，立宪者认为，宪法保障的基本权利都是最容易被侵犯的，而家庭历来被视为自治的领域，不会受到政府干预或威胁，所以不需要宪法保障；其次，根据宪法分权原则，家庭属于州立法的范畴，联邦最高法院尽量避免自己陷入家庭纠纷的处理中，“夫妻及父母子女间的家庭关系都属于州法的调整范围，而非美国联邦法律的调整范围。”[1]然而，时过境迁，其后联邦法院尤其是联邦最高法院逐渐通过司法审查，将联邦宪法拓展至家庭私生活领域，从而实现了宪法与家庭法的链接。

20世纪20年代，联邦最高法院首次运用“正当法律程序”条款保护家庭事务的自主。但这时期宪法对家庭的介入仅限于亲权案件，在家庭法中的其他领域最高法院依然保持了克制态度。此时，美国的家庭法仍以“合法婚姻”为基础，非婚同居、婚外性行为、婚外生育都被视为非法，同性婚姻、不同种族间结婚也是法律的禁区。然而在20世纪60年代以后，“社会变革，新技术、生育控制、女权主义和性革命推动着新型家庭模式的建构。”[2]

已婚夫妇有史以来第一次成为美国家庭模式的少数派，未婚同居每十年翻一番；避孕技术和堕胎的运用让人们在生育问题上得以更自主的选择，从而改变了婚姻与抚养子女间存在理所当然联系的看法；此外，同性家庭、丁克家庭等新的家庭类型也不断涌现；而“联邦社会保障系统的建立以及对抚养未成年子女家庭的资助也使得联邦政府在家庭生活中扮演了越来越重要的角色，家庭法中出现了很多联邦问题需要联邦法院介入。”[3] 以沃伦为首席大法官的联邦最高法院奉行司法能动主义，更积极地审查家庭立法的合宪性，家庭法也因为大量宪法元素的渗透而在价值理念上得到了升华。1965

[1] Rose v. Rose, 481 U.S.619.625（1987）.

[2] ［美］劳伦斯·弗里德曼：《二十世纪美国法律史》，周大伟等译，北京大学出版社2016年版，第526页。

[3] 姚建国：《宪法是如何介入家庭的？——判例法视角下的美国宪法对家庭法的影响及其争拗》，载《比较法研究》2011年第6期，第1—14页。

年最高法院在Griswold v. Connecticut 一案中承认婚姻属于人的隐私权，随后，最高法院又在一系列案件中相继承认结婚、生育、子女抚养以及家庭生活协议等家庭生活都属于宪法保障的基本自由；同时，通过大量运用平等保护条款去回应那些基于性别、种族及非婚生的歧视性立法。正如有学者指出的，20世纪后半期，“家庭法中支配性的语言就是权利。”[1]

联邦法院在家庭法案件中涉及的宪法依据主要包括：第5和第14宪法修正案规定的正当法律程序条款；第14修正案确立的平等保护条款；根据第5、9、14等修正案等条款推演出来的隐私权。这些规范或独立适用，或交叉结合适用，共同构成维护家庭私生活的根基。

第一，正当法律程序。根据第5和第14条修正案，联邦及各州非经正当法律程序不得剥夺任何人的生命、自由和财产。最高法院正是通过对“自由”的扩大解释将宪法理念延伸到家庭私生活领域，确立了公民在家庭生活中的“自由”。最高法院首次运用该条款可追溯到1923年Meyer案和1925 年的Pierce案，法院以违反实体上的正当程序为由，废除了限制父母管理子女教育的法律。而在1967 年Loving v. Virginia案中，最高法院判决禁止不同种族通婚的法律违反正当法律程序条款，随后在Zablocki v. Redhail案和Turner v. Safley 案中明确结婚是公民受宪法保障的权利，此后沃伦法院开始频繁运用这些条款解释婚姻家庭权利。

第二，平等保护原则。联邦宪法第14 修正案指出，任何州不得剥夺任何人在司法上享有的受平等保护的权利。根据该条，法律必须平等适用于按照某一适当立法目的而合理界定的某团体内的所有成员，如果某部法律仅仅适用于与立法目的密切相连的团体中的部分成员，则该部法律就是过窄的，违反了平等保护，如果不仅适用于与立法目的密切相连的团体中的所有成员，还对不属于该团体中的人也予以适用，则该法律就是过宽的法律。家庭立法分类标准多元，包括性别、种族、婚姻、宗教信仰等等。“以平等保护条款分析家庭立法实质上就是审查某种分类标准是否构成歧视。”[2]最高法

[1] Katherine L. Caldwell, Not Ozzie and Harrier: Postwar Divorce and the America Liberal Welfare State, 23 LAW &SOC. INQUIRY 1, 40 (1998)，转引自姚建国：《宪法是如何介入家庭的？——判例法视角下的美国宪法对家庭法的影响及其争拗》，载《比较法研究》2011年第6期，第1—14页。

[2] ［美］哈里·D. 格劳斯等：《美国家庭法精要》，陈苇等译，中国政法出版社2010年版，第18页。

院第一次运用平等保护条款审查家庭立法是在1942年的Skinner v. Oklahoma案，而大规模运用平等保护条款则是以1967年的 Loving 案为重要标志。最高法院指出："虽然各州毫无疑问有权确认婚姻关系应服从于公共利益，但基于第14 修正案，各州对婚姻的规制并不是不受任何限制的。"本案的意义在于自此最高法院同时适用正当法律程序条款和平等保护条款去审查那些以种族为分类基础的家庭立法，此类案件将接受严格审查标准，即要求政府承担举证责任，证明这些分类是为实现州的"必需"权益而被严格适用的。与此相反，区别性别和非婚生子女的立法只需"中级审查"，即政府必须证明该区分与实现州的"重要"权益"实质相关"。

第三，隐私权。隐私是个人尊严不可或缺的价值，家庭是个人隐私的中心地带，保障家庭生活的隐私即维护个人的独立和自主。然而与正当法律程序及平等保护不同的是，美国宪法并未明示隐私权。宪法隐私权的确立始于1965 年的Griswold v. Connecticut 案。本案中，道格拉斯法官指出，婚姻关系中的隐私权是一项根本的和基本的权利。自从将隐私权延伸到婚姻领域，并基于婚姻的个人性和私密性，反过来成为扩充解释隐私权的一个基础。然而隐私权存在的宪法基础是什么？其具体保障领域又有哪些？这些问题仍需要得到正当性论证。在Griswold 案中，金斯伯格大法官认为，第9修正案已经明确肯定了一些"未列举权利"的存在；而且，宪法对婚姻的保护终极意义上的根据既不在于宪法文本，也不在于法官们对婚姻的尊崇，而在于人们对"正当化的民主权力对权利施加外部限制的一种历史性解读"。她认为，判断一种权利是否属于宪法保障的基本权利要看其"是否植根于我们人民深邃的传统以及良心"，而有着深邃的社会良知承认婚姻家庭属于一种隐私权中的重要部分。道格拉斯大法官也指出："我们这里所面对的隐私权存在于权利法案诞生之前，比我们的政党制度还要早，比我们的学校制度也要早。"[1]此外，在确立非婚父亲的权利以及祖父母的家庭权利时，最高法院也坚持了"植根于深邃的社会良知"的理论来论证其判决的正当性。如在Moore v. City of East Cleveland 一案中，最高法院指出"宪法保护家庭的神圣性是基于家庭结构深沉地植根于我们这个国家的历史和传统"，因而"孩子

[1] ［美］保罗·布莱斯特等：《宪法决策的过程：案例与材料》（第四版·下册），陆符嘉等译，中国政法大学出版社2002年版，第1115—1125页。

的叔伯舅舅、婶娘舅妈以及祖父母住在一起也是受宪法保障的权利”。[1]

（二）德国

18世纪以来的德国家庭逐步失去其作为生产单位的意义，而成为纯粹的消费单位，工作、职业从家庭中脱离出来，随着国家教育体系的发展，职业培训的专业化以及职业和家庭的分离，家庭逐步失去教育方面的管辖权，另一方面，随着社会保障体系的健全（社会保险、失业保险和社会救济），家庭的负担也大为减轻。家庭成员和外部联系变得日益重要和多样，家庭显得比以前开放很多。同时家庭社会功能的缩减又强化了家庭作为个人之处所的特征，家庭成员主要是因为人的原因，而不是功能而聚集在这一处所。家庭关系的强度和亲密度大为增强。从前的家庭更多体现的是一种法定的、客观存在于家庭成员间的角色分配，今天的家庭观念更多强调家庭成员间的情感纽带，这些主观上的感情联系只能在一定条件下受社会和法律的支配和调整，基于此种原因，家庭被视为具有高度人身属性的私人领域，该领域严格区别于公法和政治领域，法律不得随意干涉。但是20世纪以来，个人主义思想的崛起，两性平等和对子女利益的重视，传统父权结构趋向瓦解，家庭成员间的冲突成为可能，由此国家成了婚姻在法律上的主人，法律将家庭层层包裹。[2]在传统宪法理论看来，宪法和家庭法分属公法和私法，有各自明确的调整范围，二者不会产生交集。但二战后，这种公私二元观念越来越受到质疑，“第三者效力”理论的出现使宪法迅速渗透进私人生活。但与美国通过判例形成家庭权的保障范围不同的是，德国基本法则是通过第1条“人格尊严”、第3条“男女平等”、第6条“婚姻与家庭”的规定从整体上架设起家庭权的规范体系。

第一，人格尊严条款。基本法在第1条就规范了宪法秩序中不需要任何前提条件的以及不能为其他任何目标所役使或者牺牲的最高原则，这便是：人的尊严神圣不可侵犯，一切国家权力皆负有尊重与保护之义务。根据第1条，基本法所确立的“人”的形象，既有独立性的一面，同时也是包括家庭在内的群体中的一员。这种具有社会面向，在共同体中存在的人构成了宪法

[1] 431 U. S. 494（1977）.

[2] ［德］迪特尔·施瓦布：《德国家庭法》，王葆莳译，法律出版社2010年版，第3—4页。

价值秩序的基础。

第二，男女平等。基本法第3条第2款第1句规定，男女具有平等权利；紧随其后的第3条第3款第1句：任何人不得因性别遭受歧视或享受特权。男女平等原则适用于婚姻家庭领域，并深刻影响家庭中的法律规定。

第三，婚姻与家庭条款。德国基本法第6条规定，“（1）婚姻与家庭应受国家之特别保护。（2）抚养与教育子女为父母之自然权利，亦为其至高义务，其行使应受国家监督。（3）唯在养育权利人不能尽其养育义务时，或因其他原因子女有被弃养之虞时，始得根据法律违反养育权利之意志，使子女与家庭分离。（4）凡母亲均有请求社会保护及照顾之权利。（5）非婚生子女之身体与精神发展及社会地位，应由立法给予与婚生子女同等之条件。”

基本法第6条构成了德国联邦宪法法院保障家庭权的直接依据，在此基础上，家庭权的内涵不断明晰并且扩展。首先，第1款构成了传统基本权利意义上的自由权，该自由权要求国家保护作为特定个人空间的婚姻和家庭免受外力的侵害，并在家庭领域促进人的独立和自我责任。相应地，家庭应当被理解为封闭而独立的生活领域，国家有义务尊重和促进家庭的统一和自我责任，这其中包括立法者对夫妻的自主决定的尊重，如夫妻可以自行安排他们的家务劳动、职业工作和生育选择。基本法第6条第1款也强调对一般自由权的保护，如不得妨害被逮捕者和父母的通信权利。其次，第1款还包含了特殊的平等原则，该原则要求对婚姻和家庭的待遇不得低于其他生活形式。根据《基本法》第6条，配偶的待遇不能低于单身者，父母的待遇不能低于无子女者；婚姻和其他教育组织不得受歧视。单亲家庭不能在税法上受到歧视。联邦宪法法院通过大量判例，确认这一原则的宪法约束力，例如，在税法方面，禁止歧视已婚者或家庭成员[1]；在供养法领域，禁止歧视家庭，尤其是不能因为孤儿结婚就取消本应领取的孤儿定期金；拒绝向跛脚婚姻当事

[1] 课税应符合公平的要求，尤其婚姻与家庭应予保障，有关夫妻与家庭所得课税与个人所得课税相比较，不应受到不利的待遇，否则，如因夫妻及家庭之所得合并计算所得额，再适用累进税率而增加税捐负担，即违反宪法上平等原则与家庭保护之意旨。德国联邦宪法法院1957年1月17日判决宣告该国所得税法有关夫妻所得合并计算课税规定违宪。1958年起改采折半乘二制，即夫妻所得合并计算后，先除以二，适用税率算出总额后，再乘以二，作为夫妻二人的应纳税额。参见陈清秀：《纳税人权利保障之法理——兼评纳税人权利保护法草案》，《法令月刊》2007年第58卷第6期，第60页。

人提供社会给付也违反宪法；在其他公共给付领域也不得歧视已婚者，对已婚者的待遇不能低于非婚共同生活的人。

再次，第1款还承认婚姻和家庭是一种生活秩序（制度），从而提供相应的制度保障。根据联邦宪法法院的解释，此种保障意味着要提供家庭法的基础原则。这些原则包括一夫一妻原则；婚姻自由原则；规定结婚障碍时的谦抑原则；婚姻在原则上不得解除原则；离婚和分居后，夫妻在抚养、供养、和财产划分等方面的平等原则等，联邦宪法法院认为，婚姻的制度保障限于那些根据国家法律成立的婚姻，也就是说，家庭的独立性并没有排除国家的婚姻法和家庭法，反而以法律为前提条件，婚姻中的权利根据国家法律而不是宗教信仰来建构，根据国家法律成立的婚姻享有同等的保护。无论是结婚或离婚都由国家法律强制性地规定，并由相应机关来宣示。

最后，第一款还在所有的公法和私法领域设定了有约束力的价值判断，这种价值判断一方面禁止国家损害或妨碍婚姻和家庭，另一方面也要求国家保护婚姻和家庭不受其他力量的妨碍，并采取促进家庭的措施。当然，从“促进原则”本身并不能直接推导出宪法请求权，即国家没有义务直接作出某种给付，比如要求国家对每个家庭承担财政义务。

四、家庭权的国际化

第二次世界大战造成了世界各国人民巨大的经济损失和人员伤亡，导致成千上万的家庭破裂与瓦解，在此情况下，保护家庭不仅能恢复人口再生产，而且能给予受过战争重创的人们以无法替代的心灵慰藉，这将最终有利于经济生活的恢复以及社会秩序的重建。于是二战以后，越来越多的国际组织开始重视家庭生活的重要性，家庭权成为一种全球适用的人类行为的规范性准则和价值，家庭权发展呈现出国际化趋势。一方面，国际人权法的内容大多来自战前一些国家宪法中关于家庭权的规定；另一方面，其他国家在战后制定和完善宪法时，也积极吸纳国际人权法的内容。

1948 年《世界人权宣言》在国际层面最早规定了家庭权。该宣言第12条规定：“任何人的私生活、家庭、住宅和通信不得任意干涉，他的荣誉和名誉不得加以攻击。人人有权享受法律保护，以免受这种干涉或攻击。”第16条规定：“（1）成年男女，不受种族、国籍或宗教的任何限制，有权婚嫁和成立家庭。他们在结婚期间和解除婚姻时，应享有平等的权利。（2）只有经男女双方自由和完全的同意，才能缔结婚姻。（3）家庭是天然和基本的社会单元，应受社会和国家的保护。”《世界人权宣言》虽然不具有国际法的属性，但是家庭生活受尊重的原则自此被世界各国普遍接受。

1966年联合国大会通过《公民权利和政治权利国际公约》，其中第17条和第23条重申了《世界人权宣言》的基本原则。第17条规定：“（1）任何人的私生活、家庭、住宅或通信不得加以任意或非法干涉，他的荣誉和名誉不得加以非法攻击。（2）人人有权享受法律保护，以免受这种干涉或攻击。”第23条规定：“（1）家庭是天然的和基本的社会单元，并应受社会和国家的保护。（2）已达结婚年龄的男女缔婚和成立家庭的权利应被承认。（3）只有经男女双方的自由的和完全的同意，才能缔婚。（4）本公约缔约各国应采取适当步骤以保证缔婚双方在缔婚、结婚期间和解除婚约时的权利和责任平等。在解除婚约的情况下，应为儿童规定必要的保护办法。”

联合国在同月发布的《经济、社会和文化权利国际公约》第10条也规定了家庭权，其内容为：“（1）对作为社会的自然和基本的单元的家庭，特别是对于它的建立和当它负责照顾和教育未独立的儿童时，应给以尽可能广泛的保护和协助。缔婚必须经男女双方自由同意。……”第11条规定：“（1）缔约各国承认人人有权为他自己和家庭获得相当的生活水准，包括足够的食物、衣着和住房，并能不断改进生活条件。各缔约国将采取适当的步骤保证实现这一权利，并承认为此而实行基于自愿同意的国际合作的重要性。……”这些条款不仅确定了家庭权的独立存在，还赋予了家庭向国家提出福利主张的新型权能。总之，通过承认家庭地位和家庭权利，联合国对家庭和家庭成员的基本权利给予了充分的尊重和重视，逐步成为国际社会通行的基本准则之一。

此后几个区域性人权公约也体现了保障家庭的基本理念，同样设有家庭权条款。1950 年生效的《欧洲人权公约》第8条规定：“（1）人人都有维护其隐私、家庭生活、居所和通信的权利；（2）公共机构不应妨碍上述权利的行使，除非这样做是依照法律规定，或在民主社会中维护国家或公共安全或国民经济的利益，或为了防止混乱或犯罪，保护健康或道德或保护他人的权利和自由所必要。”第12条规定：“达到适婚年龄的男女有结婚和成立家庭的权利，但该项权利要按照国内法的有关规定行使。”1961年欧洲理事会成员国签署的《欧洲社会宪章》明确将保护家庭福利作为国家责任，该《宪章》第16条规定：“家庭作为社会的基本单位，有权受到适当的社会、法律和经济的保护，以确保其充分发展；母亲与孩子将获得特别保护，无论其处于何种婚姻地位或家庭关系，都有获得社会与经济保护的适当权利。”可见，该《宪章》秉承了国家人权公约的传统，强调国家承担保护家庭的责任。

不仅具有深厚人权传统的欧洲如此，1969年11月签署的《美洲人权公约》通过第17条将家庭权纳入保护。第17条规定，“（1）家庭是天然的基本的社会单位，并应受到社会和国家的保护。（2）已达结婚年龄的男女的结婚和建立家庭的权利应予承认，只要他们遵守要求的条件，而这些条件并不影响本公约规定的不受歧视的原则。（3）非经拟结婚的男女双方的自由和完全同意，不得结婚。（4）各缔约国应采取适当步骤，保证夫妻双方在结婚期间和解除婚姻时的权利平等和责任适当平衡。在解除婚姻时，应仅根据儿童的最大利益，对他们规定必要的保护。（5）法律应承认非婚生子女和婚生子女享有平等权利。”

非洲统一组织1981年签署的《非洲人权和民族权宪章》第18条也规定：“（1）家庭是社会的基本单位和基础，应当受到国家的保护，国家应当关心它的物质和精神健康；（2）国家有义务帮助家庭这个社会所确认的道德和传统价值的管理者。”该《宪章》特别指出，“个人在组建家庭后，应尽力维护家庭的和谐与发展，努力维持家庭的凝聚力和尊严。”

以上国际人权公约中的家庭权主要涉及两方面的重要内容：首先，个人有组建家庭的权利。至于家庭的准入资格，是否存在性别要求，各公约并无统一明确表述。《欧洲人权公约》在赋予公民结婚和成立家庭权的同时，指出权利的行使应按照国内法的规定，这就意味着各国家有权就保护何种类型的家庭做出规范。由此诸如同性恋能否结婚、成立家庭并享有家庭法的保护完全取决于各国的国内法。《美洲人权公约》则含蓄表示公民结婚和建立家庭的权利不受歧视，这为同性伴侣家庭争取法律的平等保护提供了一定可能。其次，家庭一经建立，应受国家保护。《世界人权宣言》和《公民权利和政治权利国际公约》均明确规定“家庭应受社会和国家的保护”。这里将基本权利的义务主体从国家扩展到了社会。如何划分两者在保护家庭方面的义务范围？事实上，人权公约把社会列为提供保护的主体，主要是为了鼓励社会组织为社会保障分担一定义务，但国家并不能因此而免责。在家庭权方面，必须借助国家通过一系列的福利、保障、税收优惠措施等维持家庭的存续和发展，社会只能是必要的补充。

从上述对国际公约的比较可以看出，家庭权业已成为一项普遍人权。受这些国际公约的启示，世界各国掀起了家庭权立宪化的潮流，据荷兰学者亨利·范·马尔赛文对世界142部成文宪法的统计，宪法中规定了结婚权利的共5部，占3.5%，没有规定的137部，占96.5%；宪法直接规定了建立家庭的权利的4部，占2.8%，没有规定的138部，占97.2%；宪法涉及家庭的有86部，占60.6%，没有涉及的56部，占39.4%。[1]由于这部著作统计时间较早，还不包括已经修订的宪法或新制定的宪法关于家庭权的规定。

五、家庭权确立的正当依据

历史的积淀与发展并不一定就能证成某一事物的正当性，对于家庭权为何能够成为一项单独的人权，还需要在理论上加以进一步证成。

（一）家庭是合格的法律主体

在法律上，唯有主体才享有权利，承担义务。换句话说，在任何一项权利、义务的背后，都蕴含着一个能行使权利、承担义务、履行责任的主体的存在。与主体分离的权利不具有意义，没有主体的存在，任何权利都只是一句空话。正因如此，只有将家庭作为一个独立的法律主体，其拥有权利的资格方能得以证明。那么，家庭是否为一合格的法律主体呢？答案是肯定的。

首先，从法律设定主体的目的来说，它无非是制造出一个能以自己名义享有权利、履行义务和承担责任的单位，这个单位既可以是个人，也可以是集体。在此我们可以引用著名法学家富勒的定义来加以说明。在富勒看来，“私法中的主角是这样一位法律主体：他承担义务、享有权利，并被赋予了通过协议来解决自己同他人之间纠纷的法定权利。”[2]虽然富勒仅从私法的角度对法律主体进行阐述，但是，私法与公法在规范内容及结构上并无

[1] 莫纪宏:《论对社会权的宪法保护》，载《河南政法管理学院学报》2008年第3期，第1—14页。

[2] ［美］富勒:《法律的道德性》，郑戈译，商务印书馆2005年版，第31页。

本质的区别。[1]所以，这一定义同样可以适用于一切法律上的主体。也就是说，按照富勒的理解，法律主体即权利和义务的拥有者。无论是古代还是现在，只要家庭的形式得以保存，这样一种享有权利、承担义务的资格就会存在。在法律上，承认家庭是一个独立的法律单元，许多权利与义务的赋予往往是以家庭为单位的。我国古代法律唐律中就有"若家人共犯，独坐尊长"的规定，在这里，不仅肯认家庭作为独立的法律主体的资格，同时也确认了这类集体单位刑事责任的归属。而在现代社会，以家庭来作为享有权利、承担义务的更是屡见不鲜。例如《建设部、民政部关于印发〈城镇最低收入家庭廉租住房申请、审核及退出管理办法〉的通知》第5条明确指出："申请廉租住房，应当由申请家庭的户主作为申请人；户主不具有完全民事行为能力的，申请家庭推举具有完全民事行为能力的家庭成员作为申请人。"在这里，权利与义务的归属体均为家庭。法律作此规定的目的，无非是因为许多权利与义务的归属体只有确定为家庭才是合理的、适当的。这也同时说明，即使在强调个人独立的时代，家庭仍然保留着其作为独立法律单元的地位。

其次，从法律确立主体的法律效果来说，它无非是要使某一主体能够直接和国家发生关联，由此确定权利与义务的分配。对于大部分权利和义务的分配来说，设定个人作为主体即已足矣，但是，许多特殊的权利与义务，又只能以家庭作为主体。例如，在国家尚无能力统管老人赡养义务的时期，只能以家庭作为独立单位，落实老人的赡养事宜。《中华人民共和国老年人权益保障法》第13条就明确规定："老年人养老以居家为基础，家庭成员应当尊重、关心和照料老年人。"在这里，家庭就是国家法律特别指定的义务主体，通过这一要求，使老年人的老有所终得以落实。就具体国情而言，中国是一个农业大国，农村问题一直是国家战略中的重大问题。为了使农村集体经济得以发展，我国《宪法》和法律都将家庭承包经营作为一项基本国策进行强调。在此，法律上的主体不是某些个人，而是一个包含所有成员在内的家庭整体。例如我国《宪法》第8条就明确规定："农村集体经济组织实行

---

[1] 日本学者美浓部达吉对此就明确言道："得为权利义务之主体的一切团体或人，没有理由因公私法之不同而有异，故法主体为双方所共通。私法上是人（自然人）或法人的，在公法上仍是人或法人；无论在公法或私法，都同样做权利义务能力的主体。"见［日］美浓部达吉：《公法与私法》，黄冯明译，周旋勘校，中国政法大学出版社2003年版，第219页。

家庭承包经营为基础、统分结合的双层经营体制。农村中的生产、供销、信用、消费等各种形式的合作经济，是社会主义劳动群众集体所有制经济。参加农村集体经济组织的劳动者，有权在法律规定的范围内经营自留地、自留山、家庭副业和饲养自留畜。”这一条文虽然也提到“集体经济组织”，但是它的基础和行为主体是“家庭”。存在这一现象并不奇怪，关键就在于对国家来说，其实施管理时仍然必须借助于“家庭”这一组织形态。毕竟，国家无法跳开家庭的存在，而直接对个人授予权利或科以义务，这在未成年人权益保护方面就显得更为突出。

再者，从法律设定主体的技术来说，它应当使法律上的相关要求能够及时传达于被规范的主体。然而，这就有了法律上行为能力的限制。一般来说，只有那些能够具有成熟的心智或健康的精神状态的人，才具有法律上行为主体的资格。然而一个不争的事实是，大量生活于社会中的未成年人，他们并不具有健全的理性，对自己的诸多行为既无从判断也无法预料其行为的后果，由此，法律必须为他们找一个代理人或监护人。否则，这些人在自己的权利被侵犯时，既无法判断也无从主张。那么，谁是未成年人的最佳利益监护人呢？这就是以父母为代表的家庭！从自然情感的角度来说，没有谁比父母更关心小孩的幸福，也没有人比父母更知晓儿童的利益所在，因而，顺应这种自然的本性，法律将家庭当作关照、庇护小公民的合法场所，由父母来尽教育、抚养之责，为子女主张权利、维护利益。所以，从立法技术上来说，拟定家庭作为法律主体，既免除了国家对所有儿童尽教育、抚养责任的负担，又能够使法律上的权利与义务规定落到实处，无疑是最为经济和最为简便的立法模式。不仅如此，以家庭作为法律上的独立主体，也有利于促成社会的稳定与和谐。家庭形式不管如何改变，它总是国家的单元和社会的根基，通过对家庭暴力、伤害事件的干预，有利于促成这一基础单元的稳定，从而为社会的整体和谐奠定基础。

还必须注意的是，与法人等其他组织形式不同，家庭强调的是“人的一体化”而非“财产的一体化”。法人作为现代法律中常见的主体单位，虽然也拥有权利，但不享有人权。而家庭不同，家庭是人的共同体，而不是物的共同体。正如德国学者拉伦茨所说的那样，“法律上的人”本身就是“形式上的人的概念”，它不如伦理学上的“人”那样丰满，具有“权利能力”即可行为。因此，“人的组织体”可以取得法律上的主体地位。[1]当然，法人并不是自然的机体，没有自己的意识，也没有生理意义上的意思，而只是一种法律加以拟制的社会产物。正因如此，拉伦茨也认为，与自然人相比，法人的权利能力是不充分的，法人不享有许多只为自然人所拥有的权利。[2]总之，“法人”这种人的组合体可以承认为是法律主体，但它是一种特殊的、受制于法律及其章程的主体，不像自然人那样，其主体地位可以先于法律而存在。家庭则不同，家庭关系中虽然也包含着财产关系，但其本质则是人与人之间的自然联合。因而，它超越一般的法人概念，可以直接作为享有人权的主体。

（二）私域必定伴随着权利的存在

从法律上说，家庭空间更多地属于人们私生活的场所，而与单位、社区等公共空间存在差别，正因为如此，法律上往往就以“私域”和“公域”来区分人们不同的生活空间。“人生活在各种社会共同体中。在这些群体中，家庭、部落和地理条件所形成的血缘关系和种族关系，为人的社会存在划定了界限。”[3]应当说，在法律上这样划定一个特定的私域空间是极为必要的：第一，如果说法律是理性的规则，那么，为人们留下情感的空间则同样必要。法律是在考虑人具有普遍的理性能力之下拟定的规则，理性也因之成为法律的基本特质。但问题在于，人既是理性的存在，也是情感的存在。生活中需要理性，但也不能缺乏激情。霍布斯就将“激情”作为与“理性”并列的人的天赋之一，[4]一个“完整的人”应当既有冷静的理性，也有灼热的情感。[5]“冰”与“火”表面上看并不相容，但“冰”因“火”而存在，

---

[1] 参见［德］卡尔·拉伦茨：《德国民法通论》（上册），王晓晔等译，法律出版社2003年版，第57页。

[2] 参见［德］卡尔·拉伦茨：《德国民法通论》（上册），王晓晔等译，法律出版社2003年版，第181—182页。

[3] ［美］尼布尔：《神意与当代文明的混乱》，蒋庆等译，载刘小枫编：《当代政治神学文选》，吉林人民出版社2002年版，第5页。

[4] 霍布斯的原话是：“人的自然天赋可以归结为四类：体力、经验、理性和激情。”参见［英］霍布斯：《论公民》，应星、冯克利译，贵州人民出版社2003年版，第3页。

[5] 借用谢鸿飞先生的说法，“完整的人”既有冷静的、功利的理性，也有超越算计的、带点激情甚至冲动的感性、情绪与想象和价值观。见谢鸿飞：《论法律行为概念的缘起与法学方法》，载易继明主编《私法》（第2辑·第2卷）（总第4卷），北京大学出版社2003年版，第73页。

“火”也因“冰”而凸显。正因如此，拉德布鲁赫专门提到，对于为权利而斗争的人来说，那种冷酷与灼热的特殊混合标志着一般化的唯理智论和个人主义化的激情，“前者从具体情况中总结出一般原则，后者将与之斗争的不公正烧得无比通红”。[1]所以，在私域的空间为人们的激情留下余地，这对于展示人本真的自我极为必要。它承认人除了具有社会性之外，还具有自然性。也就是说，人不只是社会的人，人还有“私我”，还有自利心，因而不能以所谓社会道德、社会标准来强制人们与社会上其他人行为的一致。在此，人的私域区分了“社会的我”与“自然的我”，在私域的范围内，人可以追求自己独特的情趣，培植自己独特的爱好，从而保持与社会上其他人个性上的差异，这对于防止人的“泛政治化”与“同质化”有着极为重要的意义，更能够展示真实的人的形象；第二，它区分了国家和法律能够调控的范围。相对来说，国家和法律都只能就公共事务作出调控，而凡是涉及个人自治的内容，法律最多只起着保护的作用而不得染指私人事务的处理。所以，私域最为重要的法律内涵，即为当事人的自主提供了保障。正如学者指出的那样，“自我发展是以自主为先决条件的。自我发展这一概念在逻辑上意味着这种发展是自主地去追求的——尽管发展的进程实际上显然会因为别人所提供的适当条件和鼓励而得到促进。此外，很明显，许多形式的自我发展都需要一种不受干预的私人空间。”[2]没有私域的存在，就不会有个人支配自身的可能。

不仅如此，当私域与公域相对应而言时，我们已经在其中预设了人的私域所必需的权利的存在。现代社会中，国家以其强大的能力与资源统治着领土范围之下的人们，然而，国家权力一旦全面介入其所辖制的领域，则个人就既无自主的空间，也少了做人的乐趣。正因如此，现代法治强调的是“国家调整的必要性”原则，即除非由国家调整不可的事项，其他均应交由社会自治和个人主宰。那么，凭什么人们可以享受自治的空间，又因为什么可以抗拒公共权力的干预？靠的就是权利！只有在人们拥有法律确定的自主空间时，设定国家权力不得进入的范围方为正当；也正因为私域以权利为保障，

[1] ［德］G.拉德布鲁赫：《法哲学》，王朴译，法律出版社2005年版，第110页。

[2] ［英］史蒂文·卢克斯：《个人主义》，阎克文译，江苏人民出版社2001年版，第123—124页。

其对抗来自公权力的主张和请求才有足够的法律依据。因此，家庭作为私域的最为重要的场所，其所伴生的必定是一系列促成个人自主、保障家庭和睦的系列权利。

作为私域空间的家庭所享有的具体权利内容，本书在后面的相关章节中会具体阐述。但对于家庭这一特定主体在私域中的存在，还必须有所涉及。总体来说，在法律上主要是通过以下方式来保证家庭这一私域的存在：

第一，以法律空间的方式，确保家庭内部的自治不受国家干预。就人类社会离不开规则的调整而言，任何形式的组织的存在，都离不开相关的规则。家庭生活也不例外，没有规矩同样无法画成方圆。但是，与国家理性建构的秩序不同，家庭规则或家庭秩序更多的是一种自生自发的秩序形态：“家庭中社会秩序的维系无须规定的程式，就此而言，它不同于维持国家内部的社会秩序。它的法律在很大程度上是非正式的法律，习惯性法律，而现代国家的法律却通常是正式的法律，制定颁行的法律。但是无论在小的还是大的社群当中，相互依赖和相互支持的关系都部分是靠分配权利与义务，并因此而解决纷争和创造合作纽带的程序来调节的。”[1]正源于此，法律实际上创造了一个“法外空间”，由居住在其中的家庭成员们来拟定规则，调节生活，自主安排涉及家庭的各项事务。非出现重大事由（如遗弃、虐待）或重大变故（如离婚、收养），国家法律均不予以干预。

第二，以物理空间的方式，保证家庭在社会空间中的神圣地位。这主要是通过住宅、住所、居所等方式表现出来。“以个人房屋和自有房屋的形式，努力尝试建立一种特定的新住房制度，从而再赋予家庭以边界和形体……。”[2]一个家庭肯定坐落于某一土地或某一空间之上，而住宅的边界也就是家庭领土的边界。在这里，住宅以其封闭性阻隔了大众目光的审视，住宅也以其合法占有的居住范围划定了外人不得进入的特定私域。中国古代法律即有“夜无故入人家者，格杀勿论”的条款，难得奢侈地在保护人们的住宅权方面写下了重重的一笔。正如学者所解释的那样，“无故私闯他人住宅者，尤其是在夜间而遭屋主击毙时，屋主往往不必担负刑责。这个在法律

[1]　［美］伯尔曼：《法律和宗教》，梁治平译，三联书店1991年版，第104页。

[2]　［德］古斯塔夫·拉德布鲁赫：《社会主义文化论》，米健译，法律出版社2006年版，第64页。

上属于‘正当防卫’之原则，其根源却是源于人民住居自由的神圣意义。因此对于人民住宅的进入，唯有经过屋主之同意方可。”[1]可见，物理空间的存在，为家庭提供了安全的屏障。

第三，以精神空间的方式，设置了一个不由他人窥视的隐私领域。“自古以来，人一直将民宅理解为一个小宇宙，亦即，一个自我世界得以实现的家，因此，人才能在其中定位，并获致一个私密的生活场所。”[2]在其中，人们既可以交流情感，提供温存，彼此关心与照料，也可以分享隐私，展现真我。这种精神空间的存在，一方面使人们可以从公共生活中退隐，反省自身，品味生活，另一方面也使人们感受亲情，相互关爱。“在私人家庭生活里，人们曾把它作为尘世中的避风港，即使是被世界抛弃的人也能体会生活的暖意，体会家庭生活的有限的现实性。”[3]父母的关爱、子女的孝顺、兄弟姐妹间的关照，这些相互之间的情感交融，造就出一个其乐融融的家庭氛围。因而住宅的重要功能之一，就在于将亲属聚集在一个固定的空间，人们彼此交流各自的情感，也相互分担各自的忧伤。

（三）人权的特殊形态之一即人的联合的权利

在现代法律中，承认人是独立、自由的个体，每个人均可借助于法律的规定而享有权利、承担义务。但是，单个人行使权利固然常见，但在宪法所规定的人权中，实际上还有一类人的联合的权利。一方面，它表明人与人可以通过自然、结社或其他约定方式组合在一起，另一方面也意味着，虽然看起来是单个人的权利，但却只有和他人结合起来才能行使。这其中典型者，如公法上的集会、游行、示威权，或私法上的缔约自由与结婚自由等。如果欠缺了其他人的参与和协助，这种权利实际上是无法行使的。

如学者所指出的那样，人的联合既是生存的自然需要，也是人性的自然需求，更是单个人力量薄弱的一种补救。[4]“没有一个人能够永久与世隔

---

[1] 陈新民：《宪法学导论》，自印本，1996年版，第97—98页。

[2] 张宇彤：《金门与澎湖传统民宅形塑之比较研究——以营建中的禁忌、仪式与装饰论述之》，台湾成功大学建筑学系2000年度博士论文，第1页。

[3] ［美］汉娜·阿伦特：《人的条件》，竺乾威等译，上海人民出版社1999年版，第46页。

[4] 参见胡玉鸿：《法律与自然情感——以家庭关系与隐私权为例》，载《法商研究》2005年第6期，第3—10页。

绝地生活，相反，所有的人均基于其生存条件的要求，需要生活在一个彼此交往、合作和相互信任的社会里。”[1]对于一个呱呱落地的婴儿来说，如果没有父母的关照、抚养，明显就不能存活。同样，一个人要踏入社会，就必须接受相关的知识和经验。对于家庭来说，这就是儿童教育的第一课堂，在这里，小孩接受了最初的启蒙教育，也习得了最为直观的社会经验。正是对父母或其他成员语言、行为的耳濡目染，未成年人开始成熟，走向社会。不仅如此，任何一个人的力量又都是弱小的，它必须与社会上其他人结合在一起，才能获取生存的条件与发展的机会。正因如此，联合权成为人权实现的一种基本机制，而家庭权恰恰就是这样一种人权的类型。

有关人的联合的形式，胡玉鸿教授曾用如下图示方式来予以表示：[2]

人的联合的形式
- 自然联合：包括血缘关系（如婚姻家庭关系）、宗族关系、地域关系（如社区关系）等；
- 社会联合：包括情感联合（如友谊关系）、交易联合（如合同关系）、经济联合（如劳资关系）等；
- 政治联合：包括通过社会契约形成国家，组成公民间的固定联合体系；结社；政治领域的集体行动等。

图1-1

可见，家庭权是源于人的自然联合而派生出的一种人权类型。这种权利与其他形式的联合（如结社、集会、游行、示威等）明显不同。主要体现在：首先，其他形式的联合要么是利益上的联合（如交易联合、经济联合），要么是出于政治目的的联合（如结社与集体行动），但家庭权源于家庭中成员的结合，更多地是以情感作为联系的纽带。无疑，家庭也具有经济功能，能够扶助未成年人或老年人，也可以具有政治功能，如家庭成员以一致的政治倾向而决定将选票投给哪位候选人，但是，其他功能的基础仍然在于情感；其次，在家庭权中，权利与义务的主体是特定的，并且往往是相互对应的，如“父母有抚养教育子女的义务，子女有赡养扶助父母的义务”就是适例，超越家庭成员之外，权利和义务则无从表达，这与其他联合中对象的不特定性具有明显的差别。同时，除非发生重大变故，这些权利主体或义

[1] ［德］汉斯·海因里希·耶赛克、托马斯·魏根特：《德国刑法教科书（总论）》，徐久生译，中国法制出版社2001年版，第1页。

[2] 参见胡玉鸿：《“个人”的法哲学叙述》，山东人民出版社2008年版，第543页。

务主体的对象和数量也是相对固定的，这也与其他联合形式中的对象和人数的不确定性有异；再者，家庭权的主体既是家庭本身，又包括家庭中的其他成员。具体来说，家庭权一方面是以家庭的名义，对外主张权利，履行义务；另一方面则是家庭成员之间的权利义务调整也属于家庭权的应有内容。例如夫妻平等的规定，就涉及主要家庭成员的双方都彼此具有权利和义务。除了结社形成的社团还具有这类性质的双重权利外，集会、游行、示威的联合都不会在彼此关系中固定出权利与义务的内容。

总之，人的联合是人与人之间结成一个相对排他的组织的过程，而家庭则因为其自然的属性，因而在保证人的联合方面具有毋庸置疑的正当性与合理性。正因如此，把家庭作为一个独立的法律主体，并赋予其充分行动、发挥功能的权能，既是家庭重要性的现实体现，也是与权利赋予的原理密切吻合的配置方式。

当然，作为一种权利，它必须以相关的要素为基础而成立，那么，家庭权究竟有哪些基本要素呢？这就涉及对家庭权本身的内部定位与要素分割问题。

第二章　家庭权的构成

家庭权的理论研究首先应以家庭权的概念为逻辑起点，因为从逻辑学角度看，概念是思维形式中最基本的构成单位，是其他两种思维形式——判断和推理的构成要素，可视之为思维的“细胞”；从法律角度看，概念是法律规范的核心，是理解和说明法律规范的关键。[1]对于如何理解作为基本权利的家庭权，目前我国法学界较有代表性的观点包括：（1）李步云教授认为，“公民的婚姻家庭权，是公民在婚姻家庭生活方面依法享有的权利。”[2]（2）秦前红教授认为，“隐私权意义上的家庭权是指作为私人生活空间的家庭不容国家的无理干预，国家既不得干预家庭生活的实质性内容，也不得为家庭生活的完整性制造障碍”。[3]（3）林喆教授认为，“婚姻家庭权是指公民依法享有的基于婚姻关系、血缘关系、收养关系或其他亲缘关系而发生在亲属间的自由度。”[4]（4）黄列教授认为“家庭生活权，是指人们在家庭生活方面所应当享有的婚婚自由、平等地位以及作为母亲、儿童和少年受到特别保护的基本权利。”[5]（5）杨遂全教授认为，“家庭权主要指公民组建家庭和维持家庭生活，使家庭能正常发挥其各种功能的权利。”[6]

纵观以上定义，有些是对家庭权的权利内容进行列举，这样的界定很难发现家庭权的本质特性；有些则与界定者的理论倾向、价值判断有一定关系，最突出的是将家庭与婚姻进行关联，这也反映了目前法学界的一个主流

[1] 黄伟力：《法律逻辑学新论》，上海交通大学出版社2000年版，第18页。

[2] 李步云：《宪法比较研究》，法律出版社1998年版，第550页。

[3] 秦前红：《新宪法学》，武汉大学出版社2009年版，第145页。

[4] 林喆：《公民基本人权法律制度研究》，北京大学出版社2005年版，第55—66页。

[5] 黄列：《中国的家庭生活权及其保障》，载刘海年《〈经济、社会和文化权利国际公约〉研究：中国挪威经社文权利国际公约研讨会论文集》，中国法制出版社2000年版，第178—193页。

[6] 杨遂全：《论国家保护婚姻家庭的宪法原则及其实行》，《中国法学》2001 年第1 期，第169—172页。

意识，即家庭必然是建立在婚姻基础上。这种对于家庭权保护范围的限缩难以回应复杂的社会现实，使得部分人游走在法律的边缘而难以享受到最基本的私生活保障。因此，本章将家庭权的概念入手，明晰家庭权的基本要素。

第一节 家庭权的定义

一、权利

已故的美国法学家庞德先生有云："法学之难者，莫过于权利也"。自近代以降，对于权利概念的解释，印证了"一千个人读哈姆雷特就有一千个哈姆雷特"的传言。围绕权利的本质，学者们纷纷从不同的角度来加以论说，由此形成了多个不同的权利概念。主要观点包括：

（一）利益说。代表人物是德国法学家耶林。他"通过使人们注意到权利背后的利益，改变整个权利理论。"[1]在耶林看来，权利即法律化的利益，是利益的固定化。在整个西方理论界，耶林的追随者众多，如拉兹，麦考密克等人都是其学说的支持者与弘扬者。利益说的主要特点是将利益作为权利的指称范畴，认为任何一种权利都表征了某种利益，而义务的设定就是为了保障人的某种利益。[2]这种学说对后世的影响相当深远，但他也受到了来自分析法学派的批评，因为权利虽然内含着利益的观念，但权利毕竟不同于利益。这一观点似乎有将权利的目的论与权利的形式论混为一谈之嫌。

（二）资格说。这一观点最早可见格老秀斯的《战争与和平法》。他将权利看作一种人作为理性动物固有的一种道德品质，"由于它，一个人有资格正当地占有某种东西或正当的作出某种事情。"[3]显然，资格说传承了古希腊对于正义命题的探寻，强调了权利背后的伦理因素。资格说提醒人们注意到一个人的权利依赖于他对某事物所具有的资格，而非取决于他请求什么或他有什么能力。但是这种观点对于权利概念的界定似乎又存在着循环定义的嫌疑。说某人被赋予某种资格，他就有了某种权利；说某人有某种权利，

[1] Michael Freeden, Right, Open University Press, 1991, p.30

[2] 杨春福:《权利法哲学研究导论》, 南京大学出版社2000年版, 第65页。

[3] ［荷兰］格劳秀斯:《战争与和平法》, 何勤华等译, 上海人民出版社2005年版, 第29—32页。

当然就意味着他被赋予了某种资格。

（三）自由说。它是由斯宾诺莎、霍布斯、康德、黑格尔、霍姆斯等人系统化的一种学说。斯宾诺莎首度提出，权利是一种免受干扰的条件。康德则将权利理解为一种特定的条件，根据这些条件，任何人的有意识的行为，按照一条普遍的自由法则，确实能够和其他人的有意识的行为相协调。[1]黑格尔也说，“法定的权利，不论是私人的或是国家的、市镇的等公共的，原先就称为‘自由’……每一个真正的要求就是一种自由。”[2]自由说表明了权利主体的意志自由和行动自主，但是权利主体如何实现自由，这一学说却没有给予足够的关注。

（四）要求说或主张说。其典型代表是费因伯格。他认为，权利是一种有效的要求权，“一切要求权都必须得到确证，无论在事实上它们是否得到确证，一项要求权都必须受到提出者的认可，但如果没有效力，那它终究不是一项要求权，而仅仅是一项要求。”要求说提醒人们注意权利与义务的相关性，但如果某项权利的义务主体不明确或得不到对方的回应，根据这种观点似乎就不能构成权利，但实际上这种情况还是存在的。如人有不吸烟、不喝酒的权利，但如果把它们作为法律上的要求而提出，则似乎就显得荒唐可笑了。

（五）意志说或选择说。其主要倡导者是哈特。基本观点是，权利意味着在特定的人际关系中法律规则承认一个法律主体的选择优于他人的选择。正是法律对个人自由和选择效力的承认构成了权利的核心。选择说固然有其合理性，但是问题在于并不是所有的权利都是可选择的，甚至是可以放弃的，如健康生命权，人身自由权等。

以上五种关于权利的主要学说在西方法律思想史上都占有一席之地。虽然各自的侧重点有所不同，但都是假设在权利概念的背后有一个形而上的本质，并力图通过研究探寻到这个本质。遗憾的是，尽管这种对权利实质的解读有其深层次的道德意蕴，但是却解决不了许多实际问题，因此，20世纪以后，人们开始通过逻辑分析和语义分析的方法，力图澄清权利概念的意指及

[1] ［德］康德：《法的形而上学原理——权利的科学》，沈书平译，商务印书馆1991年版，第40页。

[2] 周辅成编：《从文艺复兴到19世纪资产阶级哲学家、政治思想家有关人道主义人性论言论选集》，商务印书馆1966年版，第681页。

其功能。如霍菲尔德将权利在逻辑上分为四对最基本的范畴，使得权利概念在形式上变得清晰和可理解了。

继霍菲尔德之后，庞德又对权利进行了富有总结性的研究，他将权利视作一种“合理的期望”，还特别分析了权利具体出现的六种情况：第一，权利指的是利益；第二，权利用于指法律上得到承认和被划定界限的利益，加上用来保障它的法律工具，这属于广义的权利的范畴；第三，权利指通过一种政治组织社会的强力，来强制另一个或所有其他人去从事某种行为或不从事某种行为的能力；第四，权利被用来指一种设立、改变或剥夺各种狭义法律权利从而改变各种义务的能力；第五，权利指某些对自然能力在法律上不加限制的情况，也就是法律不过问的领域，如从事合法职业的自由；第六，被用于在纯伦理上指什么是正义的。[1]庞德不拘泥于对权利要义的一种解读，而是用一个复合、多元的视角看待它，突破了传统学者从某一角度审视权利本质的局限性。但必须看到，对于权利的认识还远没有达成一种普遍意义上的共识，尽管研究权利的典籍已经是汗牛充栋。正如有学者指出的，“给权利下定义是一件颇费心力、复杂而困难很大的事情”[2]，人们总是在无限接近事物的本质，却总是差之毫厘。或许是人类思维的有限性，现代的学者们对权利要义的认识也不再是非此即彼了，而是此彼融合，即相当多学者主张权利应是诸要素的结合。[3]我国著名人权学者夏勇先生在其代表作《人权概念的起源》一书中就认为，权利是“为道德、法律或习俗所认定为正当的利益、主张、资格、力量或自由。”不过夏勇也坦诚，“这个定义并不是完美的，甚至可以说是没有多大意义的。”[4]与其说这是关于权利的定义，毋宁是关于权利的一种定义方法，是理解权利的一种路径。但就现在的情形而论，如果没有一种统一的、共认的权利定义，那以多种因素的复合来

[1] ［美］庞德：《通过法律的社会控制法律的任务》，沈宗灵，董世忠译，商务印书馆1984年版，第46-48页。

[2] 公丕祥：《权利现象的逻辑》，山东人民出版社2002年版，第3页。

[3] 如R.J.文森特认为，“权利可以包括五种主要成分：权利拥有者（权利的主体）可以根据某些原则理由（权利的正当性），通过发表声明、提出要求、享有或强制性实施等手段（权利），向某些个人或团体（相关义务的承担者）要求某种事物（权利的客体）。”［英］R.J.文森特，《人权与国际关系》，凌迪等译，知识出版社1998年版，第4页。

[4] 夏勇：《中国民权哲学》，生活.读书.新知三联书店2004年版，第312页。

理解权利的本质，也未尝不是一个可取的方法。

二、基本权利

基本权利是德国学者耶林内克创立的概念。卡尔·施米特则经典诠释了基本权利的原初意义：“（1）国民法治国的基本权利只是一些可视为先于国家或凌驾于国家之上的权利；国家并非依照其法律来授予这些权利，而是将这些权利当作先于国家而存在的东西予以承认和保护；国家只能在一个原则上可预测的范围内、并按规定程序侵犯这些权利。（2）真正的基本权利本质上是享有自由的个人的权利，而且是与国家相对峙的权利，对基本权利的保障是“人面对国家”这个往复奔涌的永恒过程的一系列阶段。（3）一切真正的基本权利都是绝对的基本权利，并非依照法律予以保障，而是其内容是法律的根据。任何法律干预都是例外的情况。”[1]显然，卡尔·施米特理解的基本权利具有道德的优先性，法律不是权利存在的基础，恰恰相反，权利是法律的依据。只要一项权利是基本权利，即使没有法律的认可，也不能否定其基本权利地位，相反可以作为评价法律缺失的一个尺度。

此后，研究者在使用基本权利一词时，更多是将其指向宪法所规定的公民权利，以区别于普遍法律保障的权利。例如学者指出：“一项权利是否为基本权利，既不是根据它的社会重要性，也不是根据大法官对它的重要意义所作的结论来作出决定的，而要取决于该项权利是否受到宪法明确的或隐含的保障。”[2]这样，宪法的明文规定就成为基本权利产生的唯一渊源。当然，宪法上将人们某些最为根本的权利予以规定，以使其在根本大法的保障下得以行使，这无疑形塑了基本权利的权威，但是，也不能简单地说就是宪法产生了基本权利。正如美国学者科尔文教授所指出的那样：“由成文宪法所赋予的信任实际上并不存在。个人权利，既然它们高于宪法，先于宪法而存在，宪法中对个人权利的罗列并不给予其任何权威，可能只是一种保障。换句话说，并不是因为宪法提到了这些权利它们才是基本的，它们是基本权

[1]　［德］卡尔·施米特，《宪法学说》，刘锋译，上海人民出版社2005年版，第175—176页。

[2]　［美］詹姆斯·M. 伯恩斯等：《民治政府》，陆震纶等译，中国社会科学出版社1996年版，第174页。

利，所以才写在宪法中。”[1]简单地说，是权利本身与个人关系的重要性，使其不能不由国家宪法来加以规定并予以保障。但是，宪法的任务只是对人们应有的权利加以承认，并非添加所谓新的权利。

在中国学理上使用“基本权利”一词始于20世纪20年代，而宪法文本上出现则源于1954年宪法。尽管在学术表述中有宪法权利、基本权、基本权利、基本人权等不同提法，但通说认为这些用语所要表达的内涵本质上是相同的。关于基本权利比较有代表性的观点是：“（1）公民基本权利和义务是宪法所确认的，其内容和范围都来自宪法的规定。（2）公民的基本权利和义务是最主要的，也是必不可少的权利和义务，同时也是其他一般法律规定公民权利和义务的依据和基础。（3）宪法所确定的公民权利和义务主要反映了国家机关和公民的关系，而公民的其他权利和义务则调整公民某具体的社会组织及公民间的关系。”[2]“基本权利是由国家根本法规定的、是公民必不可少的也是基本权利和义务，它是公民根本的活动准则，也是国家指定有关法律、法规的依据。”[3]“人的基本权利是人作为社会整体的自律的个人，为确保其自身的生存和发展，维护其作为人的尊严而享有的、并在人类社会历史过程中不断形成和发展的权利；从终极的意义上说，这种权利既不是造物主或君主赋予的，也不是国家或宪法赋予的，而是人本身所固有的，同时又多为宪法所认可和保障的，为此其固有性和宪法规定性是统一的。”[4]

考虑到中国宪法文本的规定和学术界约定俗成的提法，本书用基本权利来表述公民与国家间的关系。在我国现行宪法中，“家庭”已明确写进宪法，由此也确定了家庭权的宪法基本权利的地位。

三、作为基本权利的家庭权

当我们对权利、基本权利和家庭等前提性概念进行梳理分析后，本书尝

[1] ［美］沃尔特·E. 莫菲：《宪法、宪政与民主》，信春鹰译，载宪法比较研究课题组编译：《宪法比较研究文集》（3），山东人民出版社1993年版，第13页。

[2] 蒋碧昆：《宪法学》，中国政法大学出版社1999年版，第263页。

[3] 许崇德：《中国宪法》，中国人民大学出版社1996年版，第400页。

[4] 林来梵：《从宪法规范到规范宪法》，法律出版社2001年版，第80页。

试着为家庭权作出一个相对明确严格的界定。可以说，一般权利概念所包含的各个要素、各个要件，同样适用于家庭权概念的界定和分析。从法哲学的视角分析，可以认为，家庭权是家庭整体及家庭成员在家庭生活方面所享有的权利的总和，具体来说见下文。

首先，家庭权体现为一种自由，意味着主体能自由选择家庭生活的方式，自主决定家庭事务而不受任何他者不当的干预和介入。这个意义上的"自由"，其内涵直接与自主等同，这也是权利或者自由最为核心的内容之一，它体现了家庭相对于其他组织或者个人所拥有的自治权能。毋庸置疑，如果国家能够统一所有的儿童教育，比单个家庭的误打误撞要正确得多，也有效得多，但国家这样做，一方面剥夺了父母对子女的教育权限，造成了家庭的分裂，另一方面，则可能形塑出唯国家意志是从、千人一面的没有个性的公民，这同样不可取。罗尔斯就指出："很显然，禁止虐待子女或对孩子不尽抚养之职以及许多诸如此类的情况，这些属于家庭法律的重要组成部分所要求的限制。但从某种意义上说，社会又不得不依靠成熟家庭成员的自然情感和善良愿望。[1]一句话，国家或法律的明智之举，是承认家庭在儿童教育、生计安排等方面的自治权限，不得动辄以"政治正确"的名义来横加干涉。我们并不否定有一些变态的家庭，他们并未尽到一个家庭对子女、老人的责任，但这毕竟只是"异数"。法律是为正常人而设，而不是为诸多变量拟定规则。所以，强调家庭权中的自治成分，对于保障家庭的正常功能极有必要。正如美国学者爱泼斯坦所指出的那样：

一个要求不得干预家庭日常生活的法律规则，就是这样一个规则。它承认，大量的个人行为范围，从子女抚养到性行为、从性行为到家庭经济等，最好不要由一个来自区域的集体式应答来管制，而是由许多比较小型的、自治的群体来调整，这些小型自治群体运用为自身而设计的方式，追求自己的目的实现，与普遍的或投票的利益而发展。对外在世界来说，这个象征就是"任其行走"。在小型群体成员之间，经过相互协议，可以选择权力的不同

[1]　［美］约翰·罗尔斯：《公共理性观念再探》，时和兴译，载哈佛燕京学社·三联书店主编：《公共理性与现代学术》，三联书店2000年版，第28页。

配置，以及责任的各种分担。[1]

就家庭权所涉及的主体来说，这种自由包括两个方面的内涵：第一，作为家庭整体所享有的自由，例如对家庭目标的设定，家计的安排等，都是以家庭作为一个独立单位来独立进行决策。在此进行的必要预设是，任何家庭都能理性地感知自己家庭的利益所在，因而能够作出最佳的选择，无须国家指导和社会干预；第二，作为家庭成员所享有的自由。这主要是将平等原则融入家庭关系之中，每个成员都可以自由地表达有关家庭未来的设想，其意志不能被忽略，也不能被替代。

其次，家庭权意味着一种资格。资格是具有特定力量要求的基础。即使主体不具备自由表达意志的能力，只要他具备了这种资格就能获得某种正当性。比如，儿童即使无法正确表达自己的主张，只要他具备家庭成员的身份，就具有获得父母的抚养和照顾的权利。再比如，婚姻权利人行使结婚权建立合法有效的婚姻关系后，双方依据配偶身份获得利益的资格，如在婚姻关系存续期间双方享有共同生活、相互尊重、相互陪伴等身份利益。

就家庭权的具体实施而言，这种资格在家庭本身和家庭成员两个方面都同样有所体现。就家庭作为一个独立主体的资格来说，它有权要求国家平等对待，如果国家对于不同的家庭给予不同的待遇，厚此薄彼，这就明显属于对家庭权的侵犯。在当代社会，随着福利国家的建立，国家在保障人们生活方面拥有更多的责任，当然也因此积聚了更多的社会资源。当国家不能一视同仁地对所有家庭公平对待时，这就违反了法律平等的要求。目前中国对于流动儿童受教育权的关注，一定程度上也就是国家作为一个中立的公共机构，为所有有教育需要的家庭提供公平的保障。而从家庭成员的角度来说，它一方面是成为这个家庭成员的平等资格，如非婚生子女合法资格的确认；另一方面，则是所有成员之间应当平等对待，一方侵犯另一方的权益时，他方有反抗、抗拒直至诉诸法律的权利。这特别体现在配偶之间的平等方面。《欧洲人权公约》第七议定书第5条即专门指出：“配偶彼此之间，在他们与其孩子的关系中，在结婚、婚姻特征及婚姻万一解体时，应当享有具有一

[1] ［美］理查德·A. 爱波斯坦：《简约法律的力量》，刘星译，中国政法大学出版社2004年版，第64—65页。

种私法特征的权利和责任上的平等”。[1]因此，评价家庭生活的质量，必须引入平等因素的考量，只有在每个家庭中所有成员能够被平等对待，这样的家庭生活才是健康的、可欲的。

还必须注意的是，资格虽然不一定体现为主张的能力，但是，如果家庭成员受到虐待而无从主张，则诸多暴力、不公行为将会掩盖在住宅的阻隔之下，而成为无法无天的领域。这正如哈耶克提醒我们注意的那样，“在某种程度上讲，所有人与人之间的密切关系，不论这些关系是因情爱、经济需要，还是因物理环境（例如在船上或在远征中）而形成的，都为强制提供了种种机会。个人家庭的内部关系，一如所有较为亲密的关系那般，无疑会为一种特殊压制形式的强制提供种种机会，进而被认为是对人身自由的限制。”[2]就此而言，对于处于弱势一方的家庭成员，如前述的妇女、儿童、老人等，还必须有特别的保护措施，从而使其真正拥有家庭成员的资格并由此实现其作为家庭成员应享有的权利。

再次，家庭权是一种家庭利益。家庭权是家庭利益最直观的表达，家庭的组建本身就与个人的生存、发展和社会化有直接关联，家庭权即维护个人日常生活和亲密关系的基本物质利益和亲密关系。如学者所指出的那样，“人类的亲属保存本能，也可能对无政府地创造产权有重要贡献，因为家庭的互助会使一个孱弱个体从更大的亲属群体中汲取支持。由于这种自然力量的广泛分布，私有财产在自然状态下自发存在的程度足以支持某些自愿的交换。”[3]没有父母的抚养教育，一个幼儿不会长大成人；没有家庭的启蒙教育，个人难以进入社会；没有家庭的温情呵护，人们就不会拥有健全的心智……一句话，没有家庭的存在，人难以成长与发展。从这个意义上说，家庭权以及主要表现出的家庭生活形式，对于形塑人的品性、培养人的个性等诸多方面都是不可替代的。

德国学者施瓦布有关家庭功能变化的一段论述，就可以作为家庭权内

[1] 转引自［英］克莱尔·奥维、罗宾·怀特：《欧洲人权法·原则与判例》（第3版），何志鹏、孙璐译，北京大学出版社2006年版，第312页。

[2] ［英］弗里德利希·冯·哈耶克：《自由秩序原理》（上），邓正来译，三联书店1997年版，第170页。

[3] ［美］罗伯特·C·埃里克森：《无需法律的秩序——邻人如何解决纠纷》，苏力译，中国政法大学出版社2003年版，第214页。

含利益的注脚。在施氏看来，随着国家教育体系的发展，职业培训的专门化以及职业和家庭的分离，使得家庭失去了教育方面的管辖权，也就是说，“家庭不再承担引导年轻人进入社会的任务”。同时，随着社会保障体系的健全，家庭的负担也大为减轻，家庭成员和外部的联系变得日益重要和多样。总之，家庭的社会功能正在缩减之中，但这种缩减并未影响家庭制度的社会意义，相反，“家庭社会功能的缩减正好又强化了家庭作为个人之处所的特征。家庭成员主要是因为人的原因、而不是因为‘功能’而聚集在这一处所。”[1]这段引文所提醒我们的是，家庭权所蕴含的利益是多方面的，教育或者经济利益只是其中的一个部分，在现代社会，即便国家已经承担了许多由传统家庭所担负的功能，但是，情感的慰藉与亲情的呵护仍然是维系家庭屹立不倒的根本原因。不仅如此，剔除了互相帮助式的利益交换，家庭权所体现的“精神利益”则更为纯粹、真切、可贵。这种利益不仅对家庭成员本人有益，对社会来说也同样重要。例如，我们今天常言的“问题少年”，其主要原因就在于亲情的缺失。他们过早地被家人所漠视甚至抛弃，因而无法体会亲情的温暖与童年的快乐，所以具有太多反抗社会的心理。就此可以说，正是亲情养成了人的社会性，使个体在日后的人际交往中能够具有最基本的对他人的爱与同情。

总之，家庭权是家庭整体及家庭成员在家庭生活方面所享有的权利的总和。家庭权是一项基本权利，作为基本权利的家庭权是宪法赋予家庭及家庭成员享有的家庭生活受尊重和保障的权利。

第二节　家庭权的主体

权利的主体因其权利的性质与范围不同，可分为一般主体和特殊主体。一般主体是指不作特别要求而具备主体资格的法律上的人，既包括自然人，也包括法人、组织等；特殊主体是具有特殊性质、不能享有一般主体所享有的所有基本权利的人，在我国法律中，主要是指外国人；而特定主体是享有某种或某些特定的基本权利的主体，属于类主体，如我国宪法中规定的妇

[1] ［德］迪特尔·施瓦布：《德国家庭法》，王葆莳译，法律出版社2010年版，第4页。

女、老人、儿童等。[1]对于家庭权而言，这几类主体都属于权利主体的范围。

一、家庭

从国家与家庭的关系而言，家庭权的主体首先无疑是家庭本身。家庭的概念及其享有权利的依据，我们已在上章进行了阐述。这里需要说明的，主要是以下几个方面：

首先，家庭作为权利的主体，本身是以法律的拟制为基础的。在法律上，拟制是一种基本的立法技术，它可以造就出“人可非人”以及“非人可人”的状态。为什么非要创造出一个实际上不是人的“法律上的人”来呢？这与法律的基本内容——权利与义务相关。我国台湾学者林文雄先生在解构凯尔森法人构造的学说时就专门指出：

“传统法学的见解，通常认为权利及义务必须归属于‘人’，所谓人是权利义务的主体。换言之，除权利与义务以外，另外必须非有一种实体存在不可。……无论在任何情况之下，法律上的人格是一个实体——无论其为实际的存在或拟制的存在——一切的权利义务才有所归属。对于上述的共同前提，凯氏加以挑战。因为权利与义务都是从法规范演绎出来，而人格是在某一特定点上使权利及义务发生作用的集合而已。无论自然人或法人，人格不外乎权利及义务的总合，而权利及义务正是构成规范作用的单位。只要法秩序认为必要，均可赋予人格。只要法秩序认为必要，均可赋予人格。所以法律上的人格不应该引用肉体的物质或心理的实体来定义。依据凯氏的见解，关于法人是否应与自然人相同，赋予一种真实的实体，此种争论毫无意义。”[2]

可见，法律上为使权利与义务有个归属，就必须确定谁是这一权利与义务的行使者和承受者。只要能找到这个实体，无论其为自然人，还是社会组织，均可以赋予其人格。家庭正是这样一种被赋予人格的法律实体，它通过拟制的法律技术而成为人，又因为人而享有特定的权利，承担特定的义务。

其次，家庭作为权利的主体，其核心内容是“家庭生活”不受侵犯。

---

[1] 林来梵：《从宪法规范到规范宪法》，法律出版社2001年版，第84—88页。

[2] 林文雄：《法实证主义》，三民书局1982年增订三版，第192—193页。

正如《公民权利和政治权利国际公约》所表达的，在家庭权上，法律并不是保护一个作为物质载体存在的“家宅”（因为住宅权是另外一种类型的人权），而是力图使一个家庭的生活有序、和睦且不受国家和他人的侵犯。在这里，《欧洲人权公约》（以下简称《公约》）的表述最为清晰。《公约》第8条第1款规定：“人人享有私生活和家庭生活、住所和通信受尊重的权利”，在这里，“家庭生活”成为与“私生活”等相对应的概念，直指家庭内部生活的安宁与不受外界的干扰。正如欧洲人权法院判例所指出的那样，“父母和孩子对相互陪伴的共同享受构成了家庭生活的一个基本构成要素”，且兄弟姐妹之间的相互关系，与父母和孩子之间的相互关系一起被看待，也被涵盖在内。[1]可见，“家庭生活”也就是我们常见的“天伦之乐”，它一方面是指家庭成员居住在一起和团聚的权利，另一方面也是指家庭关系的完整权不受侵犯的权利。当一个家庭被国家、社会和他人强行拆散，或者父母子女之间、兄弟姐妹之间强制不得相聚时，明显地就是对家庭生活这一权能的侵犯。

再者，家庭作为一个拥有权利的主体，其所面对的主要是国家、社会和他人。换句话说，与家庭成员在家庭中应当享有的权利不同，家庭权作为一个由抽象、拟制而形成的法律主体，其主要面对的是外部关系中的他者。家庭生活应当受到尊重，这自然也就是要求国家机关、社会组织或其他公民个人不得介入家庭事务，扰乱一个家庭平静、安宁的生活。在此时，家庭作为一个整体与外部单位发生关联，其权利主张、权利维护都是以家庭整体的名义而进行的。不仅如此，家庭对其不具有行为能力者所产生的法律责任，也多以家庭整体的名义来予以承担。杨效斯先生以西方的实例进行了说明。

在西方法律实践中，青少年一般只需为其行为负部分法律责任，其余部分由其家庭承担。于是，在这种情况下，是家庭，而不是作为其成员的个人，成为一个完整的法律责任单位。法律实践中这种做法的根据在于，家庭对于青少年发展基本能力具有格外重要的意义。青少年主要是从家中获得早期知识、形成部分未充分发展的理性。基于这种不完全、不成熟的知识，基于未充分发展的理性，青少年只能算拥有部分的自主性。从部分理性和部分

[1] 参见［英］克莱尔·奥维、罗宾·怀特：《欧洲人权法·原则与判例》（第3版），何志鹏、孙璐译，北京大学出版社2006年版，第305页。

自主性的观念，我们不难得出部分主体的观念。部分主体对其行为，当然只承担部分责任。[1]

家庭这种对于未成年人行为集体担责的做法，与其作为权利主体的身份并不矛盾。从法律主体的内涵上而言，它本身就包括权利主体、义务主体、责任主体三大类型，并且，任何一个主体在成为权利主体之后，也必然同时就属于义务主体和责任主体。毕竟，没有无权利的义务，也没有无义务的权利，权利、义务、责任三者是统一的。

二、家庭成员

家庭权由家庭成员来享有，因而，属于某个家庭的成员无疑都是家庭权的主体。与家庭作为法律主体的情形不同，家庭成员作为权利主体有这样几个特别需要指出的问题：第一，家庭成员享有家庭权，是指其在家庭内部关系中所享有的权利，而非家庭成员在和其他主体发生联系时所可能产生的权利与义务。例如，一个成年的家庭成员可能会与其他人订立合同，由此产生的权利与义务是其作为一般法律主体所应当履行的，不属于家庭权的范畴。这是因为，人可以扮演多个角色，也会具有不同场合的法律身份，当其作为一个普通的社会成员与他人之间发生关联时，有关法律事务即可以按其他法律的规定来予以处理；第二，家庭成员享有的家庭权，是在家庭成员之间发生的权利与义务，是一种横向的法律关系。例如夫妻之间，在家庭生活中就应当具有平等的决策权，禁止一方以其意志强加于另一方之上。在家庭生活中，强调的是亲情、友爱，反对的是背叛、暴力。以此而论，如遗弃、虐待等，都属于家庭成员有权反对的行为。在这方面，家庭暴力之所以从一个纯家庭内部事务转变为法律必须干预的领域，就典型地表现了家庭成员不受虐待，通过国家法律得以保障的情形。第三，只有家庭成员才能在某个特定的家庭享有权利，而其他人不得以平等对待为由，要求享有不属于其家庭的家庭成员应当享有的权利。可见，从对抗第三者的角度上说，家庭权赋予了家庭成员的某些不属于“外人”的权利。正如奥地利学者诺瓦克所指出的那样：

[1] 杨效斯：《家的哲学纲要》，载牟博编：《留美哲学博士文选：中西哲学比较研究卷》，商务印书馆2002年版，第323页。

制度保障常暗含了受影响的个人所享有的某种特权。由于一起生活是家庭存在的一项基本标准，家庭成员被赋予了比他人更大的在一起生活的权利。国家不仅要尊重这种权利，而且它保护它免受私主体的干涉。对于生育的权利同样如此。国家有义务促进家庭关系的维持并家庭的解散所产生的消极影响。在最广义的层面上说，保护家庭还包括了许多国家所规定的大量其他措施，如经济帮助、保护母亲、税收优惠、成员救助等。[1]

据此而言，保护家庭成员享有家庭生活的权利并排除其他私人主体对家庭生活的不良干预，是国家应尽的法律义务。据美国学者斯丹德利的归纳，政府对家庭成员享有家庭生活的权利的保护，主要集中于五个方面：（1）确保所有的父母得到他们所需的一切信息和保护，提高服务，并加强广泛家庭和社区保护和滋养家庭生活的方式；（2）增进家庭财产，减少儿童贫困，并确保税收和福利体系合理的承认儿童抚养费；（3）通过平衡协调工作和居家的时间，使父母能有更多时间和他们的孩子在一起；（4）加强婚姻并减少婚姻破裂的风险；（5）积极应对严重的家庭生活问题，包括家庭暴力和学生怀孕。[2]

既然家庭成员是家庭权的适格主体，那么界定何谓家庭成员就显得极为重要。正如我们在第一章中所言及的那样，家庭成员的界定又涉及对家庭的定位，如果仅以婚姻、血缘关系为基准来定位家庭，显然就有许多亲密共同体不属于家庭范围，相关成员也就不能作为家庭成员而享有权利。因此，必须从广义的角度来理解家庭，由此才能将生活在一起的人的共同体的成员全部作为家庭成员来对待。

德国联邦宪法法院在2003年的判例中，对“家庭成员”的范围作了扩大解释，判例指出：“《基本法》第6条第1款所保护的家庭是父母和子女构成的共同体，无论子女是否为父母所生，也无论子女是否为婚生；家庭指的是父母和子女实际存在的生活和教养共同体，父母要为子女承担责任。”因此，只要子女的亲生父母事实上对子女承担了责任，并且和子女之间形成社会联系，即使法律上没有承认其父的身份，他也可以和子女一起建立《基本

[1] ［奥］曼弗雷德·诺瓦克：《〈公民权利和政治权利国际公约〉评注》，孙世彦、毕小青译，三联书店2008年版，第542页。

[2] ［美］凯特·斯丹德利：《家庭法》，屈广清译，中国政法大学出版社2004年版，第6—7页。

法》第6条第1条意义下的家庭。[1]当然，德国至今也未将非婚共同生活作为家庭生活的类型，非婚同居的当事人只能从人格权入手寻求宪法上的保护，而不能以家庭成员的身份主张权利。这也同时说明，一个国家如何对家庭进行界定，不仅取决于该社会的文化传统，更取决于国家机构和民众的宽容。但无论如何，扩大家庭的概念以及扩张家庭成员的范围，则已是一个不可逆转的历史潮流。

三、妇女、儿童、老人

妇女、儿童和老人同样是家庭中重要成员，而之所以要将之单独列为一类，是因为他们更多地属于法律意义上的弱者。我国宪法第48条规定，“妇女在政治的、经济的、文化的、社会的和家庭的生活等各方面享有同男子平等的权利”；第49条规定，“婚姻、家庭、母亲和儿童受国家的保护”；“禁止破坏婚姻自由，禁止虐待老人、妇女和儿童。”从上述规定可以看出，妇女、儿童、老人属于家庭权的特定主体。这些主体由于自然条件的弱势而成为需要特别保护的“类主体”，给予其特别保护并非意味着特权，而是通过“向弱者倾斜”以实现人权的普遍化。[2]

1.妇女。[3]传统上，妇女历来遭受着不平等的对待，其权利与能力往往受到来自社会各个方面的限制。但实质上，妇女作为弱者主体的身份是基于同男子的性别差异造成的，一句话，“性”是自然的，而“性别”则是社会刻意建构的结果，在社会性别上的刻板意识加深了男女之间权力分配的不平等。妇女要实现人权，不仅要抵抗普遍意义上的国家权力的侵害，还要与

[1] ［德］迪特尔·施瓦布：《德国家庭法》，王葆莳译，法律出版社2010年版，第11—12页。

[2] 徐显明教授认为：“在现实生活中，大部分自然人因主观或客观的各种因素，仅凭其自身无法充分或正当地行使其人权，从而成为行使人权时需要来自社会或他人的特殊照顾与保护的弱者主体。因共同的“弱特征”而归于一类的弱者主体简称为类主体，其人权称为类人权。‘向弱者倾斜’的人权原则是人权主体理论的重要内容。妇女、儿童（未成年人）、老人因其自然条件而成为最大数量的弱人权主体群体。”参见徐显明：《人权主体界说》，载《中国法学》2001年第3期，第53—62页。

[3] 如果将妇女理解为广义的全体女性，则妇女的外延和儿童、老人存在交叉，但三种特殊基本权利主体之所以并列出现，是因为这三类群体在现实生活中都处于相对弱势的地位。其中“妇女”是基于性别差异产生的，“儿童”与“老人”则是基于年龄差异产生的。年幼与年老的女性可能由于其性别和年龄处于更加不利的地位。

家庭中男性对女性的歧视与压迫作斗争，使自己从一切剥削与奴役中解放出来。这是女性成为家庭权主体的价值所在。“从某种意义上讲，婚姻家庭关系的历史演变始终与女性在社会生活中的地位变化紧密地联系在一起，婚姻家庭权内容的扩展与权利在家庭成员中平等分配的状况成正向发展。”[1]近代以来，各国宪法、法律积极消除性别歧视，提高女性在社会生活中的地位，保障婚姻自由，强调弱势方权利的法律保障。

二战后出台的一系列国际性法律文件，都有类似规定或体现类似精神。如1952年的《妇女政治权利公约》、1962年的《关于婚姻的同意、结婚最低年龄及婚姻登记的公约》等。1967年的《消除对妇女一切形式歧视公约》更是成为国际层面反对性别歧视的总纲领，其中第16条第1款规定缔约各国应采取一切适当措施，消除在有关婚姻和家庭关系的一切事项上对妇女的歧视。这为我国制定女性家庭权利保障的国内立法提供了基本价值准则。

在我国，妇女权利的立法保障主要由宪法、民法、婚姻法、妇女权益保障法等构成。其中，《宪法》和《民法总则》的规定较笼统而概括，而《婚姻法》及《妇女权益保障法》则相对具体。《婚姻法》强化了对妇女的婚姻自主权、人身权、财产权和家庭地位平等权的保护。《妇女权益保障法》第七章专门规定了与女性婚姻家庭有关的权益，包括婚姻自主、家庭生活的平等权等，此外，一些条款还体现了对女性弱势方权利的照顾，如第48条规定：“离婚时，女方的住房应当按照照顾子女和女方权益的原则解决”；第50条规定：“离婚时，女方因实施绝育手术或者其他原因丧失生育能力的，处理子女抚养问题，应在有利子女权益的条件下，照顾女方的合理要求。”《〈婚姻法〉司法解释（三）》（2011）第9条“夫以妻擅自中止妊娠侵犯其生育权为由请求损害赔偿的，人民法院不予支持”，该条也体现了我国对于妇女生育权的保障；第2条关于亲子鉴定和第4条关于婚姻存续期间财产分割的规定，为妇女的婚姻家庭权利保护提供了更多的法源依据。

女性在家庭中的权利首先是作为一个独立的家庭成员享有的平等权，《宪法》第33、48条是女性在家庭生活中平等地位的总纲。无论其身份是女儿、妻子还是母亲，都是一个独立个体，其独立人格和基本权利应受到其

[1] 林喆：《公民基本人权法律制度研究》，北京大学出版社2005年版，第55—66页。

他家庭成员的尊重，不受其他家庭成员的侵犯，在共同生活的家庭事务上，妇女有平等参与和协商的权利。其次，妇女作为独立个体所享有的与家庭关系有关联的具体权利：如婚姻自主权、受扶养权（包括未成年女性的受抚养权、妻子的受扶养权，母亲的受赡养权）、继承权、婚姻住所选择权、配偶权、生育权、家庭财产共有权等。

2.儿童。按照《儿童权利公约》的定义，儿童系指“18岁以下的任何人，除非对其适用之法律规定成年年龄低于18岁”。在家庭权方面，《儿童权利公约》在序言中宣布，“儿童有权享受特别照料和协助”，各缔约国“深信家庭作为社会的基本单元，作为家庭的所有成员、特别是儿童的成长和幸福的自然环境，应获得必要的保护和协助，以充分负起它在社会上的责任”。《儿童权利公约》还专门提到，为了充分而和谐地发展其个性，“应让儿童在家庭环境里，在幸福、亲爱和谅解的气氛中成长”。[1]以上规定表明，儿童作为家庭成员处于一种被特殊保护的地位。这不仅因为他们往往缺乏行为能力，属于传统意义上的弱者，更是因为儿童是国家的未来，其身心是否健康、教育是否完备、个性是否充分，都在很大程度上关系着社会的进步和民族的繁荣。我国《未成年人保护法》第3条统摄性规定了儿童享有生存权、发展权、受保护权、参与权等权利，国家根据儿童身心发展特点给予特殊、优先保护，保障未成年人的合法权益不受侵犯。儿童享有受教育权，国家、社会、学校和家庭尊重和保障未成年人的受教育权。第10条中规定父母或者其他监护人应当创造良好、和睦的家庭环境，依法履行对未成年人的监护职责和抚养义务。禁止对未成年人实施家庭暴力，禁止虐待、遗弃未成年人，不能打孩子，对孩子要绝对尊重。禁止溺婴和其他残害婴儿的行为，不得歧视女性未成年人或者有残疾的未成年人。《婚姻法》主要围绕儿童的家庭生活引申出一些权利，具体包括：抚养权、教育权；继承权；非婚生子女、养子女和有抚养关系的继子女与婚生子女权利平等。

3. 老人。从2000年到2050年，全球老龄人口（指年龄超过60岁的老年人）预计将翻倍，从现在的10%上升到22%——差不多等于儿童人口（指14岁以下小孩）所占比例。老龄化成为整个世界的趋势。“老年人面临着许多

[1] 北京大学法学院人权研究中心编：《国际人权文件选编》，北京大学出版社2002年版，第117页。

社会的和个人的问题：高比率的生理疾病与情感问题、贫困、营养不良、交通不便、地位低下、社会中一个没有意义的角色、住房条件差。在很大程度上，老年人是‘近来发现的’一个少数人群体。与其他少数人群体一样，他们是就业歧视的受害者，被排除在主流生活之外，而且很容易遭到错误成见的歧视。”[1]正因如此，保护家庭中老年人的权益，就成为家庭权内容当中一项极为重要的权利类型。以《老年人权益保障法》为代表，法律创设老年监护制度，使老有所养、老有所乐得以落实。具体说来，该法在家庭赡养与扶养方面，一是对家庭养老作了重新定位。将现行法“老年人养老主要依靠家庭”修改为“老年人养老以居家为基础”。二是进一步明确了赡养人对患病和失能老年人给予医疗和照料的义务。三是针对现实中老年人住房等财产权益易受侵害以及老年再婚配偶法定继承权难以保障等问题，进一步加强了对老年人财产权益的保护。四是充实了精神慰藉的规定，强调“用人单位应当按照国家有关规定保障赡养人探亲休假的权利”，从而使“常回家看看”不再是一句口号。五是增加了有关组织应当对不履行义务的赡养人和扶养人予以督促的规定。自然，如古代的孝道所揭示的那样，“养”还只是孝的外部表现，更为重要的，是家庭应当为老人提供安乐和谐的生活环境，使老年人也有较为充分的精神生活，从而不是在等死的过程中终其一生。

四、外国人的家庭权问题

作为一项源于自然情感的权利形态，家庭权利的主体既可以是本国人，也可以是外国人。当一个外国家庭来到某一国家时，一方面要接受该国法律的约束，另一方面也可据此享有该国法律有关家庭权的规定。具体来说，这种家庭权仅仅因为家庭的存在就应当被自然地赋予。正如1848年的《世界人权宣言》第2条所郑重申明的那样：“人权是一种无论被承认与否定都在一切时间和场合属于一切人的权利，人们仅凭自己作为人类一员的身份就可以享有这些权利，而不论相互之间有何差异。”如果将家庭权界定为人权的范围，那么显然，无论是哪国人，都应当在缔约国得到普遍的保护，其家庭生活也应受到尊重。所以，外国人是否享有家庭权，并不能依赖一国宪法文本

[1] ［美］查尔斯·H. 扎斯特罗：《社会工作与社会福利导论》（第7版），孙唐永等译，中国人民大学出版社2005年版，第505页。

上的表述[1]，而必须根据权利的性质和内涵来决定。家庭由于是自古以来人类共同生活的一种模式，其建立和维持有一种先于国家而存在的性质与普遍性，也就是说，家庭是附随人而来的，非经国家或政府法律所赋予，因此家庭权中涉及人格自主和人性尊严的那部分前国家性质的权利，即直接涉及人之“类”属性的，如家庭隐私权、婚姻自由等属于普遍人权，其享有主体是自然人，无论其国籍。当然，某些与家庭有关的权利，如家庭社会福利、社会救助的部分由于需要依赖于本国政治、经济财政的支撑，因而只能根据需要，由国家法律、公共政策进行调整，有限度地适用于外国人。

外国人家庭权中的特殊问题，主要是如何对待移民所造成的家庭分离。例如，某人遭本国驱逐至别的国家，或在某国家寻求政治庇护得到批准，而在本国的家庭成员能否以要求团聚为由，进入所在的特定国家？换言之，如果某国政府拒绝了寻求庇护者家庭成员要求入境的申请，是否侵害了人们所享有的家庭权？欧洲人权法院就处理过类似案件。一位土耳其公民在瑞士寻求政治庇护但是未获成功，但庇护申诉正被考虑时，他的妻子基于人道主义理由而获准来与他会合，并在瑞士产下一女婴，后来，申诉人及其妻女被批准逗留在瑞士。申请人请求让他的两个儿子获准来瑞士，其中大儿子超过了18周岁，不符合瑞士调整家庭重聚的规则；小儿子则自母亲移居瑞士之后，一直与他祖父生活在一起。申诉人声称，如果拒绝批准小儿子来瑞士，就侵犯了他根据《欧洲人权公约》第8条所享有的家庭生活受到尊重的权利。对此，欧洲人权法院法官们的多数意见是，这一指责并不成立：

当前的案件不仅关系到家庭生活，也关系到移民；而一国关于允许已定居移民的亲属进入其领域的义务的程度也将会随着有关人士以及一般利益等的特别情况而有所变化。作为业经良好确立的国际法的一个问题，并且受制于其条约义务，一国有权控制非国民进入其领域。

进一步说来，在涉及移民问题时，公约第8条不能够被认为是对一国施加了如下一项一般义务：尊重已婚夫妇所作出的关于其婚后的居住国的选择，并且许可在其领域的家属重聚。

---

[1] 从宪法文本表述看，我国宪法并未排斥外国人作为宪法基本权利的主体地位，如根据《宪法》第32条第1款中的规定：“中华人民共和国保护在中国境内的外国人的合法权利和利益。”保障外国人相应的权利，显然也符合国际人权保障的发展趋势。

是否允许自由移民是一国主权的体现，因而可以认为，欧洲人权法院的这一判决并不为过。毕竟，分离的家庭成员能否在别的国家团聚，首先应取决于该国的移民政策。全球化尚在推进，但真正意义上的政治、经济、法律全球化还未成型，这正是我们所要面对的问题。

第三节　家庭权的属性

一、自由权与社会权的二元论

国内外学者对基本权利的分类，真可谓见仁见智。[1]其中，对学界影响最大的一种分类是把基本权利分为自由权与社会权两大类。

自由权是指“排除国家权力对个人领域的介入，以保障个人自由的意思决定和活动的人权。”[2]就此而言，自由权意味着每个人的自由不受国家权力的不当限制，当国家权力构成对个人自由的不当干预时，个人可以要求国家承担相应责任。通常认为，就国家消极不作为的角度来说，自由权是一种“消极权利”。英国思想家柏林就是这一主张的代表，他指出：“对‘自由’这个词的每一种解释，不管多么不同寻常，都必须包含我所说的最低限度的‘消极’自由。必须存在一个在其中我不受挫折的领域。”[3]简单地说，必须划定一个专属公民个人自治的空间，在那里，国家和他人不得对权利人的权利与自由进行干涉和强制，也就是说，消极自由需要国家权力的容忍与退让。可见，消极自由背后展示的是一个自主、自立、自治的“人”的形象，他可以根据自己的理性判断来进行行动的选择，而无须接受来自国家和他人的指导。

[1] 具体可参阅林来梵：《从宪法规范到规范宪法——规范宪法学的一种前言》，法律出版社2017年版，第97—100页。韩大元、胡锦光主编：《宪法学教学参考书》，中国人民大学出版社2003年版，第302—304页。韩大元主编：《比较宪法学》，高等教育出版社2003年版，第157—171页。杨海坤教授则从基本权利的主体与性质两个因素将宪法权利分为个人权利、政治权利、社会权利、弱势群体的权利。这种分类在各国宪法中正成为一种趋势，参见杨海坤：《宪法学基本论》，中国人事出版社2002年版，第122页。

[2] ［日］芦部信喜：《宪法》（第三版），林来梵等译，北京大学出版社2006年版，第72页。

[3] ［英］以赛亚·伯林：《自由论》，胡传胜译，译林出版社2003年版，第234页。

社会权是“基于福利国家或社会国家理念，为使任何人皆可获得合乎人性尊严的生存，而予以保障的所有权利的总称。”[1]社会权是在资本主义高度发达，由此产生贫富分化等一系列社会问题，为防止传统的自由权保障流于形式，实现全体国民尤其是社会弱者的实质平等权，从而要求国家积极给付而形成的现代人权。就国家积极作为的角度，社会权成为“积极权利”的代名词。由此在宪法学上“自由权和社会权”“消极权利和积极权利”就成为基本权利最为重要的分类方法。美国当代著名公法学家霍尔姆斯和桑斯坦非常形象地对这两类权利作了区分：“消极权利禁止政府，并把它拒之门外；积极权利需要并盛情邀请政府。前者需要公职人员蹒跚而行，而后者需要公职人员雷厉风行。消极权利的特点是保护自由，积极权利的特点是促进平等。”[2]由此可见，与消极权利不同，积极权利更多体现国家的作为，或者说，人们权利的实现必然伴之以国家的积极行动。

积极权利的出现也是历史的必然。自由资本主义时期法律的中心是个人本位，保护公民绝对自由权是法律首要的任务，“管得最少的政府就是最好的政府”。20世纪以来，法律开始出现社会本位的转向，团结合作、保护弱者成为法律关注的又一焦点。在此背景下，强调国家应积极介入社会经济生活，政府从消极不作为到积极作为，对个人自由权予以必要限制。社会权的宪法保护体现了人类社会由追求形式平等向实质平等的转变。

二、自由权与社会权的双重性

将自由权视为“消极权利”、社会权视为“积极权利”这种简单的二元划分是否合理呢？实际上，今天的社会已不再是那种自给自足的农耕社会，所有的权利都必须依赖政府的资源配置与积极行动。如霍姆斯和桑斯坦所言，“每一项权利都需要政府积极的回应，也都需要政府承担积极的保护义务，因为权利是昂贵的。实施权利是费钱的，特别是统一而公平地实施；到了法律权利还没有被实施的程度，那它就是空有其名。简而言之，几乎每一项权利都蕴涵着相应的政府义务，而只有当公共权力调用公共资金对玩忽职

[1] 许庆雄：《社会权论》，众文图书公司1991年版，第13页。

[2] ［美］史蒂芬·霍尔姆斯、凯斯·R. 桑斯坦：《权利的成本——为什么自由依赖于税》，毕竟悦译，北京大学出版社2004年版，第23页。

守施以惩罚时，义务才能被认真地对待。没有法律上可实施的义务，就没有法律上可实施的权利。”[1]换言之，国家的义务就意味着政府的投入，而欠缺了政府的积极行为，预期权利就无法实现。美国学者巴伯则认为：“政府像是机器一样为了单一的目的而不伤害公民，这样的政府是不可思议的。”因此，“宪法不应当仅仅被认为是消极的自由宪章，而应被看作是制度的宪章，授权以实现社会援助，与个人和少数人的权利相一致。”[2]这一观点特别注意到了弱者权利保护的问题。换句话说，即使强者可以借助自己的资源和能力实现法律上的权利，但对于弱者来说，如果没有国家的协助，再多的权利也只是一纸空文。

基本权利的分类就如同小葱拌豆腐，其内容之间会出现交叉与叠加，由此呈现出多元性与复合性；同时，每一项基本权利所对应的国家义务也表现出复合化特征。实际上，权利如果只具有积极性，那么显然会损害权利主体独立的自治空间；权利如果只具有消极性，权利要借助国家的帮助和社会的合作就会成为泡影。可见，单一地强调权利的积极或消极方面，都会使权利本身内含的权能难以实现。

所以，自由权、社会权的划分是一种观念状态的界分，严格说来，没有一项权利可以完全精确地置于这二者之下的一种，而是处于交叉状态，既包括消极的一面，又具有积极的内涵。严格说来，权利本身是一个不可分割的复合整体，任何类型的区分，都不可避免地存在分类者的任意切割和主观筛选，并不意味着认识对象实质上的状态也是这样。从实际状况看，任何基本权利都具有消极与积极的双重属性，都是二者的统一与融合。任何权利都无法就消极还是积极进行数量、比例上的切分，而是有所侧重。总体而言，自由权以消极权利属性为主，以积极权利属性为辅；社会权以积极权利属性为主，以消极权利属性为辅。

[1] ［美］史蒂芬·霍尔姆斯、凯斯·R.桑斯坦：《权利的成本——为什么自由依赖于税》，毕竟悦译，北京大学出版社2004年版，第64页。

[2] Sotirios A.Barber，“Welfare State and the Nature of the U.S.Constitution：An Exchange of Views”，in Am.J.Juris.，Vol.42，1990p.1599.

三、家庭权兼具自由权与社会权的双重性

由上文的论述可知，单一的认定家庭权是自由权还是社会权，都不够全面准确。[1]从家庭权的内容看，它不是单一的某个权利或者自由，如生命权、言论自由，而是由一组权利组成的复合权利，如婚姻自由权、家庭隐私权、家庭福利权等权利的组合。这些权利有些属于“消极人权”，如结婚和组建家庭从属于个人自治的范畴，是社会共同体中的个人自主选择生活方式的自由，具有自由权属性；而有些权利如家庭福利权，家庭和谐权，维持家庭存续的权利，则需要国家财政给付或公权介入，以确保稳定的物质支撑及提供安全的生存条件，从这个意义上说显然偏重社会权的范畴。

从家庭权的历史发展看，家庭权也充分体现了自由权和社会权的双重性质，只是不同阶段的侧重点有所不同。在自由法治国时代，基于一般人格权和隐私权的尊重，强调“最小政府即最好政府”，西方国家的宪法往往规定了体现自由精神、具有防御性格的家庭基本权，除非家庭内部有严重的权利滥用现象，国家不得主动干预和限制家庭私生活领域的自治。然而在这样的模式下，实际上是放任了父权家长制，因此也为家庭权力结构中的事实支配关系作了背书。随着现代工业化带来的贫富差距问题以及出于对资本主义私法自治的反省，福利国家的理念应运而生。有别于自由法治国对于家庭自治的保障与父权体制的容忍，福利国家不再只是被动的旁观者，而是需要适时地介入家庭生活。一方面通过社会福利、社会保障措施对于贫苦家庭给予积极的经济辅助，另一方面，从维护个人权利出发，通过公权力直接干预家庭

---

[1] 对于家庭权的属性，学界也有一些零星的探讨。比如德国学者G. Brunner及奥地利学者T. Tomandl将社会权分为三个范畴：（1）工作权：诸如自由选择工作的权利、适当的工作条件及工作环境的要求、罢工权、对国家充分就业政策的要求、失业救济权等，涉及工作的经济与社会层面的保障均属之。（2）社会安全权：关于最基本生活安全的要求，包括生、老、病、死的照顾抚恤，遭受意外时得请求社会扶助，房屋住宅之拥有等权利的保障。（3）文化教育权：如每个公民均等分配基本教育文化资源的权利；家庭扶助的请求权等。参见李孟融：《福利国家的宪法基础——及其基本权利冲突之研究》，载杨日然教授纪念论文集编辑委员会：《法理学论丛——纪念杨日然教授》，月旦出版社股份有限公司1997年版，第238—239页。国内莫纪宏教授则从“个人完全社会化、有效社会化和继续社会化”的角度讲家庭权纳入社会权体系中，详见莫纪宏：《论对社会权的宪法保护》，载《河南政法管理学院学报》2008年第3期，第1—14页。

生活，主动维护家庭内部权力关系中的弱者，保护其免于他家庭成员的不法侵害。《魏玛宪法》以及1945年《德国基本法》，都体现了社会权面向的家庭权，总体上，现代国家多经历了自由法治国与福利法治国的辩证。

第四节 家庭权与其他权利的界分

法学研究的难题之一，就是相关名词、术语之间往往出现交叉，由此难以精确厘定某一特定概念的内涵与外延。家庭权的情形就是如此。虽然法律上已经规定了这一权利类型，人们也普遍承认这一权利的存在和必要，但是，家庭权与相关权利的交叉与重叠仍是挥之不去的难题。与其他权利一样，家庭权自身的开放性也会使其不断扩张原有的意涵。那么，如何使家庭权的本质特征得以精准界定呢？从权利系谱中认识家庭权，尤其是从与家庭权关系紧密的权利视角反观家庭权的特征与性质，或许可以发挥“不识庐山真面目，只缘身在此山中”的“旁观者”效应。特里温（B. Traven）形象地描述了这一比较的意义与重要性，“当缺少对比又不了解差异的时候，一只公鸡能够冒充一只孔雀或者一只夜莺”。[1] 为此，我们可以从系谱学的视点，以权利系谱的思维，对家庭权做出“关系性的审视或批判”。[2]大致说来，与家庭权最为密切相关的权利主要有三类：一是住宅权；二是婚姻自主权；三是私生活权。以下我们即进行辨析，以期进一步明确家庭权的真实内涵。

一、家庭权与住宅不受侵犯权

住宅与“家”的概念是紧密结合在一起的。住宅是家庭成员活动的集散地，父母的温情、亲人的关照、子女的嬉闹，都依赖于这个空间而得以尽情地展现。人的一生之中，将近一半时间是在住宅里度过的，没有住宅，人将失去安身立命之基。因而，住宅不受侵犯权对于每个人、每个家庭的安宁、健康、自由、发展有着极其重要的价值。住宅为个人提供“存在立足点”。[3]

---

[1] 转引自［美］博西格诺等：《法律之门》，邓子滨译，华夏出版社2002年版，第26页。

[2] 邓正来：《全球化时代与中国法学》，http: //www.legaltheory.com.cn，访问日期：2009年3月20。

[3] 缪岚：《住宅不受侵犯权的法理阐释》，苏州大学2004年度法学硕士论文，第1—2页。

住宅不受侵犯权和家庭权都是近代以来被提升到公民基本权利地位的。两者保护的法益都涉及私生活自由或隐私，而非仅仅是个人的经济利益或是房屋的实体价值。具体来说，前者保障的是存在于住宅中的人，而非住宅本身。住宅构筑了一个私人空间，但权利附着于其中的每个个体。房屋因人而有了生气，房屋也因人成为精神依托。离开了人，房屋就只是冰凉的钢筋水泥，而不是住宅、人居。后者同样也是如此。家庭的存在自然伴随有一定的物理空间，但是，家庭权的内涵并不是对于这一物理区域的保护，而是在住宅的空间内制造出祥和、温情的精神世界。

住宅不受侵犯权和家庭权都是个人私生活的重要组成部分，但两者依然有差别。

首先，住宅不受侵犯权必须以住宅为载体，而家庭权并不要求必然依附于住宅，典型者如家庭成员的分居，他们并不共居于一室，有的甚至几年难得见上一次，但这并不排除家庭的存在。我们所唱的“常回家看看”，就表达了家庭并不以住宅为界的事实。只要关系存在，只要情感留存，即使是人至海角天涯，家的意义仍在。

其次，从各国宪法对“住宅”的理解可知，住宅不单是指“一般意义上的私人家屋”，[1]所有能承载私生活或隐私的领域都被纳入其中，甚至与隐私有关的工作场所也部分产生了住宅的效力。比如，德国宪法上的住宅是指“私生活的一个空间范围，不仅仅包括私人住宅且还包括营业或经营场所，私人住宅还可以包括住宅的附属空间，如地下室、阁楼、封闭的庭院，此外，旅馆房间、周末度假屋、帐篷以及社团会所等都包括在内。”[2]美国宪法上的住宅也是广义的，对“房舍（house）的搜查并不限于人们的居室寓所（dwelling），其他诸如于营业所、库房或车辆之搜查，都要受这条规定的限制。不过所谓‘房舍’，并不包括公共场所。”[3]“不得无证搜查或者要求持有特殊许可证方可搜查的房屋，包括人们有权出入的任何地方，比如旅馆客房，租赁的住房，朋友的公寓，甚至电话亭。”[4]宪法条文

[1] 林来梵：《从宪法规范到规范宪法：规范宪法学的一种前言》，法律出版社2017年版，第182页。

[2] 伯阳：《德国公法导论》，北京大学出版社2008年版，第99页。

[3] 荆知仁：《美国宪法人身自由条款要义》，台湾商务印书馆股份有限公司1976年版，第46页。

[4] ［美］卡尔威因、帕尔德森：《美国宪法释义》，徐卫东、吴新平译，华夏出版社1989年版，第213页。

中用house而非dwelling指称住宅，基本表达了住宅的广泛范围。韩国宪法中的“住处”，按照学者文鸿柱的解释是“表示人现在所居住，或未居住依社会性常识认为适合人居住或作事业之一切空间性的生活领域的意思，举凡庭园、仓库、教室、办公室、旅馆之房间等均包含在内（也包括有墙的土地在内）。”[1]《香港特别行政区基本法》第29条规定，“香港居民的住宅和其他房屋不受侵犯。”起草委员会专家认为，之所以在条文表达上加上“其他房屋”，是因为“这样可以包括办公室和私人工厂等”。[2]这表明《香港特别行政区基本法》上“住宅不受侵犯”的保障范围是囊括居住性住宅之外的办公室等工作场所的。显然，家庭权的住宅范围要远远小于住宅不受侵犯权的涵摄范围。[3]

二、家庭权与婚姻自由权

婚姻自由权，主要的规范效果在于婚姻缔结自由并及于夫妻共同生活的维持。就共同生活之维持而言，婚姻自主权固然会与家庭基本权产生部分的保护交集，但二者保护的重点与效力仍有所不同。例如，就子女与父母间的家庭权而言，人们可主张家庭团聚权，但这项权能却是婚姻自由权不能涵盖的；又比如，同性恋之间，虽可能无法承认同性恋的婚姻，但可能借由同性恋家庭权的保护，使其组成家庭，并赋予该家庭成员间一定的法律关系。简而言之，以一男一女的婚姻关系为中介，所产生的共同生活维持的法律效果，会与双方的家庭基本权产生部分重叠的保护内容，但二者的保护目的、效果仍有不同。家庭基本权着重于家庭成员间的共同生活、亲密关系，并借由家庭生活发展自身人格，自我形塑。这一点上对核心家庭（双亲及其子

[1] ［韩］文鸿柱：《韩国的宪政制度》，林秋山译，“民国大会宪政研讨委员会”编印，1985年版，第121页。

[2] 肖蔚云：《一国两制与香港特别行政区基本法》，北京大学出版社1990年版，第177页。

[3] 我国宪法条款中并无住宅的明确解释，但通常认为《刑法》第245条规定的非法侵入住宅罪和非法搜查（住宅）罪，是根据宪法上住宅不受侵犯条款而来的，而这两个罪名中所指的“住宅”，通常的理解仅指“供人居住和生活的场所”。而在《治安管理处罚法》中，违法进入住宅和工作场所属于不同性质的问题，前者破坏的是个人的自由，而后者破坏的是社会公共秩序，可见，《治安管理处罚法》中的工作场所是不包括在“住宅”的范围之内的。综合前述的解释可以看到，我国法律体系中的住宅仅限于“居住性”标准，但居住主体既可以是个人也可以是家庭共同成员，这就使得住宅不受侵犯权和家庭权所保障的主体范围有所不同。

女）的保护效力最高，当然也可扩及其他家庭的成员，这与婚姻自由权重在保护男女选择配偶的自由存在实质差别，显然不能混同。

不仅如此，就两种权利都包含着平等的要求来说，具体指向上也有所不同：在婚姻自由中，平等是指双方缔结婚姻的平等，一方不得将其意志强加于另一方，否则婚姻无效；而在家庭权中，平等则是指作为家庭成员之间关系的平等，尤其是人格、抚养教育子女及处理家庭事务方面的平等。在这些方面，也可看出两者之间明显的差异。

三、家庭权与个人私生活自主权

在国际人权公约中，往往在提到家庭的同时，也涉及个人的私生活问题。例如，《世界人权宣言》第12条规定："任何人的私生活、家庭、住宅和通信不得任意干涉，他的荣誉和名誉不得加以攻击。人人有权享受法律保护，以免受这种干涉或攻击。"在这里，"私生活"与"家庭"并列，共同成为国际人权所要特别保护的私域。就此而言，起码在该《宣言》起草者的眼中，这两者是可以分开而不重复的。

但实际情形或许没有这样简单。作为个人自治的私域，家庭生活与个人私生活共同对应的都是公共生活。正如学者所指出的那样，私生活与公共生活之间的区分在19世纪的资产阶级社会里是很典型的："公共生活代表着这样的区域，在其中个人发展的可能性受到严格的法律、社会和道德规范的限制，而在另一方面，一个人可以在其'自己的四堵墙'的私领域之内，不受限制也不能被监督地全面发展自己的个性。"[1]由此可见，私生活与家庭一样，首先都存在于私人空间之中，都是防范来自外部的窥视与干预，都对发展自己的个性有着重要的意义。就此而言，"家庭权"与"个人私生活自主权"之间也就势必会出现交叉与重叠，特别是对于一个普通人而言，其私生活的场域更多的就是家庭，这尤其会加剧两者之间的混同，从而发生"你中有我，我中有你"而难以明确区分的尴尬。因此，在承认两者之间会出现诸多重合之处的同时，辨析清楚两者之间的差异，对于更为准确地认识家庭权有着极为重要的意义。

[1]　[奥]曼弗雷德·诺瓦克：《〈公民权利和政治权利国际公约〉评注》，孙世彦、毕小青译，三联书店2008年版，第396页。

关于“私生活”内涵的界定，学者Cohen Jonathan指出：“一个人可以把与人身健康、哲学、宗教或道德信仰、家庭和感情生活、友谊以及——受制于一些保留条件——职业和物质生活有关的任何事情看作是私人生活的组成部分。”[1]而在欧洲人权委员会对私生活进行的界定中，则将“私生活”与“隐私权”等同，他们认为：

对于数不胜数的盎格鲁-撒克逊及法国论者而言，尊重“私人生活”的权利便是隐私的权利，是照一个人所希望的那样生活、受到保护免于公开的权利，等等，然而，据该委员会看来，尊重私人生活的权利并不到此终结。它还在一定程度上包括了为某个人自身人格的发展和实现而与他人建立和发展关系的权利——尤其是在感情领域。[2]

虽然在上述两个界定中，私生活的自主权与家庭权还会有所重叠，但其中得以区分的内容还是明显的：

第一，就权利的作用对象而言，家庭权主要是家庭成员之间彼此关爱、平等对待的权利，其作用的对象及于所要面对的其他家庭成员；私生活自主权则主要与本人有关，也就是说，它不涉及对家庭共同生活的安排，而主要是围绕行为人自己的情趣、理想或人生规划进行的相关活动。

第二，就权利的作用场所而言，家庭权主要发生在家庭内部，也即在住宅之内人们彼此关系上的联系与情感交流问题，而私生活不但及于家庭内部，也及于家庭外部。例如，在工作场所的人们仍然有私生活方面的权利要求，它不允许人们随意探听别人的隐私，更不允许他人对别人的生活计划或工作期待横加指责。

第三，就权利的社会效果而言，家庭权更多地体现为一种消极性质的权利，即不允许别人对家庭生活进行干预，但私生活的自主权则可以将此一效果及于外部。正如欧洲人权法院在判例中指出的那样，私人生活的概念不能局限于一个“内在圈子”，在那个圈子每个人都可以按照他的选择过他自己的个人生活，并从那里完全排除不包含在圈子之内的外部世界，“对私人

---

[1] 转引自［英］克莱尔·奥维、罗宾·怀特：《欧洲人权法·原则与判例》（第3版），何志鹏、孙璐译，北京大学出版社2006年版，第303页。

[2] ［英］克莱尔·奥维、罗宾·怀特：《欧洲人权法·原则与判例》（第3版），何志鹏、孙璐译，北京大学出版社2006年版，第302页。

生活的尊重还必须在一定程度上包括与他人建立和发展关系的权利”。[1]例如，友谊属于私生活自主权的范畴，但却不属于家庭权的范畴。

当然，这种区分也是极为表面的，毕竟私人生活与家庭生活之间存在诸多交错之处。但就国际人权公约所涉及的两种同等的权利形式而言，上述区分还是有一定依据的。

[1] ［英］克莱尔·奥维、罗宾·怀特：《欧洲人权法·原则与判例》（第3版），何志鹏、孙璐译，北京大学出版社2006年版，第303页。

第三章 家庭权的内容

家庭权不是单一的权利，而是由各种具体权利共同组成的“权利束”“权利群”。这些具体权利之间密切联系，互相配合，互相支撑，形成一个有机整体，构成了人们在家庭生活领域的保障范围。

至于家庭权保障的范围，李震山教授概括为“组成或不组成家庭的权利、和谐家庭生活的权利、维持家庭存续之权利和维持家庭亲属关系之权利”[1]。吴庚认为包括缔结婚姻之自由、受抚养权利、共同生活、离婚自由等。[2]李步云认为包括婚姻自由权，男女平等，非婚生子女的权利，保护妇女、儿童、老人，禁止虐待等。[3]林喆教授认为包括生育权、夫妇家庭地位平等权、互相扶养权、使用姓名权、继承权、收养权、财产共有权、损害赔偿权、参加生产工作学习和社会活动的自由等。[4]黄列教授认为包括婚姻自由、平等地位以及作为母亲、儿童和少年受到特别保护的基本权利。[5]秦前红教授则将家庭权分为隐私权（一般人格权）意义上的家庭权和制度保障的家庭权。[6]陈燕萍认为“婚姻家庭权是指基于婚姻关系、血缘关系、法律拟制关系而发生在亲属间的权利，包括婚姻权和家庭权。婚姻权主要指婚姻自由，包括结婚自由、不结婚自由、离婚自由、复婚自由、再婚自由，在民事法域中它们一般被归于人格权范畴；家庭权主要指家庭中的权利，包括生育权、夫妇家庭地位平等权、互相扶养权、使用姓名权、继承权、收养权、财

---

[1] 李震山：《“宪法”意义下之家庭权》，载《中正法学集刊》2004年第十六期，第61—104页。

[2] 吴庚：《宪法的解释与适用》，三民书局2004年版，311—312页。

[3] 李步云：《宪法比较研究》，法律出版社1998年，第550页。

[4] 林喆：《公民基本人权法律制度研究》，北京大学出版社2005年版，第55—66页。

[5] 黄列：《中国的家庭生活权及其保障》，载刘海年《〈经济、社会和文化权利国际公约〉》研究：中国挪威经社文权利国际公约研讨会论文集》，中国法制出版社2000年版，第178-193页。

[6] 秦前红：《新宪法学》，武汉大学出版社2009年版，第145页。

产共有权、损害赔偿权、参加生产工作学习和社会活动的自由等。”[1]莫纪宏教授认为，家庭权包括“儿童的权利、母亲的权利、夫妻双方的权利、子女的权利、父母的权利、生育的权利等”[2]。

以上学者揭示了家庭领域中的一些重要权利，其中有些权利属于私人日常生活和亲密关系建构的核心内容，但有些仅仅是身为一个独立个体而享有的权利，换言之，无论是在家庭还是在公共生活中，个体都应享有的权利，与家庭生活的本质并无直接关系，也并非基于家庭成员的身份而产生的权利，如平等权、参加学习工作和社会活动等。本章我们就将围绕家庭生活的建立、存续和保障等讨论家庭权的具体内容。

第一节　建立家庭的权利

一、婚姻自由

传统观念认为婚姻是家庭的前提，家庭是婚姻的结果，因此婚姻自由被认为是建立家庭的首要方式。作为基本权利的婚姻自由，是指公民有权基于本人的意志，自主决定自己的婚姻问题，免受国家的非法干预与侵犯，也不受第三人的干涉和强制。婚姻自由是各国宪法规定的基本权利。如1874年瑞士联邦宪法第54条规定：“结婚的权利受联邦保护。不得以信仰、夫妇中一方的贫穷、双方的行为以及任何其他政治上的原因而对其婚姻施加妨碍。凡在一州或国外依照当地法律结婚者，在联邦全境都承认有效。”婚姻自由也是国际人权公约确定的一项普适性人权，如《世界人权宣言》第16条规定：“（一）成年男女，不受种族、国籍或宗教的任何限制，有权婚嫁和成立家庭。他们在婚姻方面，在结婚期间和在解除婚约时，应有平等的权利。（二）只有经男女双方的自由的和完全的同意，才能缔婚。”《欧洲人权公约》第12条规定：“达到适婚年龄的男女有结婚和成立家庭的权利，但该

[1] 陈燕萍：《论婚姻家庭权的伦理内涵与法律规制》，载《四川省政法管理干部学院学报》2005年第4期，第53—58页。

[2] 莫纪宏：《论对社会权的宪法保护》，载《河南省政法管理干部学院学报》2008年第3期，第1—14页。

项权利要按照国内法的有关规定行使。”《美洲人权公约》第17条规定：“……（二）已达结婚年龄的男女的结婚和建立家庭的权利应予承认，只要他们遵守要求的条件，而这些条件并不影响本公约规定的不受歧视的原则。”《公民权利和政治权利国际公约》第23条规定：“……二、已达结婚年龄的男女缔婚和成立家庭的权利应被承认。三、只有经男女双方的自由的和完全的同意，才能缔婚。四、本公约缔约各国应采取适当步骤以保证缔婚双方在缔婚、结婚期间和解除婚约时的权利和责任平等。在解除婚约的情况下，应为儿童规定必要的保护办法。”

根据这些国际公约，婚姻自由首先包括结婚自由，即适龄男女有权自主决定何时依法确立夫妻关系，国家应当予以尊重和保障，而不能任意限制。从各公约的具体表述看，《世界人权宣言》和《欧洲人权公约》要求国家直接保障缔结婚姻的权利，而《公民权利和政治权利国际公约》只是要求成员国认可这种权利。所谓保障即“要求缔约国将婚姻规定为一项法律制度，规定婚姻为达到最低年龄的不同性别双方之间的一个私法契约，并且为缔结具有法律上效力并为法律所认可的婚姻提供程序上的保障。而且，缔约国有义务保护婚姻制度以及缔结婚约的权利和自由不受国家机构和私主体的干涉。”[1]

婚姻自由也包括离婚自由，即夫妻双方有权自主解除他们之间的婚姻关系。“离婚就是婚姻的解除，不仅是婚姻解除的结果，也意味着到达婚姻解除的过程……婚姻与离婚不仅仅是为社会经济的要因，也是为文化、宗教要因所规定的复杂的社会现象……离婚的法律规范机制，也就是说法律上的离婚制度，可以比喻为对于法律婚的一种过滤器，也就是使为法律所规范的婚姻，在满足一定条件的情况下解体，变为没有婚姻关系的男女。”[2]婚姻关系的存续与人的主观意愿、客观环境等有关，婚姻未必会永恒。当一方或双方不愿共同生活时，婚姻的肌体将会死亡。否定离婚权与婚姻本质相违背。然而自人类社会有了婚姻制度后，法律在相当长的时期里基于公序良俗、社会安定等因素禁止婚姻当事人离婚。但正如约翰·弥尔敦所说：“法

[1] ［奥］曼弗雷德·诺瓦克：《民权公约评注》，毕小青译，三联书店2003年版，第403页。

[2] ［日］利谷信义等编：《离婚法社会学》，陈明侠等译，北京大学出版社1991年版，第3页。

律禁止离婚，从来没有得到任何好的结果，却只大大地增加了邪恶……再说法律禁止离婚也没有合理的目的，法律注意的只能是离婚的条件不要是有害的。”[1]当今世界各国立法已普遍确立人们依法解除不幸婚姻的权利。由此看来，离婚的权利是法律文明与进步的体现。

二、生育权

除了婚姻自由，组建家庭的权利还应包括生育孩子的权利。生育源于两性结合的自然事实，是人类、家庭、民族、国家得以延续的根本。经过“自然生育、原始生育、义务生育、生育权利化”四个阶段，生育最终从自然权利发展至宪法确立的基本权利。1966 年联合国大会通过《关于人口增长和经济发展的决议》，其中指出：“每个家庭有权自由决定家庭规模”，这是在国际层面第一次涉及生育权利问题。而在1968 年第一次世界人权会议上通过的《德黑兰宣言》第16 条则规定：“父母享有自由负责地决定子女及其出生间隔的基本人权。”这是联合国文件中第一次将夫妇的生育权列为一项基本人权。1974 年联合国会议通过的《世界人口行动计划》第14（f）款指出：“所有夫妇和个人都享有自由负责地决定其生育子女的数量和间隔以及为此目的而获得信息、教育与方法的基本权利。”1979 年联合国大会通过的《消除对妇女一切形式歧视公约》第16 条（e）规定：“缔约各国应保证妇女在男女平等的基础上，有相同的权利且自由负责地决定子女人数和生育间隔，并有机会使妇女获得行使这种权利的知识、教育和方法。”联合国1984 年通过的《墨西哥宣言》再次重申了生育权是基本人权的理念，而“生育权利”作为正式概念的提出则是在1994 年开罗国际人口与发展会议通过的《行动纲领》中，其中指出：“生育权利所包括的某些人权已得到各国法律、国际人权文件和联合国协商一致通过的其他有关文件的承认。这些权利的基础在于承认所有夫妇和个人均享有自由、负责地决定生育次数、生育间隔和时间，并获得这样做的信息和方法的基本权利，以及实现性和生育健康方面最高标准的权利。此外还包括人权文件中阐明的人人有在没有歧视、强迫和暴力的状况下做出有关生育决定的权利。”

[1] 刘引玲：《配偶权问题研究》，中国检察出版社2001年版，第94页。

三、扩展中的家庭建立权

以合法婚姻为前提以及以此为基础的两性自然生育构成了确立家庭关系的主要方式。然而在现代社会“合法”家庭以外，还有其他徘徊于法律调整范围之外的不与婚姻、自然生育相联系的家庭类型。如前所述，从广义角度看，家庭的实质就是共同生活的亲密关系共同体。随着社会的进步和科技的发达，人类构建这种亲密关系的目的以及方式更为多样化。家庭的存在不是为了“合二姓之好，上以事宗庙，下以继后世”，更多的成为个人满足自我需求、情感寄托，建立长久亲密关系的主动选择，因此同性恋家庭、非婚同居家庭等并不鲜见；而代孕、人工辅助生殖技术等更是突破了传统的两性自然生育方式，扩大了家庭建立的渠道。在这样的背景下，是否仍有必要固守家庭和婚姻的捆绑。

家庭权是宪法规定的基本权利，有其天然的正当性。然而根据一般原理，宪法对于权利的保障，有赖于立法者根据宪法的授权，在宪法精神指导下制定具体法律，从而落实权利的内容。尽管异性恋婚姻、自然生育有传统基础，但传统本身并不等同于宪法精神。传统的伦理道德观念会随着社会的发展不断改变，以伦理道德作为灵魂根基的宪法精神终会因吸纳新的伦理道德观念而产生新的精神内涵。在一个多元文化背景的社会中，平等和宽容更值得肯定。对于性取向、私生活理念不同的少数弱势群体，我们应该给予平等尊重。人类社会唯有多元，才显得五彩缤纷，才更有活力。近年来我们可以看到一些国家相继制定了《同性恋伴侣法》作为对传统婚姻制度的妥协之法，为同性恋群体追求新的生活方式提供了法律保障。比如，丹麦于1989年立法承认同性伴侣可在户政官面前登记成伴侣身份生活，并承认其权利义务有类似婚姻的配偶关系，其后挪威、瑞典、冰岛、荷兰纷纷效仿。1999年法国通过《同性伴侣法》，内容包括同性伴侣共同生活的权利义务、税法优惠措施、继承权取得、居留权取得等。德国则在2001年颁布实施《同性伴侣法》。

对于这样的组合方式是否直接侵犯了以一夫一妻为核心的婚姻制度，德国联邦宪法法院的判词为亲密关系的建构提供了一种新的视角：

婚姻是以一男一女之结合为前提，而同性伴侣间本就是因为性别的缘故无法缔结婚姻，是故婚姻制度不会因为同性伴侣制度的创设而受到威胁，因此任何有婚姻能力的人，即便在“同性伴侣制度”存在的情况下，仍有完全的自主决定是否缔结婚姻的权利。《同性伴侣法》只是另外创设了新的身份关系，使得同性伴侣间的权利义务也有法律上的保障，从而排除对同性伴侣的不公平对待。[1]

此外，面对生殖科技的发展我们也能看到一些国家的努力。生殖科技的双面性使得人们在充分享受技术进步的同时又不得不面对其不确定性和高风险性。禁止新兴科技的运用成为许多国家最无奈却又最安全的选择。但仍有少数国家，如英国在代孕、试管技术等方面在科技研究和法律的规范化方面走在了世界前列。从1984年7月的《沃诺克报告》到1985年《代孕协议法》以及1990年对《代孕协议法》进行相关补充的《人类受精与胚胎学法》，再到1997年《布雷热报告》，英国的代孕法律制度建设初具规模。面对科技带来的高风险，要推动社会的持续进步，则必须有赖于宽容的精神。正如考夫曼所言，“为了能够掌握未来的任务，我们必须对新事物保持开放的态度。此种对于不同的事物与新事物原则上开放的态度，以及研究未知事物的开放态度，吾人称之为宽容。”[2]

总之，立法者不能一味固守传统，必须动态回应社会真实的变迁，以宪法整体精神为考量，以平等和宽容为原则，从家庭的实质特征出发，设计出尊重人性、人权的新的家庭形态。

第二节 共同生活权

家庭的重要目的在于一种共同生活，如在统一住所居住，对日常事务如料理家务、照顾子女、安排业余生活协商安排等。共同生活是家庭生活的重要基础，是家庭功能发挥的前提，没有共同生活就无法延续婚姻、继而生育、教育子女，进而使社会得以延续。共同生活的权利，在维持家庭存续及维持家庭成员间关系上更显示其重要性，也就是说，家庭的存续和亲属间

[1] 戴瑀如：《论德国同性伴侣法》，载《月旦法学杂志》2004 年第4期，第145—165页。

[2] ［德］考夫曼：《法律哲学》，刘幸义译，法律出版社2004年版，第438页。

关系的维持必须以家庭成员间共同生活为基础，共同生活是家庭权的内在之意，国家应该采取一切措施保障公民家庭的完整，避免公权力以任何形式破坏家庭生活的完整性，甚至出现拆散家庭的情况。

关于家庭成员的共同生活，家庭关系的完整性，在决定是否给予外国人入境资格、赋予居留权或是剥夺外国人居留权时，家庭权是一个重要因素。[1]如果一个家庭的所有成员都在一个国家，但其中一人不是该国公民，能否将该非本国公民的人驱逐出境是一个值得研究的问题，因为这种驱散可能拆散了家庭。

国际人权事务委员会在对毛里求斯的有关外国人立法的决定中，将“夫妻的共同居住”称为“一个家庭的正常行为”，并且由此认为“将一个人排除在一个他家庭的亲近成员生活于其中的国家之外”是对家庭的干预。就驱逐家庭的外国成员来说，人权事务委员会适用的标准比斯特拉斯堡机关迄今为止根据《欧洲人权公约》第8条适用的标准更为严格。委员会在对公约规定的外国人地位的一般性意见中，加强了这样的观点，即对家庭生活的尊重在外国人入境与拘留方面会产生重大影响。而在波兰人诉加拿大人案中，要求家庭成员入境以和在该国生活的其他成员团聚的主张被拒绝，其依据的事实是经过17年的分离，家庭生活不复存在，而且国家没有义务以积极措施重建已被削弱的家庭生活条件。当然这一不可受理决定的措辞并不意味着人权委员会一般地反对承认难民或迁徙工人使他们的家庭成员入境以便团聚的权利。[2]

第三节 家庭隐私权

家庭日常生活的基本特点就在于家庭成员共同生活在同一屋檐下，彼此分享共同的信息、情感、信任，组成一个亲密关系共同体，家庭本身构成最大的隐私空间，这是家庭成员获取安全感、存在感的基础。在家庭中除了纯粹专属于个人的隐私外，还有家庭成员之间因共同生活而产生的与公共利益

[1] 秦前红：《新宪法学》，武汉大学出版社2009年版，第145页。

[2] ［奥］曼弗雷德·诺瓦克：《〈公民权利和政治权利国际公约〉评注》，孙世彦、毕晓青译，三联书店出版社2008年版，第410—417页。

无关的私生活秘密，这属于家庭隐私权保障的范围，具体包括：

（1）家庭生活安宁方面，如家庭成员在住宅内的活动不受监视、监听、摄影、录像，但依法监视居住者除外；家庭住宅不受非法侵入、窥视或者骚扰；性生活不受他人干扰、干预、窥视、调查或公开。

实践中，国家机关的搜查行为最容易构成对家庭生活安宁的侵犯。比如，在处理凯普贝尔案（chappell case）时，被控国有关部门怀疑在申诉人的家中有人制造盗版光碟，也是对他家进行了搜查。欧洲人权委员会认为，“尽管搜查行为是直接针对申诉人和他的商业活动的，但它间接地干涉了申诉人的私人生活、私人物品及申诉人与外界的联系。但是，人权委员会认为，上述干涉是在民主社会中为了保护他人的利益所必需的。”[1]

对于住宅的破坏也构成了对家庭隐私的侵犯，如欧洲人权法院在处理塞浦路斯诉土耳其（Cyprus v. Turkey）案时，人权委员会认为，“土耳其入侵部队将塞浦路斯平民逐出家园并使他们返回家园变得不可能，在此情形下，没有任何理由援引公约第8条第2款的限制性规定来证明土耳其入侵部队行为的合法性。人权法院在审理阿克迪瓦案（the Akdivar case）时认为，故意焚烧申诉人的住宅构成了对他们所享有的对家的尊重的权利的严重干涉，土耳其政府不能证明其行为的合法性。”[2]

对他人居住环境造成影响是否也构成对家庭隐私的侵犯？欧洲人权法院在对浦威尔和雷依纳案（the Powell and Rayner case）的审理中，表达了重要观点。申诉人居住在赫德斯诺，他诉称，赫德斯诺机场飞机起降所产生的巨大噪音严重干扰了他们的家庭生活。人权法院认为，“考虑到个人利益和作为一个整体的社会利益的平衡，同时考虑到有关当局对飞机噪音所采取的控制和补偿性措施，没有理由坚持英国当局采取的政策和措施构成了对公约第8条的违反。人权法院对该案的判决确立了一项原则：公约第8条不适用于噪音和其他因素对家庭生活和家的干涉。”[3]

[1] 杨成铭：《论欧洲人权机构对家庭生活权的保护》，载《法学论坛》2005年第2期，第129—134页。

[2] ［奥］曼弗雷德·诺瓦克：《〈公民权利和政治权利国际公约〉评注》，孙世彦、毕晓青译，三联书店出版社2008年版，第410—417页。

[3] 杨成铭：《人权保护区域化的尝试——欧洲人权机构的视角》，中国法制出版社2000年版，第182—192页。

（2）家庭私生活信息方面，如家庭背景，家庭成员的构成情况；家庭中每个成员的基本情况，父母的婚姻状况（离异否）；家庭的收入、储蓄、或债务；家庭的主要收入来源；家庭的资产或产业；家庭住址；家庭的住宅电话；家庭遗传（包括遗传疾病等）；家庭成员的通信、日记和其他私人文件（包括储存于计算机内的私人信息）、个人数据、档案材料不受非法搜集、传输、处理、利用；家庭成员的社会关系；夫妻之间的性生活秘密；家庭内发生的其他不愿或不方便为家庭成员外的人知晓的秘密。

（3）兼有私生活安宁和信息的方面，如家庭成员得保有姓名、肖像、住址、住宅电话、形态（尤其是性器官）的秘密，未经本人许可，不得加以刺探、公开或传播。

第四节 维持家庭成员亲属关系的权利

家庭功能的维持需要以家庭成员间的共同生活为前提，而家庭成员间的权利义务是共同生活和人伦秩序建立的基础。

家庭成员间的权利义务关系包括人身和财产两方面。1804 年颁布的《法国民法典》在其第一卷“人法卷”中分六章规定了家庭法的内容，其中结婚、父母子女、收养、亲权和监护制度全面规范了家庭成员间的权利义务关系；1898 年施行的《日本民法典》在其“家庭编”中尽数规定了婚姻、父母子女、亲权、监护、保佐、扶养制度，其中扶养制度详细规定了直系血亲和兄弟姐妹间的互相扶养义务，并就扶养的顺位、程度、方法及扶养协议的变更或撤销作了明确的规定；1900年施行的《德国民法典》在其第四编“家庭编”中也有系统的婚姻、父母子女、监护制度的规定；美国联邦最高法院则通过一系列宪法判例确认了父母有权就“抚养、监护、管制子女做任何决定”。并就此排除“各州对子女抚养进行标准化的基本权力”[1]。

具体而言，有关亲属关系间的权利以夫妻间的关系和亲子关系的维系为核心，其中夫妻间的权利包括：（1）住所决定权。住所决定权指夫妻选择、决定家庭共同生活住所的权利。住所是配偶双方共同生活的物理空

[1] ［美］哈里·D. 格劳斯等著：《美国家庭法精要》，陈苇等译，中国政法出版社2010年版，第111页。

间，是维系家庭成员共同生活的基础性条件，构成了家庭生活的核心内容。（2）日常家事代理权。日常家事代理权是指“夫妻双方对于日常家事互为代理人，一方为他方就日常家事对外为一定活动”[1]。日常家事是日常共同生活所产生的必要事项。如果不论事务的大小，必须由夫妻双方协商一致，则势必增加婚姻生活的成本，生活处于极其不便的状态，对于日常生活，赋予对方的代理权，则可为家庭共同生活提供便利，降低成本。（3）协助权。协助权指“夫妻在婚姻关系存续期间和共同生活中基于身份关系而请求对方协作、救助的权利”[2]。配偶间彼此的协作、救助义务派生于日常共同生活的需要。夫妻构成生活共同体，依分工合作而存在，夫妻间应极力协助，应以语言及行动在其力所能及的范围内为共同的繁荣而互助，如照顾病患、提供精神慰藉，一方因身体或精神上缺陷而不能维护自己的利益时，则义不容辞地成为其监护人守护对方的利益。

关于父母与子女的关系，主要包括：（1）抚养照顾权。生育、抚养和教育始终是家庭存在的重要功能，抚养照顾是父母的自然权利。照顾的范围广泛，包括保障和促进子女在身体上、心灵上、精神上、社会上和经济上的利益，其目的在于帮助幼儿实现人格上和经济上的独立，父母照顾不仅是维护子女权益的需要，更是为了促进子女在体力和能力上的发展。这种权利赋予父母一定权限，使得他们对于子女有一种领导的权威，但这种权限本身不是目的，而是为了达到维护和促进子女利益这一目标的工具。（2）知悉自己出身的权利。出身具有确立身份的基础性功能。通常情况下，出身是生物意义上提供胚胎细胞的男女决定的，然而生物学意义的父母未必和法律认定的父母完全一致，这里可能存在偏差，因此衍生出子女是否有权获知自己在基因上的出身，以及法律上的父亲、实际的生父是否有权依据法律查明子女的真实出身问题。德国联邦宪法法院从人格自由发展权和尊重人格原则出发，推导出对出身的知悉权，联邦宪法法院首先确定，知悉出身是子女的一项具有高度人身属性的权利，公民有从国家机关获取相应信息的正当性，随后宪法法院又从上述基本权利引申出丈夫的知悉权，即有权知悉子女是否由

[1] 余延满：《亲属法》，法律出版社2007年版，第245—248页。

[2] 刘引玲：《配偶权问题研究》，中国检察出版社2001年版，第101—122页。

其所出。[1]（3）姓名权。姓名是重要的身份识别标志。个人通过姓名表征“我是谁”，将自己与他人区分开来。通常来说，未成年子女姓名的决定权属于父母，这是父母教育和抚养子女必然衍生出的基本内容，如德国宪法法院从《德国基本法》第6条第2款引申出父母对子女的姓名决定权。（4）父母与其子女会见或联系的权利。在多数情况下，父母离婚后，子女不再和父母共同生活，这是对父母子女关系的潜在破坏，因此，保证双方正常联系不因父母婚姻关系的解除而中断就显得特别重要。子女和父母的交往权源于父母的天然权利以及与此相关的责任，属于子女的最佳利益。

需要注意的是，确定这种家庭亲属关系的标准，不能仅仅理解为以婚姻为基础的核心家庭，一些重要的人权公约往往将婚外、自然家庭、结构庞大的家庭、夫妻离婚后父母和子女的关系同样纳入保护范围，如在Hendriks v. the Netherlands一案中，人权事务委员会明确强调，“婚姻并非家庭必需的前提条件，而且在婚姻关系消灭后，父子之间的关系仍在对家庭的保护之内”。当然为免于家庭概念被滥用，适当限制、划定一些标准仍是有必要的，如在Balaguer Santacana v. Spain 中，人权事务委员会重申，家庭这一概念不仅仅是指在婚姻或同居期间的家庭，而且还指父母和子女之间的一般关系。但是为家庭设定一些最低限度的条件是必要的，如一起生活、经济联系或其他形式的密切和固定的关系等。[2]

第五节　维持家庭存续的权利

家庭不仅是保护、实现个人人格权的存在，同时也是国家实现其分配照顾义务的主要对象。

在国际人权公约层面，《世界人权宣言》第25条第1款规定，“人人有权享受为维持他本人和家属的健康和福利所需的生活水准，包括食物、衣着、住房、医疗和必要的社会服务；在遭到失业、疾病、残废、守寡、衰老或在其他不能控制的情况下丧失谋生能力时，有权享受保障。”《经济、社

[1]　［德］迪特尔·施瓦布：《德国家庭法》，王葆莳译，法律出版社2010年版，第293页。

[2]　［奥］曼弗雷德·诺瓦克：《〈公民权利和政治权利国际公约〉评注》，孙世彦、毕晓青译，三联书店出版社2008年版，第536—555页。

会和文化权利国际公约》第7条规定："本公约缔约各国承认人人有权享受公正和良好的工作条件，特别要保证：保证他们自己和他们的家庭得有符合本公约规定的过得去的生活。"第11条规定："一、本公约缔约各国承认人人有权为他自己和家庭获得相当的生活水准，包括足够的食物、衣着和住房，并能不断改进生活条件。各缔约国将采取适当的步骤保证实现这一权利，并承认为此而实行基于自愿同意的国际合作的重要性。"明确了维系家庭生活的最低标准。

结合国家立法以及联合国"经济、社会、文化权利委员会通过的一般性意见"（第4号、第6号、第7号、第11号、第12号、第13号、第14号、第15号），国家保障家庭存续的权利应包括：（1）食物权。获取食物是人类生存的最低限度的要求，是其他一切权利得以行使的基础，与人类固有的尊严存在着不可分割的联系。（2）获得充分衣着的权利。充足的衣着是确保公民有尊严生活的前提，与公民生存权和健康权有密切联系。该权利是实现相当生活水准必要保障之一，也是生存的最根本条件之一。（3）住房权。住房是家庭共同生活维持的最基本条件，它是人们居住生活、遮风挡雨、避寒夜眠的场所。保障家庭住所，是为了保障婚姻家庭当事人有房可居，以维持家庭成员的基本生存需要。优先保护住房权就是优先保障公民的基本生活需要。经社文公约委员会1991年第4号一般性意见中指出，所有人均应有一定程度的住房使用权保障，以保证得到法律的保护，免遭强迫驱逐、骚扰和其他威胁。对加入《经济、社会、文化权利国际公约》的各国政府而言，公约意味着政府在力所能及的范围内，提供一个家庭住房使用权的法律保障，服务、材料、设备和基础设施，以及保障乐舍安居、住房机会、居住地点、适当的文化环境及相应的居住条件等。（4）社会保障权。每个人都需要一种最低限度的安全感，需要确保自己的家庭基本需求得到满足。但由于自然灾害或年老、疾病、残疾、分娩、工伤、失业等原因，某些人可能会失去谋生的能力，从而使得个人以及家庭陷入困境，这时国家应当提供相应的物质帮助，以保障公民及其家庭的基本生活，迅速恢复重建家庭秩序。在保持家庭存续权利方面，通常国家都有比较系统的制度安排，往往会给予家庭各种福利，对于需要承担家庭生活的个人也会根据家庭情况的不同分别给予税收优惠、义务减免等。如2019年我国为落实新修订的《个人所得税法》，将"子女教育、继续教育、大病医疗、住房贷款利息、住房租金和赡养老人”等六项专项附加扣除作为新法的配套措施，此举对于增加居民家庭收入，减轻家庭消费负担起到了积极作用，充分体现了对家庭基本生活水准的维护。

第六节　维护家庭和谐的权利

1981 年颁布实施的《非洲人权和民族权宪章》对家庭权的保障颇有特色，该宪章在第18、29条特别指出“家庭受国家保护，国家应当保护家庭的物质健康和精神健康；个人在组建家庭后，有义务维护家庭和谐发展，并为家庭的凝聚力和尊严而尽力。”家庭权条款同时涵盖了国家和个人在维护家庭和谐方面的义务。如何维护家庭和谐，除了家庭成员自身必须积极主动履行自己的法定义务外，作为个人及家庭监护人的国家也应承担重要责任。家庭和谐的根本在于家庭成员间的平等与相互尊重。除平等以外，国家可积极介入并加强立法管制的方面主要表现在：对未成年人的特别保护、对家庭暴力的防治、对公权力介入家事纠纷的尺度把握与定位。家事纠纷曾被认为属于私法自治的范畴，国家不得随意介入。但一般认为立法者可以授权司法或行政介入私权纠纷，这些介入大多从私权纠纷双方社会经济地位较不平等且具有“社会权”性质的领域切入，如劳动、社会、经济法领域，此外，则多侧重婚姻、家庭中的弱者保护领域。在国家以立法手段使公权力介入私权纠纷后，其正当性及界限仍应给予必要的重视。有观点认为“国家可以借助基本权利对第三人的效力理论，先由普通法院通过对民法概括条款或不确定法律概念的解释，承担起保障基本权利的责任，而不宜以直接立法方式将原本纯属私法范畴的侵权行为加以刑法化、行政法化或其他形式的公法化，从而导致过度破坏私法自治、契约自由的私法精神。”[1]然而家庭暴力情况特殊，其将直接威胁到人的生命健康权这一基本权利，且侵害行为往往具有紧急性，因此通过立法导入公权力的介入显得尤为迫切，否则所谓的私法自治将成为掩盖性别压迫、纵容暴力横行的保护伞。近年来在诸多国家中实施的“人身安全保护令”制度便是该种观点的立法体现。

---

[1]　李震山：《宪法意义的家庭权》，载《中正法学集刊》2004年第十六期，第61—104页。

第四章 家庭权的价值

宪法之所以被称之为根本法、高级法，不仅在于其确认了公民的基本权利，也不仅在于其创设了公共权力的组织形式。更为重要的是，宪法规定了一个共同体如何可能，以及其政治统治的正当性与合理性。从这个意义上看，宪法规定公民基本权利，是因为保障公民的这些基本权利对于其政治统治是极为必要的，如果不规定这些基本权利，其统治的基础就要受到质疑。

如前所述，就一般意义而言，一项权利欲列入宪法人权清单，至少应考虑以下因素：（1）此种权利是否对个人人格的生存不可或缺。（2）此种权利是否常年间成为国民生活的基本权利。（3）此种权利是否多数国民在经常行使或能否行使。（4）此种权利有无侵害其他基本人权的可能。[1]尽管家庭功能日益萎缩，但在现代工业社会中仍发挥了积极作用，正如美国学者扎斯特罗所概括的家庭依然存在的具有高度稳定性、延续性的五种基本功能：

1. 人口的更替。每个社会都应该有保证社会成员更替的体系。由于几乎所有的社会都认为家庭是生育小孩的单位，所以，每个家庭都被赋予了生育子女的权利与义务。尽管各个社会对这些权利与义务的界定各不相同，但是，这些权利与义务却在维持着社会的稳定。

2. 照料下一代。对小孩的照料至少一直要持续到其青春期为止，家庭是哺育小孩的主要场所。现代社会一般都建立了协助照料下一代的支持机构……。

3. 新成员的社会化。孩子要想成为社会的一员，他们就应该被融入这种社会文化。孩子们应该学习一门语言，学会社会价值与规范，按社会规范规制自己的言行与衣着。家庭在这种社会化的过程中起主要作用。在现代社会

[1] 参见［日］芦部信喜：《宪法》（第三版），林来梵等译，北京大学出版社2006年版，第69—70页。

中，也有许多其他资源与群体在这一过程中发挥作用。……

4. 规范性行为。如果不能成功地规范性行为，人与人之间就会因嫉妒和利用而产生冲突。无节制的性行为还可能会导致大量的非婚生子——找不到负责任的父亲的孩子。每个社会都有规范家庭范围内的性行为的规章制度。比如，大多数文化里都有乱伦的禁忌，都不认可婚外性行为。

5. 爱的源泉。斯皮兹曾指出，人人都需要情爱、情感帮助以及来自别人的积极的认可（包括认同、微笑、鼓励以及对其成就的肯定）。如果没有这种情爱及认可，一个人的情感、智力、身体及社会成长都会受到妨碍。家庭是获得情爱与认可的主要源泉，因为家庭成员一般都把彼此看作为生命中最重要的人物，从而在这种关系中获得情感与社会满足。[1]

显然，宪法如果对提供个人在社会生活中必要的心理、经济、教育、社会化支援的私生活领域不予保障，其统治合理性就要受到质疑。然而人们对于基本权利价值的理解又不能仅仅局限于功能、效用，而应该建立在更为基本的正当性基础上，应当从作为整个宪法价值基础的“人的尊严”去理解。

第一节 家庭权价值的原点：人的尊严

一、人文传统中的人的尊严

人的尊严（或称人格尊严）是一项根本的伦理原则，其原义是单个的个人具有至高无上的内在价值或尊严；这种尊严也先于国家和社会的存在，是任何政府及制度设置所不能加以剥夺或限制的。就此而言，这种尊严是绝对的、自然的、不可剥夺的，只要生而为人，即拥有这样一种价值地位。并且必须注意的是，“人格尊严”并不是用来指称“人类的尊严”，它是将“尊严”的荣光落实于每一个具体的个人身上。

人格尊严的观念在历史上有一个漫长的发展演变过程。柏拉图、亚里士多德等古希腊先哲虽然奠定了西方的思想基础，然而在他们整体主义的理论思路中，个人只能依附于城邦而存在，并无独立生存的价值，当然也就谈

[1] 参见［美］查尔斯·H. 扎斯特罗：《社会工作与社会福利导论》（第7版），孙唐永等译，中国人民大学出版社2005年版，第213—214页。

不上具体的个人的尊严。不过在古希腊后期，斯多噶学派提出了所有的人从本质上而言都是自由的，它的古罗马传人西塞罗更强调人作为有理智、有天赋的生物在宇宙中的突出地位，这种思想为人的尊严提供了哲学基础。[1]基督教的《圣经》以“人肖上帝”作为基本观念，为每一个普通的凡人奠定了“尊严”的地位。正因如此，国外学者林赛将之称为全部基督教义对“个人主义的重大贡献”。[2]不幸的是，中世纪的神学并没有沿着《圣经》作者的观念而拓展人的尊严价值，而更多地强调的是人对于上帝的依附，必须成为上帝的仆人。著名神学家奥古斯丁更是认为，人与上帝的“同在性”在“原罪”产生之后便失落了，因而就其与上帝的关系而言，并无独立的人格存在。因此，“从人在上帝面前包括在常设制度中的地位反映出来的只是其对公共福利所承担的相关义务”。[3]换句话说，中世纪教给人们的只是这样一个道理：在上帝面前，人并不是权利主体，而是义务主体。

人格尊严观念的诞生，得益于宗教改革和文艺复兴运动。宗教改革家路德和加尔文都致力于个人的得救和这一教派原则——“所有的人都同样是上帝的子孙，每个人都具有他自己的独特意志”。[4]这一观念将人从中世纪的神学束缚中解脱出来，为人格尊严奠定了宗教基础。在世俗的场合，文艺复兴同样是以高扬人的价值为主要特色的，皮科·米朗多拉就首次提出了“人的尊严”一词。在他的论人的尊严的演说里，米兰多拉指出，上帝在造人的时候，曾这样叮嘱人类的始祖亚当：

我们不给你固定的地位，固有的面貌和任何一个特殊的职守，以便你按照你的志愿，按照你的意见，取得和占有完全出于你自愿的那种地位，那种面貌和那些职守。其他受造物，我们将它们的天性限制在我们已经确定了的法则中，而我们却给了你自由，不受任何限制，你可以为你自己决定你的天性。我把你放在世界的中间，为的是使你能够很方便地注视和看到那里的一切。我把你造成为一个既不是天上的也不是地上的，既不是与草木同腐的，也不是永远不朽的生物，为的是使你能够自由地发展你自己和战胜你自

[1] ［德］乔治·恩德勒等主编：《经济伦理学大辞典》，王淼洋等译，上海人民出版社2001年版，第322页。
[2] ［美］卢克斯：《个人主义》，阎克文译，江苏人民出版社2001年版，第42页。
[3] ［德］乔治·恩德勒等主编：《经济伦理学大辞典》，王淼洋等译，上海人民出版社2001年版，第322页。
[4] ［英］史蒂文·卢克斯：《个人主义》，阎克文译，江苏人民出版社2001年版，第44页。

己。你可以堕落成为野兽也可以再生如神明。哦，天父无上的豪爽，和人的无上的惊人的幸运呀！人被赋予了他所希望得到的东西，他所愿意取得的为人。……人生下来天父就给他布下了产生各种东西的种子和各种各类的生命的根芽；这些种子和根芽，谁悉心培育它们，它们就在他身上生长，并开花结果，如果它们是植物性的，就变为草木；如果它们是动物性的，就埋没灵性；如果它们是理性的，就成为天上的生灵；如果它们是精神的，就成为天使和天之骄子。如果他们不艳羡任何受造物的命运而心不外骛，则成为在天父的孤独缥缈中与上帝为伍，超乎万有，迈逾群生的一个神灵。[1]

由此而言，虽然人的形体是上帝给的，但上帝却没有因此而束缚人的自由、天性与其选择。相反，上帝鼓励人们成为理性的、精神的主体，“自由地发展你自己和战胜你自己”。

在康德的著作中，人格尊严的思想得到了最为深刻而系统的表述。康德对于人格尊严的探讨始于他对人的看法上。在纯粹理性的讨论中，康德认为人具有先天的认识能力，包括感性、理智和理性，借由“自我”的综合能力，使得人类的知识不断的扩展。当人依据理性行事时，个人才是具有自由意志的独立人。由于个人只服从于自己的理性，所以只有自己才是目的。康德借此推导出“把人当作目的”“每个人是自己的目的”的结论，建立了个人在道德上的主体性地位，每个人均是目的，均是道德上的主体，所以不应有屈从他人或支配他人的情形。由于人人都是目的，所以人人都是平等的。而当人类服从他们自己的理性时，这使得人超出自然之上，获得了尊严。对人格尊严的尊重，是以把人当作目的为基础的。人是由一个一个独立的个体组成的。人的优越之处，不仅在于人的智能的独一无二性，不仅在于人有思维能力，也不仅在于人可以劳动。更重要的是还在于，对于人来说，不论就其个性，或其本质而言，永远都是不可代替的，不可化约的。这就是说，“在宇宙万物中，唯有人、个体的人，其个性和其本质，是绝对独立的、绝对自由的……个性的这种不可化约性是绝对的，无条件的。这就是个人自

[1] ［瑞士］雅各布·布克哈特：《意大利文艺复兴时期的文化》，何新译，商务印书馆1979年版，第350—351页。

由的真正基础。”[1]个别的人是独立的、自由的，所以不应该服从他人，而应该服从自己的理性，因而自主是人性和一切有理性的事物的尊严的基础，康德借此所建立的道德原则是，个人是目的，是有尊严的存在，而自主是这项存在的基础。更为主要的，乃人的“尊严”是不可侵犯的，而且原则上必须加以尊重。因此，学者评价道：“康德的这种见解无论在历史上还是在今天，都没有人再加以补充——而且也无须作任何补充。”[2]

借助康德的分析，我们认为，人格尊严的内涵应该包括两个层面：第一，人具有主体性的地位，人本身即是目的。人不得被要求或视为一种工具或手段。当一个具体的人，被贬抑为物体或是手段或纯粹的数据时，当人仅作为一种客体被对待时，将无任何尊严可言。将这一原则适用于个人与个人间或公众间的关系，那么人们彼此就不应视对方为谋取利益的手段而应视为独立的目的。国家同样也应以个人为目的，而非个人以国家为目的。更进一步说，在公私领域的关系上，个人领域是目的，公共领域是为了达成个人目的的工具，而不应反过来支配个人领域。第二，人是自主的。人的独立性和主体性必须通过自主来表达。一个人在其行使基本权利的正当范围内，如果缺乏自主的机会，人将会失去尊严。西德有学者甚至认为人格尊严与自主同义，“人格尊严的要件，是每个人得以在其行为与决定上有自由，而且任何人都享有同等自由。”[3]自主是人格尊严的基础。因此，每个人保留不受国家支配的独立生活领域，在这个领域里，个人充分享有其自主权，可以自由地选择存在的方式，服从自己理性的安排，无须受他人的支配，如此才能保持本身的独立性，才能成为有尊严的个体。对自主的强调其实质在于不仅要求关注人的自然属性、人的生物性存在意义，而且要进一步关注人的精神面貌与生存价值。正如日本法学家星野英一所言，“人是具备理性和意思的动物，因而是一种伦理的存在；人在物质世界之外，还追求精神世界的价

[1] 转引自林建中:《隐私权概念之再思考》，台湾大学2000年度法律学硕士论文，台湾省图书馆硕博士论文数据库。

[2] ［德］乔治·恩德勒等主编:《经济伦理学大辞典》，王森洋等译，上海人民出版社2001年版，第323页。

[3] 参见《资料保护之法基础》，摘自杨日妥教授主编《法与义》，五南图书出版公司2000年版，第224页。此外，我国台湾学者也经常将人的尊严的核心内涵概括为自治、自决。

值。”[1]因此不少学者在探讨人格尊严时，经常将它与精神、意识等概念联系在一起，有人曾经这样定义人格尊严，“人格尊严与时间及空间均无关系，它的存在基础在于：人之所以为人乃在于其心智，这种心智基于自我的决定去意识自我、形成自我、发展自我。”[2]人格尊严不仅意味着每个人有谋生图存的权利，同时人还有独立思索、寻求真知、体验情感、品味人生、自我实现的权利；人格尊严的真谛绝不在于每个人都是空手而来，撒手而去，它需要每个人运用自己的智慧规划自己独特的人生轨迹，做一个真正有理性、自主的人。

无论是康德强调的“理性”还是此后学者的“心智”观都忽视了尊严主体的差异性，对于不具备自治、自决能力的人或不能正确行使自治、自决权利的人，同样存在人的尊严问题。如智障、精神上存在缺陷者，他们同样具有人性尊严。人性尊严的存在与否不受个人能力的影响，不取决于人的个体特质。[3]否则，就会有许多人将被视为非人或物质体而遭到社会排斥，甚至被消灭。因此，人的尊严的核心内涵是人的人格与人的主体性，这是人之为人的根源所在。一个人，无论其具有怎样的自然特性和社会属性，只要其人性尚存，其作为个体人的人格和所处社会关系的主体性地位都应当被充分尊重。自治、自决只是人性尊严的主要表现形式和实现手段，是一种功能性内涵。不能以自治能力的有无、强弱来判断个人人格、主体性是否存在。

[1] ［日］星野英一：《私法中的人——以民法财产法为中心》，王闯译，载梁慧星主编：《为权利而斗争——梁彗星先生主编之现代世界法学名著集》，中国法制出版社2000年版，第328页、329页。

[2] 城仲模：《行政法之一般法律原则》，三民书局1994年版，第10页。

[3] 在讨论自然人与法律上的人的界限时，那些出生于人的生命体、但是却无法在他们身上唤醒自然人必须具备的理性时，是否也可以成为人？在任何时代里都有一些生来具有严重智力残缺者，他们具有生物意义上的形体，但是却没有任何语言能力。很久以来，科学家们一直在探索着那些只能够呼吸的生命体是否也具有接受能力的问题，但是答案却总是很令人失望。这样一种经验使得理性法学家们下决心把“智慧”当作自然人以及自然人格的确定标志。所以《普鲁士普通邦法》很顺从地接受了这一学说，并且作出了这样一个区分性的规定（第1卷第1章第17条）：“出生于人但是不具有人形和人的特征的，不得主张家庭法和民法上的权利。”然而对这一规定，该法又同时附加了一条戒律（该法第18条）：“上述生来畸形之人，必须获得养育而且应该生存至尽可能的期限。”参见［德］汉斯·哈腾鲍尔：《民法上的人》，孙宪忠译，载《环球法律评论》2001年冬季号，第395页。

二、宪法化的人的尊严

人的尊严并非只是伦理、宗教、或哲学的概念，它还逐渐演化为政治、法律用语。英国哲学家卢克斯指出，宪政理论秉承“人格尊严”的价值原则，“在确认相同的基本价值观之后，则采取了一种道德客观主义或者道德现实主义的形式。这种理论假设人类尊严的本质是客观实在的，可以发现的。”[1]就此而言，在人格尊严与法治的关系问题上，必须这样来加以理解：

不管每个人的个性如何，身心有无缺陷，也不管其对社会“道义”的价值有多大，他们每个人都拥有尊严。无论是尚未出生的胎儿，还是已经过世的死者，他们的尊严均应受到尊重和保护。人的尊严既非由国家，也不是由法律制度所创造并授予的，它所依赖的是人自身的主体性，所以，尊严是每个人应当享有的权利，而且优先于国家法律所规定的所有权利。法治国家并不能为人提供尊严，但可保障人的尊严。[2]

自第二次世界大战以后，鉴于纳粹对人性的藐视与残害的教训，出于对人类生存状况的反思及现代国家对个人可能造成的伤害的顾虑，文明世界开始在制定法中加入人格尊严的条款。1945年的《联合国宪章》在前言中就提到，“欲免后世再遭今代人类两度身历惨不堪言之战祸，重申基本人权、人格尊严与价值，以及男女与大小各国平等权利之含义”；1948年的《世界人权宣言》的前言中也提到“对人类家庭所有成员固有尊严的承认”。这些《公约》的意义不仅在于它们在国际层面上确认了“尊严”在人权谱系中的价值主导地位，而且在于它的效力及于“人类家庭所有成员”，这就意味着尊严超越了民族、种族、财产、宗教信仰、教育程度等条件的限制，而成为任何一个自然人的必备身份。

在国家法的角度，较早对人格尊严作出明确保障的是1949年制定并施行的《德国基本法》，其第1条第1项明示“人的尊严不可侵犯。一切国家权力

[1]　[美]沃尔特·E. 莫菲：《宪法、宪政与民主》，信春鹰译，载宪法比较研究课题组编译：《宪法比较研究文集》(3)，山东人民出版社1993年版，第10页。

[2]　[德]乔治·恩德勒等主编：《经济伦理学大辞典》，王森洋等译，上海人民出版社2001年版，第324页。

均有责任，去尊重和保护之。”[1]本条规范了宪法秩序中不需要任何前提条件的，以及不能为其他任何目标所役使或者牺牲的最高原则。通说认为，基本法第1条中由规范确立的人之形象，既非一个孤立的、能从其历史局限性中完全摆脱出来的个体；也非一个所谓现代“群众”中的、已经丧失其本质内涵的一粒分子。他更多地需要被理解为一个拥有人格尊严的社会人：他有着不能让渡役使的自身价值，他能够自由地发展其人格；与此同时，他又是群体中的一个成员，他要在婚姻与家庭（基本法第6条）、教会（基本法第140条）、社会与政治团体（基本法第9条与第21条）、政治社团组织（基本法第28条第2项）等团体中生存，并在这些关系的作用影响下形成其具体的个性。“同时他也负有将自己与他人间的共同生活以一种负责任的态度来展开与实现的义务。”[2]德国基本法中借由“人格尊严”塑造了现代社会完整的人的形象，这是人得以自由地自决的前提条件，而整个基本法所构建出的国家生活秩序，正是建立在这一基础上。

除德国以外，日本、瑞典、葡萄牙、西班牙和希腊等国宪法也均明确以人的尊严作为政治秩序的基础或者将人格尊严的保障置于基本权的首位。如日本宪法第13条，规定所有国民，均以个人地位而受尊重，第24条第2项则规定，关于配偶的选择、财产权、继承、住宅的选择、离婚及其他规定事项，法律应立足于个人尊严及两性本质平等上制定。

总之，人的尊严构成宪法价值共同体的基础，家庭权的确立正是在私生活领域为实现人的主体性存在和自主选择提供重要价值面向。

[1] 我国台湾学者黄桂兴认为，德国之所以将“人性尊严”（“人格尊严”）规定在宪法中，除了彰显对于人的尊重与保护之外，另有其历史文化上的背景。具体说来，包括三项主要理由：一是基督教神学思想的影响；二是康德的道德哲学；三是对纳粹恐怖统治的排拒。见其所著《浅论行政法上的人性尊严理念》，载城仲模主编：《行政法之一般法律原则》，三民书局1994年版，第4—5页。

[2] ［德］康拉德·黑塞：《联邦德国宪法纲要》，李辉译，商务印书馆2007年版，第95—97页。

第二节　家庭权之于个人的价值

一、家庭权与自然成长

一个有尊严的个体无法脱离群体而独立存在，人们在生命之初，嗷嗷待哺的婴儿都需求一个基本的养育、照顾之所。家又是子女培养与成长的初级群体，是人得以各自独立的姿态登上社会舞台的基础。家庭也是教育个人健康成长的重要环境，家庭承担着教育未成年人的重要使命。家庭中的规范、礼仪、处事风格等都会熏陶、培养着一个人将成为怎样的人。家庭是促成个人社会化的起点。根据社会学家、心理学家、生物学家的分析，由于儿童的依赖性，得以通过家庭教育传递社会的价值与规范，训练社会的角色，家庭就成为个人社会化的最重要机构。[1]

尽管子女可以表达自己的观点，但在他们年龄很小的时候却未必能为自己做出选择，从人类社会初期，家庭教育就以一种自发的状态而普遍存在。德国哲学家康德在《道德形而上学》一书中，阐述了关于父母与子女关系的法哲学观点，他认为：

“根据繁殖的事实……就产生了保护和抚养子女的责任……为此，儿童作为人，就同时具有原生的天赋权利——有别于仅仅从继承而来的权利——去获得父母的悉心抚养，直到他们有能力照顾自己为止……由于父母生育出的是一个人，不能把一个享有个人自由的人设想成仅仅是经过一种物质程序产生出来的一个生命。因此，这种行为就加给父母一项义务——尽他们力量所及去满足他们的孩子应有的需要。父母不能把他们的孩子看成是他们自己的产物，因为不能这样看待一个享有自由权利的生命。同样，他们也无权像对待自己的财物那样可以毁弃孩子，甚至也不能让孩子听天由命：因为他们把一个生命带到了人间，而这个生命将成为世界上的一个公民，即使根据权

[1]　参见彭怀真：《进入社会学的世界》，洞察出版社1988年2月再版，第176—177页。

利的自然概念，他们已经不能对这个生命置之度外，漠不关心。”[1]

家庭教育基于父母与子女的血亲关系而产生。自子女出生的事实，父母就具有了照顾、抚养、教育子女的权利。在自给自足的小农社会，家庭既是生产社会物质财富的基本单位，又承担着人口生产及培育的基本职责。此时，家庭教育与维持生存和种族延续相关，完全以自发状态存在，父母有权决定如何抚养照顾子女、子女是否要接受教育、接受何种教育以及教育程度，父母对子女的教令拥有绝对的支配权和控制权。显然，这时期，教育是家庭最重要的功能之一，也是家庭得以存在的基本使命。

进入现代国家，社会化大生产与社会分工的日益加剧使得家庭部分丧失或全部丧失生产营生功能，此时儿童的教育问题也变得尤为复杂。子女不再只是家庭中的一分子，而是国家共同体的一员，其自然成长当然不再只是家庭的内部私事，而是赋予了社会意义和政治意义，父母对子女的教育必须符合国家和社会对少年儿童进行教育的公共性原则的基本要求。

国家真正介入家庭教育与工业革命和福利国家思想有直接关系。一方面工业革命对工人专业技术、受教育程度提出了要求，另一方面，工业革命积累的财富也为普及教育创造了物质条件。此外，在福利国家理念的影响下，政府施政目标也发生了变迁：政府的任务，不再局限于公共治安的维护，还应“积极保护人民之生活，并促进文化之发展，对人民之衣食住行，处处均须关心。”[2]于是国家开始介入教育，教育成为国家的重要职能。

教育开始由家庭向国家公共教育出让或转移，国家公权力开始介入并制约着家庭教育的行使，最终一定程度上以国家为重心。但是，家庭转让给国家的教育职责主要是在公共教育制度产生后家庭不能承担的培养公民文化的那部分，家庭从来没有也不可能全部出让自己养育教育子女的权利。家庭教育决不会因为国家以及社会教育权的强大而消亡，其作为一种原生性权利是任何社会都无法取代的。寄予国家能够代替父母职责，不仅给予子女必要的物质生活条件，也能够给他们提供良好的亲情呵护的想法都是不合理的，国家永远不可能做到这点。

[1] 张学仁主编：《西方法律思想史资料选编》，北京大学出版社1983年版，第414页。

[2] 林纪东：《“中华民国宪法”逐条释义》（第1册），台湾三民书局1993年版，第61页。

在美国思想家罗尔斯看来，对于子女的教育问题，并不能按照所谓国家政治原则来加以管理，“这些原则并不告诉我们怎样培养孩子，而我们也不需要按照政治原则去对待孩子。政治原则在这些层面是没有意义的。确实地，父母必须按照某些正义（或公平）概念行事，在与孩子打交道时也需要如此。但是，这种要求是有特定限度的，它不是政治原则所要规定的内容。”[1]

有学者则将父母的亲权与作为自由核心地带的表达自由联系在一起，正如伊蒙·卡伦所提出的那样：“抚养子女是实现我们生命价值的重要步骤之一。我们不可能将我们对善和好的理解与我们对孩子的期望完全脱钩。”“良心自由与结社自由的权利被人们普遍视为是公众的自由主义政治制度的必备条件。但是，依据道德信条抚养子女的自由，对于大多数的我们来说，与道德表达的其他方式同样重要，而按照我们自己的价值观来组织和维系家庭生活的自由，与我们出于各种目的在家庭之外结社的自由也同样重要。”[2]虽然父母的选择常常是不明智之举，但有理由相信，国家可能做得更糟。比如在德国，对于核心家庭成员以外的人（如子女的祖父母、兄弟姐妹和社会家庭关系人）能否享受（离婚后）交往权，根据《德国民法典》第1685条，只要交往有利于子女最佳利益就能取得该权利。有学者认为该规定违宪，因为父母要实现对子女的教育，必须有权决定子女的交往，即决定子女可以或应该和哪些人交往，交往决定权对于父母的教育具有重大意义，而为第三人设立的交往权意味着对于子女教育权的直接干预，即使以子女最佳利益为前提也无法消除该规定的弊端。[3]国家的任务在于监督父母责任的履行，即干预、阻却父母伤害子女的行为，而不是主动去规定何谓子女最佳利益，因为判断子女最佳利益本是父母照顾的核心功能。一般来讲，父母比政府当局更了解其子女的个性特点，他们更为关心子女的良好发展。

从世界各国的立法例可以看出，哈萨克斯坦、爱尔兰、葡萄牙、意大

---

[1]　［美］约翰·罗尔斯：《公共理性观念再探》，时和兴译，载哈佛燕京学社·三联书店主编：《公共理性与现代学术》，三联书店2000年版，第28页。

[2]　［美］威廉·A. 盖尔斯敦：《自由多元主义——政治理论与实践中的价值多元主义》，佟德志、庞金友译，江苏人民出版社2005年版，第131—134页。

[3]　参见［德］迪特尔·施瓦布：《德国家庭法》，王葆莳译，法律出版社2010年版，第391—393页。

利等国家在宪法中规定了有关父母教育的内容。如1937年《爱尔兰共和国宪法》第42条第1款规定："国家承认，儿童最初和天然的教育者是家庭，国家保证尊重父母不可剥夺的权利和职责，使之按照自己的能力，给其子女以宗教和德、智、体以及社会等方面的教育。"1947年《意大利共和国宪法》第30条规定："抚养、教导、教育子女，包括非婚生子女在内，是父母的义务和权利。"美国宪法第9修正案规定：宪法规定的各项公民权利，不应被解释为对人民享有的其他权利的否认或排斥；第14修正案规定：未经法律规定的正当程序，任何州都不得剥夺任何人的自由。根据宪法解释学、自然法学、原始意图和公共政策等观点，这些修正案无可置疑地承认了父母拥有直接养育其子女的基本权利。这些立法例无疑说明了在公民的自然成长、养育和照顾问题上家庭扮演了无可取代的主要角色，而国家不过是次要角色而已。

二、家庭权与自我认同

尊严在本质上是一个主体际概念，只有在人与人的互动交往中通过被他人尊重才能真切的感知，这是单独的个体无法感受的情感。结成群体，在共同体中感受有尊严的生活，是个人主体性得到表达和认同的基本要素。

"除了与世隔绝的个人之外，个人总是共同体的成员。事实上，对于人的尊严的任何合理的考虑必然包含社会成员在内；如果人们想要过一种称得上是人的生活，他们就必须是社会团体的组成部分。"[1]没有人能够遗世而孤立，人都是社会的人。一个人只有在共同体中才能完成对自我的认知，才能回答"我是谁"，自然中的个体无法真正认识到自己是谁，而只是将自己看成是环境的一部分。观察自身的活动，却不能把自己从世界中分离出来，一个孤单的个体生存在这个世界上正如"一头正在吃食并看着自己如何吃食的动物——没有什么更多的内容。"[2]

[1] [美]杰克·唐纳利：《普遍人权的理论与实践》，王浦劬等译，中国社会科学出版社2001年版，第16页。

[2] [德]京特·雅克布斯：《规范·人格体·社会——法哲学前思》，法律出版社2001年版，第3—4页及注释。

（一）社群主义理念下起源家庭[1]对自我的型构

在对自我的认知方面，自由主义和社群主义存在明显差别。社群主义提出一种经验的自我观念，主张个人不能独立、自主地选择自我，而只能在他所在的群体中，借助于对群体的价值判断以及历史文化背景的考察中去发现自我。麦金泰尔这样论述群体对于确定个体身份的意义，“个体通过他在各种各样的社会团体中成员资格来确定自己的身份并被他人所确认。我可以同时是哥哥、堂兄和孙子，可以既是家庭成员，又是村社成员，还是部落成员。这些并不是偶然属于人们的特性，不是为了发现‘真实自我’而须剥除的东西。作为我的实体的一部分，它们至少是部分地，有时甚至是完全地确定了我的职责和义务。每个个体都在相互连接的社会关系中继承了某个独特的位置；没有这种位置，他就什么也不是，或者至多是一个陌生人或被放逐者”。[2]群体赋予每个人在社会关系网中的独特位置和价值，借助这个特定的坐标人们得以知晓“他是谁”，而他也能在与别人的互动中更清晰明了自己是谁，一旦离开了群体谈论自我，就将失去最重要的文化参照系数而使个人处于飘忽不定的状态。

自我的形成显然受到文化和传统群体的影响，任何人都无法跳脱特定群体进行自我界定，构成个体身份的那些决定性要素并不是主体一开始就能够自主选择的，个人不可能在一种无拘无束的状态下进行自我塑造。“若把家庭当作纯粹个人的组合，是一群个人碰巧为了共同具有的目标而聚集在一起的组合体，这样的看法是不恰当的。我们出生在我们的家庭里，不管我们喜不喜欢这个事实，这是不能改变的。我总是某个人的儿子，某个人的父亲，即使死亡也不能消灭这个事实。将我们与这一批人而非另一批人束缚在一起的并非目标的共同体，而至少在理想上是感情的共同体。当然，在家庭之外，我们有兴趣和职业，当我们的家庭充分发挥功能时，可以在这些事情上给予我们支持，但我们不该认为，家庭的价值完全在于它是否在这一方面

[1] 起源家庭（family of origin），即个体出生并且在其中成长的家庭。生育家庭（family of procreation）个体拥有自己孩子的家庭。参见［加］大卫·切尔：《家庭生活的社会学》，彭铟旎译，中华书局2005年版，第34—35页。

[2] ［美］阿拉斯戴尔·麦金太尔：《追寻美德：伦理理论研究》，宋继杰译，译林出版社2003年版，第42页。

能够帮助我们。反倒是，家庭自身对我们有要求。我们人类天生就是会组织家庭的动物，此外，我们之所以成为我们自己，大部分是由我们的家庭塑造的。家庭关系永远不会磨灭，虽然家庭关系也许会为了各种现实的目标被嫉妒、憎恨或单纯的冷漠所断绝。反之，在一个充满尊重、爱心、宽容、关怀的环境下，家庭关系将会美满滋长。这都表明了家庭是自然形成的，而非人为设计的产品。”[1]

显然，麦金泰尔等社群主义者认为家庭、村落等决定个体身份特征的群体都是先于个体而存在的，是个体意志不能自由选择的，是群体决定个体，而非相反。“个人是动物学上一长串演化过程的产物。他，生而为其祖先的后裔，祖先们所有的经验，是他所继承的生物学上的遗产。当他出生的时候，他并没有进到这个广大的世界，而只是投入一个有限的环境。先天遗传的品质以及后天生活的影响，使一个人成为他那样而且终生如此。这就是他的命运。就‘自由’一词在玄学上的意义来讲，他的意志是不‘自由’的。他的意志决定于他的背景以及他自己和其祖先们所受到的一切外来影响。遗传与环境，支配一个人的行为。它们为他提示目的与手段。他不单是作为一个抽象观念的人而生活；而是作为他的家庭、他的种族、他的民族，以及他的同辈中的一个人而生活。”[2]

（二）自由主义理念下生育家庭对自我的塑造

但在自由主义者看来，自我的认知并非由其先天存在的群体来判定。虽然家庭、村落先于个体而存在，似乎他们无法选择，但决定个体身份的未必是其先天融于其中的群体，“群体存在于社会的各个层次，小到家庭、邻里，大到社会、国家，它们都是由成员的团结合作精神和互助友爱精神联结起来的。”[3]人与人之间的情感、信仰和政治归属关系在很多场合可以进行重新界定，任何人无法逃避传统文化的束缚并不等于他永远只能以这种方式生活。

个体完全可以凭借其理性自主能力重新组建对自我构成有价值的群体，

[1] ［英］戈登·葛拉姆：《当代社会哲学》，黄藿译，桂冠图书股份有限公司1998年版，第16页。

[2] ［奥］米塞斯：《人的行为》（上），夏道平译，远流出版事业股份有限公司1991年版，第95—96页。

[3] ［英］戴维·米勒：《市场、国家与社群：市场社会主义的理论基础》，牛津大学出版社1990年版，第227—251页，转引自俞可平：《社群主义》（修订版），中国社会科学出版社2005年版，第82页。

个人可以主动选择和改变他所处于其中的社会关系。个体的目的和价值并非先天且永远被决定，而是能够在自主选择群体的过程中实现。社群主义僵化看待了与生俱来的社会关系和社会环境，认为这些因素不但将决定个体初始的自我，而且永远被定格。把个人从其产生、生活和思考的社会文化环境中抽离出来的做法显然是片面的，“然而，如若一味地强调社群对个人的优先性，就极可能抹杀个性，忽视个人的主观能动作用。因为在个人与社会关系的链条上，经常的情况是，两者相互影响，互为作用。一方面，个人的自我是在这种交互作用中形成的；另一方面，社会生活也是在这种交互作用中发生的。”[1]

个人来源于群体，但个人不仅取决于那些既定的群体，同样也被那些自主选择的群体界定着。“今天绝少（如果有的话）有人是彻底定位了的主体，一劳永逸地扎根在单独一种生活方式里。几乎我们所有人都属于几种生活方式。正是各种生活方式之间（及内部）的冲突使我们成为现在的样子。”[2]

个体对自我选择的可能性与群体对自我形成的构成性共同解释着个体与群体间的关系。主张群体决定自我并不等于放弃个体自主选择能力，个体对群体的选择过程恰是自我塑造的过程。只要不把那些先定群体看成自我形成的唯一因素，同时承认个体的自主能力，那么个体通过自由组合从而突破旧的社会关系网改变先天身份就是可能的。无论是在先天性群体还是在自由组建的群体中，个人都实现了自我认同和自我价值。

由是观之，每个人都存在于某个特定的起源家庭（先在群体）中，这个特定的存在事实无法改变，但这个家庭塑造了我们的个性，完成了社会化的第一步，作为真实自我的一部分，激发了我们在社会关系的某个独特位置和价值，通过这个位置去领悟“我是谁”，形成最初的自我认同和自觉意识，这种认同有助于人们形成自我判断、决断的能力，从而进一步去塑造自己的生活，选择自己的人生伴侣，繁衍养育自己的后代，组成一个以自主为基础的新的亲密共同体——生育家庭（自愿群体），完成真正自我的跨越。

---

[1] 俞可平：《社群主义》（修订版），中国社会科学出版社2005年版，第161页。

[2] ［英］约翰·格雷：《自由主义的两张面孔》，顾爱宾、李瑞华译，江苏人民出版社2002年版，第6、53页。

三、家庭权与自然情感

关注人的尊严就是要重视人的本性，特别是应重视人的自然情感。所谓“自然情感”即是说这种情感源于人的自然本性要求，代表了人的基本生理需要。

自然情感与一般意义上的情感相比，具有以下特征：（1）出于人的自然本性，自然情感不受外因决定，是生而为人者必然具有的情感。奥地利学者赖希就曾指出：“没有夫妻、母子和同事之间的自然的爱情作用，没有劳动、没有认识，人类社会一下子就四分五裂了。”[1]在一定程度上而言，自然情感等同于人的本性。（2）它是有关日常生活的情感，虽然自然情感不排除对公共领域的态度、情感和认知，然而其主要发生场域在个人私生活，是人们在日常琐事中体现出来的情感。

自然情感对于个人和社会而言都是极为重要的。

第一，就个人而言，人是情感的动物，“情感，且只有情感，才是人的最首要最基本的存在方式。”[2]人通过体悟完善自己的心智，通过思想认识外在世界。“人的内心情感虽然未必健康、理性，但它却是人感受自我、走入社会的重要一步。由是观之，一个没有自然情感的人，不能称为真正意义上的自然人。”[3]自然情感之所以成为人的一种存在方式，那是因为，自然情感是和我们每时每刻的生活和行为紧密联系在一起的，它与日常生活融入一体。在生活世界中自由表达自己的情感，展示自己的本性，这对于生活在现代都会里的人们尤为重要。在忙乱而有序的城市生活中，每天为生计辛苦奔波的人们总是习惯于戴着面具，并且按照预先设计好的规则安排自己的行为。如果偏离这些规则，就无法真正融入城市生活，甚至有被边缘化的危险，生存就不能得到保障。然而一旦进入这些规则预设的角色，人就很难表达自己最为真实的一面。可是人不能总带着面具生活，总是需要有一个空间将自己的情绪完全释放出来。因此，自然情感对于每个人来说是必要的存

[1] ［奥］威尔海姆·赖希:《法西斯主义群众心理学》,张峰译,重庆出版社1990年版,第330页。

[2] 蒙培元:《情感与理性》,中国社会科学出版社2002年版,第4页。

[3] 胡玉鸿:《法律与自然情感——以家庭关系和隐私权为例》,载《法商研究》2005年第6期,第3—10页。

在。缺少了它，人就不是完整的自然人，且极易产生心理问题。

第二，就社会而言，自然情感不仅是社会凝聚力的心理基础，也是社会秩序得以存在和维系的内在因素。正如那句耳熟能详的法谚，法律不被信仰，则将形同虚设。一项极其严厉的惩罚措施，如果不能得到人类情感的支持，最终仍将被搁置一边。美国心理学家班杜拉在论及“法律约束和威慑”时就专门提到“自我约束”来自社会的道德情感：“它促进了遵纪守法的行为。在这种自我控制的模式中，一旦个体打算进行违规行为，这种可耻的行为就被预期的自我谴责所威慑。只要形成了这种自我约束，就无须法律和其他强制力量来威慑个体远离反社会行为。这是最有效的威慑方法，因为即使在被逮风险较小甚或没有风险的情况下，反社会行为也会受到谴责。”[1]

家庭是人们日常生活的栖息之地，也是自然情感存在的首要场所。“人性的情感通常随着对象的距离或散漫情况而减弱。根据这个原则，一个人对家庭的依附性胜于对邻居的依附，对邻居的依附胜于对整个社会的依附。”[2]血缘关系是人类社会最基础最牢固的社会关系，由血缘纽带而生的血亲之爱是基于人性的最本真的爱，是人类无法摆脱的自然情感。如果一个家庭失去了温情、关爱，每天都是剑拔弩张、恶言相向、拳脚相加或是冷若冰霜、形同陌路，那么人们就将失去赖以生存的精神家园，更为严重的是，如果这种状态蔓延至社会，世界将会变成你争我夺、弱肉强食的地狱。

正是建立在情感基础上的亲密关系将家与其他组织区分开来，无论是库利所说的具有亲密的、面对面交往与合作特征的“初级群体”，还是滕尼斯所说的本质意志主要是基于情感而产生的“共同体”，家庭与其他群体的主要区别就在于情感性的维系。亲情和感情总是家庭中的主旋律。一旦情感的维系不存在了，家庭也就失去了自己的特质。

总之，立法确认家庭权，就是为人类的自然情感寻求最直接、最稳定的保障机制。

---

[1] ［美］A. 班杜拉：《思想和行动的社会基础——社会认知论》（上册），林颖译，华东师范大学出版社2001年版，第384页。

[2] ［美］汉密尔顿等：《联邦党人文集》，程逢如等译，商务印书馆1980年版，第83页。

第三节 家庭权之于民主政治

家庭权的价值不仅存在于私人生活的空间，而且延伸至现代民主政治的领域。

家庭是实现多元民主政治的重要实践单位。而民主本身即要确保“自由及平等”的人际关系。每个人都有追求自己认为幸福生活的权利，也同样有权在自由空间里充分塑造自己的性格，这是多元民主的前提，也是促进社会发展的保证。而这些都必须以家庭生活的自主为基础。家庭给人以强烈的归属感，为家庭成员提供必需的关切以及情感上的扶助。这些都是家庭最本质的东西，任何外在机构都不可能代替。任何想要剥夺个人在私生活领域自主权的行动，都将影响民主本身，导向专制集权。

前面提及，生养子女无疑是父母的自然权利。非因合理合法的原因，父母照顾养育子女的权利不得剥夺。这既是子女健康成长的物质、心理基础，又是父母精神世界最重要的慰藉，因而是国家政治共同体不能贸然进入的领地。

在古希腊，柏拉图在《理想国》中描绘了他所认为的理想育儿模式：孩子一出生就被抱走，由集体抚养成人；未经许可而生育的孩子是非法的，畸形或劣种的婴儿将被抛弃。柏拉图如是说：“这些女人应该归这些男人共有，任何人都不得与任何人组成一夫一妻的小家庭。同样的，儿童也都公有，父母不知道谁是自己的子女，子女也不知道谁是自己的父母。生下来的孩子将由管理这些事情的官员带去抚养。这些官员或男或女，或男女都有。这些官职对女人男人同样开放。优秀者的孩子，我想他们会带到托儿所去，交给保姆抚养；保姆住在城中另一区内。至于一般或其他人生下来有先天缺陷的孩子，他们将秘密地加以处理，有关情况谁都不清楚……在母亲们有奶的时候，他们引导母亲们到托儿所喂奶，但竭力不让她们认清自己的孩子。如果母亲的奶不够，他们另外找奶妈。”[1]柏拉图不仅反对父母抚养子女的权利，更是将自然血亲关系一并剥夺。

---

[1] ［古希腊］柏拉图：《理想国》，郭斌和、张竹明译，商务印书馆1986年版，第195页。

与柏拉图有类似想法的还有摩莱里，他在《自然法典》中将自己的法制蓝本称为“合乎自然意图的法制蓝本”，提出孩子应由统一机构来管理。在“可以防止父亲溺爱子女的教育法”章节中他提到，“每个部族的全体儿童，五岁时集中搬到为他们专设的房舍内，男女分居。他们的饮食、衣服和初等教育，到处都完全一样，不加区分，一律按参议会指定的规则办理”“一定数额的家庭的父母，在族长的监督下，负责照管这些儿童，要像照管自己的子女一样，每期五天；然后，由另一批同样数目的父母来代替他们。他们要努力教导自己的学生学会节制和顺从，用温和的劝说和轻微的责备来防止任何不和、任性和沾染恶习。他们对全体儿童要一视同仁。”[1]摩莱里反对父母宠溺子女的动机是合理的，但是试图通过切断亲权和自然情感的方式来避免溺爱的发生，无异于本末倒置。

相对应的，亚里士多德在反对柏拉图“公产共家”制度时特别提及家庭的价值。他认为“家庭是人性自然发展的结果，是快乐和美德的第一源泉。在家庭中人们会更多地表现出人性优美的面相、表现出无私奉献的友爱与献身，而且家庭成员之间不易出现伤害和犯罪。消灭家庭不仅违背人性伦常，而且安排男女结合、生育、抚育婴儿等操作起来还有无数的麻烦和困难。人们关怀着自己的所有，而忽视公共的事物。”[2]显然，家庭中孕育的美德既有自然基础，也是未来的公民得以参与城邦政治的前提。柏拉图的“家庭理想”违反人性，免不了受到思想家们的抨击。法国德萨米也认为，“柏拉图试图使儿童从家庭中消失的想法是严重的错误，任何人不得把母亲胎里的果实从她怀里夺走，任何人不得剥夺母亲给予孩子最初的关怀和爱抚，父子关系不容废除，父母和子女彼此的好感不能被遏制，这是人类最高自由规律，不容违背。”[3]

如果说理想国和自然法典的初衷在于造福人类，那么当他们的精心设计被付之以不可告人的目的时，就会酿成人类悲剧。纳粹德国曾公开宣扬种族优越论，为了建立一个纯正雅利安人组成的德意志帝国，防止“种族混杂”，颁布《保护德意志血统和荣誉法》，禁止德意志公民和犹太人通婚或

[1]　[法]摩莱里：《自然法典》，黄建华、姜亚洲译，译林出版社2011年版，第109—110页。

[2]　[古希腊]亚里士多德：《政治学》，吴寿彭译，商务印书馆 1965年版，第48页。

[3]　[法]泰·德萨米：《公有法典》，黄建华、姜亚洲译，商务印书馆1982年版，第120页。

发生性关系，否则将以“背叛种族”罪论处，此后又将禁止通婚的范围扩大到健康人与有遗传疾病者的婚姻；鼓励健康妇女生育，生育超过8个子女可获金十字奖章，但对具有遗传健康问题的人实施强制绝育；对青少年统一实施纳粹政策的教育和管理，为法西斯统治培养政治信徒。[1]纳粹立法旨在消灭“种族混杂”和孱弱后代，切断父母与子女之间正常的血亲之爱，强调父母为培养纳粹接班人而生养纯生血统子女的法律义务。苏联也曾大力推行人为隔离血亲的政策，“通过剥夺父母亲对子女的教育和家庭权威的方式，树立新一代公民对领导人的个人崇拜。”[2]可以看出，当父母亲权被剥夺或削弱，个人就会显得卑微，集体则变得异常强大，个体就容易被集权者利用。

历史进程昭示出现代民主社会都应当承认父母生养子女的绝对权利，支持和保留父母与子女间的血亲联系，应当维护家庭生活这一最基本的私人领域，防止其受到肆意政治力量的干扰。构筑坚固的家庭防线，不仅有利于形成一个温馨的情感避难所，更可以对抗集权势力对社会成员健全心智的腐蚀，从而预防任何以人为工具的图谋。

综上所述，人的尊严构成了宪法基本权利存在的价值基础，所有的权利体系都围绕人的尊重而展开。人于家庭中方能健康成长，并借由家庭的照顾，父母的教育，逐渐社会化而成为社会的一分子，进而借助家庭这个坚强堡垒，对抗公权力的介入，同时借由家中孕育的独立人格、自治能力参与公共生活，从而推动民主政治。可以说，组成家庭以求家庭成员之共同生活，并与社会国家共同存续，都是身为一个“人”的基本需求。国家保障人民之家庭权，就是保护人民拥有人性尊严之最低标准。

---

[1] ［德］英戈·穆勒:《恐怖的法官——纳粹时期的司法》，王勇译，中国政法大学出版社2000年版，第82—85，110—111页。

[2] ［美］安吉洛·M. 科迪维拉:《国家的性格——政治怎样制造和破坏繁荣、家庭和文明礼貌》，张智仁译，上海人民出版社2001年版，第107—108页。

第五章　家庭权的效力

宪法基本权利都承载着特定的法益，法益的划定，构成国家机关行为的边界。国家必须竭力保障基本权利，如果国家公权力干预基本权法益内的事项，则必须符合宪法限制基本权利的要求。明确家庭权的规范效力，就是明晰权利法益与国家权力之间的界限。家庭权的效力，可从家庭权的性质和功能两方面入手分析。

在传统理论中，正如把宪法基本权利从性质上分为消极权利与积极权利，相应地也把国家的义务划分为消极义务与积极义务，即认为国家对自由权负有消极义务，对社会权负有积极义务，这种认识如同忽视了宪法基本权利性质的复合性一样，忽视了国家义务的复合性。正如日本学者大沼保昭所指出的："在传统的理解上，社会权使国家负有积极的义务。这种理解只强调满足的义务，而忽视了尊重、保护和促进的义务等其他方面。而且，将自由权理解为国家的消极义务的传统性认识，也只强调了国家对自由权尊重的义务，而忽视了自由权的其他方面。这任何一种认识都忽视了国家为人权综合性实现所负义务的复合性特征。"[1]事实上，所有的权利都同时对应了"积极"的相关义务和"消极"的相关义务。

为明确基本权利的效力，清楚界定国家行为的界限，德国法上出现了"以功能为中心的基本权利体系"理论。将每项基本权利分解为多个层次的功能，每个层次的功能内涵都是单一且独立的，因而其对应的国家义务也是相对清晰的。该理论以"基本权利的功能侧面"而不是以本身就具有复合性的基本权利作为研究的对象，从源头上避免了对基本权利体系进行规范建构

[1]　［日］大沼保昭：《人权、国家与文明：从普遍主义的人权观到文明相容的人权观》，王志安译，生活·读书·新知三联书店2003年1月版，第221页。

的逻辑混乱。

“基本权利的双重性质”起源于德文中“Recht”一词的多义性。作为名词的Recht在德文中有两个基本含义：一为“法”，二为“权利”，为了保证法律概念的规范与严格，德国人在使用Recht一词时往往在其前加上“客观的”或“主观的”修饰，以明所指。subjektives Recht（主观权利）就是指权利，而objektives Recht（客观法）就是指法。显然，“主观权利”和“客观法”的区分最初只是一种语言现象。[1]然而二战后，面对福利国家浪潮的冲击和理论界的呼吁，联邦宪法法院以此为基础对基本权利的效力进行了全新的诠释，既将基本权利看作“权利”，又将其作为“法”。著名公法学家Konrad Hesse认为，“基本权利结合了多重层面的意义，是主观权利和政治共同体客观秩序的基本元素，后者作为客观原则，是延伸基本权利效力的出发点，可以直接由其导出国家的保护义务。”[2]

首先，基本权利作为个人的主观公权利，个人可向法院提起公法请求权，排除国家干涉其自我决定。《联邦德国基本法》第19条第4款规定：“任何人的权利受到公权力的侵犯，都可以向法院起诉。”由于德国存在违宪审查制度，这就使得基本权利具备了彻底而完整的“主观权利”功能。

其次，基本权作为国家的客观法义务，同时也作为宪法的客观价值决定，会拘束立法、行政与司法机关，使国家对基本权产生保护义务。该义务的产生与1958年的“Luth判决”密切相关，联邦宪法法院认为，“基本权利的首要功能虽仍然在于赋予人民对抗公权力不法侵害个人自由的消极防御权利，但基本权利的整体同时也建构出一个客观的价值秩序或体系，且该秩序或体系中的每一项基本权利均体现一个客观规范，并各自蕴涵一个客观价值决定，立法权、行政权和司法权的行使都要受到基本权利所建构的客观价值秩序的规范。”[3]自此，基本权利的效力范围得以大大扩展。

结合基本权利功能理论，可以将家庭权的效力分为三个层次，作为主观

[1] 张翔：《基本权利的双重性质》，载《法学研究》2005年第3期，第21—36页。

[2] 张嘉尹：《基本权理论、基本权功能与基本权客观面向》，载《当代公法新论——翁岳生教授七秩诞辰祝寿论》文集（上册），元照出版公司2002年版，第136页。

[3] 刘淑范：《试论德国联邦宪法法院保障基本权利功能之界限》，载刘孔中、李建良：《宪法解释之理论与实务》，“中央研究院”人文社会科学研究所1998年版，第228—231页。

防御权产生的国家尊重义务，作为受益权产生的国家给付义务，以及作为客观法产生的国家保护义务。

第一节　作为防御权的家庭权——国家的尊重义务

一、概述

基本权利的起源，是承认人人都有一个不受侵犯，对抗国家权力的私领域，就这个意义而言，每项权利均是一种防御权。因此，基本权利最主要的功能，便是尊重个人在私领域中的自主、防御外来的侵犯，这是基本权利最传统、最典型的功能。在德国宪法观念中，宪法权利首先就是个人针对国家的一种“防御权”。

自由法治国是基本权防御功能高涨的巅峰时期，人民以基本权对抗国家统治者的干预或者侵害，要求国家对自由权承担消极的尊重义务。由此看来，这种基本权利的规定便是一种请求权基础。当基本权利被侵犯时，公民可以向国家提出主张，这并非要求国家作出某种给付，而只是要求国家不侵犯、不作为。因此，防御权是人民不受国家侵害的请求权依据，并且在侵害发生时，也是排除国家侵害的请求权依据。

二、尊重家庭自治为核心的防御权

作为防御权功能的家庭权，核心就是国家必须自我克制，尊重家庭的自治。

（一）理论基础

1.家庭自治源于个人自治

个人自治的伦理正当性在于“自己决定权”。“自己决定权”就是“与他人无关的事情，自己有决定权；或者是就一定个人的事情，公权力不得干涉而由自己决定的权利。”[1]每个人都应对自己的行为和利益具有独立的判断能力和决策能力。家庭自治是个人自治的联合，是个人自治的自然延伸。

[1]　[日]川长谷部恭男主编：《现代宪法》，转引自周安平：《社会自治与国家公权》，《法学》2002年第10期，第16页。

家庭之所以拥有自治权，也是因为该家庭内部事务只与家庭组成人员有关，与家庭外任何个人或任何组织包括国家都没有直接关系，法律对家庭事务的干涉将可能影响家庭的私权。赋予家庭的自治权，是个人私生活隐私权保护的自然延伸与必然要求。

2.“理想”生活模式需要家庭自治

在民主的基础上，并不存在固定的“最佳”家庭生活模式的标准。自治意味着一种自我思考与自我决定的能力，通过深思熟虑、判断、选择，最终以各种可能的方式实施。如果存在传统的、与公权力紧密相连的广泛权利与义务，这样的自治是不可能的，只有当这些权利义务消失了，为争取自治的行动才变得有可能且有必要，家庭自治更是如此，只要当国家干预得到足够限制，自治才有可能。

3.自然情感和私密性必然要求家庭自治

自然情感和私密性是家庭关系的最大特点。这种情感和私密与自治紧密结合在一起，法律难以介入。当人们的生活融为一体时，国家很难明晰家庭成员间的权利义务，所谓“清官难断家务事”。如果国家不当介入，不但不会起到调整人际关系的目的，反而有可能激化家庭成员内部的矛盾、抵触和冲突，从而导致家庭的失序状态。

“母亲并没有夜间必须不多不少地起床四次以照看婴儿的契约性义务。一个真正的母亲，需要起床多少次，她就会起床多少次。”[1]法律虽然规定夫妻之间有同居的义务，但倘若一方没有履行义务，国家是否可以强制另一方履行？由于儿童权利的保护理念，现代社会普遍否定古代的惩戒制度，然而这是否会给父母教育子女带来不必要的麻烦。由于缺乏独立成熟的主观认识和自控能力，幼儿的行动会给他们带来不良的后果，父母的监管是非常必要的，那么轻微的体罚是否也要被一概而论地取消呢？不可否认，这种方式在某些情况下比纯粹关爱或是劝导说服更有效，尤其是对一些特别顽劣不听教诲的小孩。当然手段的有效并不意味着手段的正当性。但至少法律应该为每个家庭特殊的教育方式留有一定的空间，而不是因为顾忌孩子的权利让父母在教导孩子上有所顾虑，惴惴不安，唯恐不由自主地伤害了孩子，从而使

[1] ［英］彼得·斯坦、约翰·香德：《西方社会的法律价值》，王献平，郑成思译，中国法制出版社2004年版，第29—37页。另参见［德］H.科殷：《法哲学》，林荣远译，华夏出版社2002年版，第136—141页。

得父母在家庭教育方面无所适从。用科迪维拉的话说，"20世纪的政府也把自己插在父母和孩子的中间，公开的保护孩子，但事实上削弱了两代人之间相互负责的习惯。"[1]国家对家庭亲密关系的过度介入甚至会人为在成员之间制造怨恨。这一点尤其体现在亲属作证的法律规定中，法律不能以亲人间相互揭发作为手段以此维护社会秩序和公共安全。亲情是人类爱的起点，没有了这种情感，整个社会就将人人自危、缺乏起码的信任和安全感，社会国家就有解体的风险。

当然，国家对家庭亲密关系的破坏还会有其他各种方式和表现，无法逐一列出。"20世纪已经教导我们，政府对生活在其统治下的人民的性格的形成有着令人可怕的力量。大规模的极权主义运动所留下的东西甚至比1亿军团更可怕和更有教育作用。这是指这个运动在活得比它更长的人民的心理和习惯中所产生的变化，而这些变化正在传给下一代。"[2]

因此，国家必须尊重个人的家庭生活，应该为人类的自然情感和亲密关系留下适当的空间，让家庭成员在属于自己的领地里实现最优的生活方式，不能一刀切地以对待陌生人的态度处理家庭成员间的关系。

（二）基本内容

国家尊重家庭自治主要体现在以下两个方面：

第一，作为一个自治组织，家庭对自己内部事务的决定享有排他权。家庭自治是全体家庭组成成员的自治而非家长一人的自治，自治是为了排斥他治，家庭自治是为了排斥家庭外的干涉，而不是家长一人之治以排斥家庭成员的反对。如果家庭自治沦为家长一人之治，家长势必成为家庭成员法律上的主人，家庭成员就会再次成为父权的牺牲品。

第二，家庭自治是要保护自身免受其他组织和个人——不管来自政府当局还是自然人或法人的侵犯，以维护家庭的完整，保护家庭隐私和自治不受侵犯。这是统一过程的两方面，当家庭成员自决处理其内部事务时，也就是保护了家庭不受外界力量的侵犯，就前者而言，宗教、传统道德观以及家庭

[1]　［美］安吉洛·M. 科迪维拉：《国家的性格——政治怎样制造和破坏繁荣、家庭和文明礼貌》，张智仁译，上海世纪出版社2001版，第15页。

[2]　［美］安吉洛·M. 科迪维拉：《国家的性格——政治怎样制造和破坏繁荣、家庭和文明礼貌》，张智仁译，上海世纪出版社2001版，第6页。

内部规则起着主要作用，法律的干预只是例外，就后者而言，法律却起了最重要的作用。

第二节 作为受益权的家庭权——国家的给付义务

一、概述

受益权功能是指“公民基本权利所具有的请求国家作为某种行为，从而享受一定利益的功能。”[1]受益权功能针对的是国家的给付义务。具体包括消极和积极两个方面。前者是指“公民在基本权利所保障的利益受到侵害的情况下，请求国家予以司法救济，具体而言就是请求法院进行审判活动。”后者是指“为了公民基本权利的实现，国家直接提供给公民某项利益，该利益可以是物质性的福利，也可以是与物质利益有关的某种服务或者其他利益。”[2]

给付义务体现的是社会法治国原则。工业化和城镇化的推进，贫富不均与社会安全等问题变得日益突出。个人的独立自主未必能使他们在激烈的社会竞争中获得财富和成功的累积。相反，能力、机遇、运气等因素都有可能造成社会阶层的巨大鸿沟。早期资本主义时期对自由的崇尚逐渐被社会正义理念所取代，政府的施政观也发生了改变。国家不再只是被动的“守夜人”，而应在公民基本权利的实现中承担更为积极的角色，真正落实社会正义和安全问题。尽管现代社会的专业化分工，家庭生产、教育、扶助功能逐渐日趋被其他组织社团所取代，但是作为消费、养育的最重要的单位，家庭的基本功能仍然无法被全部替代，基于此，对于那些社会最弱势、最贫困家庭，如果不给予相应的救助，将导致家庭日常生活无以为继、家庭完整性不复存在。

社会法治国的基本权利理论，强调基本权利的内容并非只是对抗国家的防御权，还包括以国家为相对人的给付请求权。基本权利经过这样的解释之

[1] 曾康繁:《比较宪法》，三民书局1978年版，第119页。

[2] 张翔:《基本权利的规范建构》(修订版)，法律出版社2017年版，第188页。

后，它同时包含了自由权与给付请求权。这些给付请求权的实现及履行，取决于可共享支配的国家财政援助与资源。

二、家庭权的国家给付义务

1.就内容而言，家庭权的受益权功能要求国家照顾人们基本的生计、让每个家庭都能获得最低限度的生存条件、维持起码的生活水准。具体来说，国家应为每一个家庭提供食物、居所、救济金、医疗保险、养老保险、灾害救助等最低生活保障。

2.就提供给付义务的主体而言，行政机关是主要承担者。行政机关为公民提供给付的行为，属于行政活动中“给付行政”的范畴。最初的给付行政主要体现为行政机关对公民的“生存照顾”，所谓生存照顾，“是指对于不得不从事现代集团生活的人，给付、提供其为维持日常生活所不可欠缺的生活物资或者生活服务的活动，例如，电力、煤气、自来水等供给事业以及通讯、运输事业等。”[1]现代给付行政的范围却不限于“生存照顾”，实际上，各种通过受益性活动和直接促成社会成员利益的公行政活动都应当视为给付行政。给付行政可以包括以下三个方面：“（1）供给行政，（2）社会保障行政，（3）资助行政。”[2]其内容都是对人民提供各种福利和服务的活动。

3.行政给付的基本原则。

第一，最低生活水准原则。由于国家财政资源的紧张，国家和政府为家庭提供的给付不是无限的，仅以维持家庭成员最基本生活为限，只负责提供满足其最低生活需要的资金和实物，确保每一个家庭不至于在生活断绝时处于无助困境，也避免人们产生依赖心理乃至不劳而获的思想。

第二，公平、公开原则。公平要求行政机关应一视同仁、无差别对待所有家庭。行政给付旨在保障所有人的人权，原则上对那些陷入贫苦而无力自救的个人和家庭都给予必要的扶持，不把贫困当成罪恶，也不把贫困的原因归责于个人及其家庭。

[1] 杨建顺:《日本行政法通论》，中国法制出版社1998年版，第327页。

[2] 蔡进良:《给付行政之法的规制》，载《宪政时代》1998年第1期，第96页。

公开原则要求政府信息以公开为原则、不公开为例外。是否公开通常以“公共利益”为标准，行政给付由于涉及公共资源的配置，理应属于公开的范围。实践中，我国有些地方立法规定公开最低生活保障对象及其相关信息是便于“接受群众监督”，作为公开的理由，这个说法是否充分呢？对申请救助的家庭是否提供给付的决定权在行政机关，行政机关为此拥有作出此决定而调查、收集相关信息的权力，这项权力可以保证行政机关充分地查清事实，了解申请人的情况。然而对受资助家庭信息的公开意味着贫困家庭必须以牺牲家庭隐私和名誉为代价来换取救助，这种做法背后仍然是一种根深蒂固的施恩观念，不利于贫困家庭主动寻求政府帮助。比如有些困难家庭放弃低保申请，原因就在于担心公示程序会给家庭造成麻烦，或许是子女因为受到歧视而心灵受创伤，或许是再就业过程中用人单位因为顾虑可能带来的经济负担而丧失就业机会。针对社会保障申报审批过程中可能存在的家庭收入核实难以及欺诈行为等，可以通过加强诚信社会的建设、储蓄实名制以及收入来源的监管等多种方式解决，不应笼统公开贫困家庭的信息。

第三，补充性原则。补充性原则是指政府承担行政给付和社会救助的义务，但政府扶持并不意味着家庭成员间可以免除相应的照顾救助义务。与社会成员之间的救助关系不同，家庭成员间的救助既是家庭伦理道德，更是一种法定义务。当然由于家庭概念的模糊性，实践中明确哪些家庭成员之间负有救助义务、承担救助义务的界限和程度就非常重要。为落实这种救助义务，必须加强对申请人及家庭成员的财力审查。在财力审查的范围上，大多数国家只考虑申请人及其配偶的现有财力。但在有些国家，如日本、奥地利、德国、瑞士等，申领人的父母、祖父母、成年子女的收入情况也在考虑之列，这种审查同样不属于侵犯家庭隐私的情况。

第四，补足性原则。凡未达到最低生活水平的家庭，不论其贫困程度，政府均应补足其差额，保障他们起码的生活水准。由于家庭困难程度不同，接受政府救助程度也会参差不齐。表面的差别对待却体现了实质公平，将所有社会弱者的生活都维持在最低水平，这也是最低生活水平原则的必然要求。补足性原则强调对申请人的家庭经济状况和实际生活水平进行审查，不达标才能启动救助程序。

第三节 作为“客观法”的家庭权——国家的保护义务

如前所述，基本权利除了是个人主张的权利之外，还是基本法律所确立的“价值秩序”，这一“客观法”地位既是立法机关建构各种制度的原则，也构成行政权和司法权在执行和解释法律时的上位指导原则。立法机关的保护义务大致分为两个层面：一是立法机关不得直接制定法律规范随意限制基本权利；二是要求立法者必须把尊重和保护基本权利的精神落实在法律规范的具体条文中。基本权利的“客观功能”主要包括以下几个方面：

一、制度性保障

权利的实现有赖于制度的构建。立法机关必须通过制定法律来明确宪法上基本权利的具体内涵。基本权利所具备的这种积极要求立法者建立法律制度，以促进基本权利实现的功能，称为“制度性保障功能”，国家为此负有保护义务。制度性保障对于家庭权的意义，一方面是为具体的家庭权益提供保障，另一方面，又不是单纯提供保护，应该有更高位阶的价值需要透过该制度予以实现，这为国家干预家庭设定了具体的范围和界限。

（一）消极性制度保障还是积极性制度保障

“制度性保障”这个源自德国的继受概念存在两种截然不同的价值理念和保护结构，即消极制度性保障与积极制度性保障。

1. 消极性制度保障

德国学者施密特提出的制度性保障概念产生了广泛的理论影响。在他看来，需要将制度保障与基本权利区分开来，透过宪法法规，可以为某些特定的制度提供一种特殊保护。[1]换言之，“人权规定不以保障个人的权利为目的，而以保障一定的制度为目的。总的来看，它被理解为宪法对某种特定的制度的保障，从而使构成对该制度的核心内容的侵害，不能依据立法来实现。”[2]施密特认为，制度性保障是指某些先存性的法律制度受宪法保护，

[1] ［德］卡尔·施密特：《宪法学说》，刘锋译，世纪出版集团上海人民出版社2005年版，第182页。

[2] ［日］浦部法穗著：《基本人权总论》，武树臣译，沈宗灵、黄枬森主编：《西方人权学说》（下），四川人民出版社1994年版，第84页。

其具有对抗立法者的效用，虽然立法者有权对之进行限制，但立法者不能废弃该法律制度的核心部分。在施密特的概念下，制度性保障的功能仅在于避免某些先存性法律制度免受立法者废弃，因此，这是一种消极的制度性保障。当时德国理论界与实务界也普遍认为，“传统意义的制度保障，无论是公法的还是私法的，都是指向于一个既存的、规范性的法律制度。”[1]

2. 积极性制度保障

二战后，随着德国《基本法》的制定，基本权利约束所有国家权力的效力得以明确，德国学界在基本权利领域对制度性保障理论进行了重构，并形成了积极制度性保障理论。Haberle认为为了保障宪法权利，立法者必须建构相关法律制度以形塑基本权利的内涵，为基本权利的保障提供制度性支持。显然这里Haberle是在阐述一个制度化的基本权利的意义，强调透过这些具体化的客观法秩序规范，才能使基本权真正获得实现；这个学说的核心要旨在于：要求国家创设新的法律制度以促成基本权的实现。这种“作为制度的基本权”的重心并非在于维护既有规范状态，其保障的对象既可以是已经形成的具有保护基本权利功能的制度，也可以是未来将形成的体制。[2]换句话说，新近的理论将制度性保障与基本权利密切联结起来，要求立法机关必须制定法律来建构制度，以进一步明确宪法上基本权利的核心内涵，保障基本权利的实现。

3. 宪法上的家庭制度：消极还是积极？

关于宪法上家庭制度的地位，也可分别从这两个面向加以理解，从而导出对家庭法律规范地位的不同理解以及家庭权的不同保障方式。

传统的制度保障论是将相当时间存续于法秩序传统中的法规范体制，视为“既存状态”而加以尊重，从这个角度着眼，维护家庭制度之既有形态是基于对传统的尊重，如此推论出来的保护模式是一种“固定化”的要求，是基于社会生活秩序安定之需要，抗拒对传统家庭制度的无谓变更。我国学者

[1] 李建良：《“制度性保障理论”探源——寻索卡尔·施密特学说的大义与微言》，载吴庚大法官荣退论文集编辑委员会：《公法学与政治理论》，元照出版公司2004年版，第222页。

[2] 李建良：《“制度性保障理论”探源——寻索卡尔·施密特学说的大义与微言》，载吴庚大法官荣退论文集编辑委员会：《公法学与政治理论》，元照出版公司2004年版，第222页；蔡维音：《论家庭之制度保障——评释字第502号解释》，载《月旦法学杂志》2000年第8期，第138—143页。

欧爱民先生就这样认为，“现行宪法对婚姻家庭采取的是制度性保障，而非权利保障。之所以将婚姻、家庭入宪，其目的乃在于为现行的婚姻家庭制度提供宪法保护。立法者在制定具体的婚姻家庭法律规范时，不得抛弃我国在此方面所形成的法律传统之核心内容；否则所立之法即因违宪而告无效。”欧爱民先生进一步将婚姻制度的核心内涵归纳为男女结合、自愿结合、夫妻互相扶持、男女平等四个方面，对此，立法者不得侵害。他认为国内学者从宪法第48条推导出“婚姻自由”是存在瑕疵的，“我国宪法所规定的婚姻自由并非自由主义视野下的自由，而是制度性保障下的自由。”[1]

将宪法上的家庭视为传统的、先在性制度而给予制度性保障的消极观点在说服力及论证的周延性上并非没有破绽。传统并非总是正当的理由，尤其是当传统制度与宪法价值相相突时，就未必要执迷于恪守传统，传统制度对一男一女异性恋合法婚姻的推崇将单亲家庭、同居家庭、同性恋家庭等排除在法律保护之外；另外传统的家庭制度蕴含着男主外、女主内的“理想”家庭模式，渗透了父权制理念，这与现代社会的男女平等观念相违背。总之传统家庭制度规范与现代宪法以人的尊严为中心，强调个人在私生活形态、亲密关系的自主方面未必吻合，因此有必要将传统的婚姻家庭制度纳入合宪性审查而不是直接将其作为一个先在性制度加以保障。

我们应当从积极性制度保障的角度，也就是从基本权的制度功能面来看待这一问题。社会保障、社会福利、税收优惠规定及婚姻家庭法等都是与家庭的建立、存续、发展、内部关系的维持密切相关的，它们应作为一个规范整体而享有宪法上的保障，其目的即在于落实个人的家庭权。如果独立考察其中某一规范有可能会以偏概全，例如在税收申报（如个人所得税专项附加扣除）或社会福利申请（如安置房、经济适用房资格申请）上，已婚者所能享有的种种优惠，是法律秩序对家庭正面社会功能的认可与奖励；如果单独从差别待遇禁止的角度来检验已婚与未婚者的经济状况差距是否能正当化则可能存在歧视的嫌疑。

这样一种对“家庭制度”的认可，其保障内涵也包括尊重既存的、持

[1] 参见欧爱民：《德国宪法制度性保障的二元结构及其对中国的启示》，《法学评论》2008年第2期，第117—124页。

续发挥稳定功能的家庭制度规范。但正如前所指出的，这种从基本权的制度功能面向来理解家庭保障的方向，其终极的保护目的并非在于维护“制度”本身，而是在促进基本权的最大实现。也正是因此，当既有的家庭制度规范与个人权利发展有所冲突时，就必须作利益衡量。尤其是当家庭制度的功能随着时代推移而有所变动，社会价值观也渐渐改变时，恪遵成规并非是制度保障的本旨。立法者必须参照宪法中尊重基本权利的理念以及社会关系的变化，对与家庭制度相关的法律规范时时加以调整，使之能够对应社会生活关系的变迁以及促进宪法规范的实现。

二、以利益衡量为核心的国家保护义务

以利益衡量为核心的保护义务[1]指国家保护公民免受来自第三方侵害的义务。这种保护义务也可以称为基本权利的“横向效力”。该义务特别强调国家在保护人民行使基本权利时，应足以对抗第三人的侵害。在此，应负保护义务的人并非为侵扰的第三人，而是国家。可以这么说，国家是基于保护人民，而立于侵犯者与被侵犯者之间。整体而言，基本权利的国家保护义务功能，通常要求国家的积极行为，然而这种积极行为与前述国家在社会领域与经济领域内的给付行为不同，强调维持现实生存，因此，国家保护义务并不归类于社会国原则，而是归入危险的防御以及自由法治国原则。不可否认，国家在履行其保护义务时，享有一定的形成自由，特别是立法者需透过法律将保护的内容予以具体化。就此而言，国家乃是立于第三人的地位，对于一方人民的基本权利行使，和另一方人民请求的保护，寻找一个双方皆可以接受的平衡点。这种国家保护义务不限于基本权利对私法结构的影响，它还包括国家采取额外措施，包括在其他措施不奏效的情况下采取刑事措施的义务，如各国普遍通过刑法禁止重婚行为。

家庭权的这几种功能在同一法律体系中，存在复合适用的情况，从而构建出一个多层次的权利保障体系。如在《公民权利和政治权利国际公约》中，第17条限于保护单个家庭成员在其家庭生活中所表现 的隐私，以对抗非

[1] 在保护义务这一概念的使用上，有广义和狭义两个层次，广义的保护义务是指基本权利的“客观价值秩序功能”所针对的国家的所有义务，包括制度性保障义务、组织与程序保障义务，以及其他各种排除妨碍的义务，这里是指狭义的“保护义务”。

法或任意的干预。除了确保针对第三方的保护或对囚徒的保护以外，第17条并没有使国家有义务以积极的措施促进甚至推动隐私、家庭、住宅或通信，国家没有义务提供住房、组织扫盲或者把家庭当作一种私法身份来加以保护。在一份针对加拿大的来文中，加拿大政府主张，“该条的义务主要被解释成消极性的，因此没有规定国家积极地重建已被削弱的家庭生活条件的义务。”[1]整体来说，第17条引起的主体性权利主张基本上是消极性质的。然而家庭作为“天然的和基本的社会单元”，在随后的第23条中得到了特别的制度性保护，作为一项制度保障，第23条中“家庭”享有的请求社会和国家予以保护的权利甚至远远大于《欧洲人权公约》第12条。后者仅仅规定了缔结婚姻及成立家庭的权利。根据第23条《公约》缔约国有义务将婚姻和家庭确立为其私法体系中的专门制度，并保护他们免受国家机关及私主体的干涉。因此，这种义务同时产生相应的纵向效力（国家和公民之间）和横向效力（公民之间）。作为私法制度，它确立私法主体之间，尤其是配偶间以及父母与子女之间的权利和义务。正如国家保证权利的所有义务一样，在此各国立法机关在制定符合各自社会及文化传统的婚姻家庭法时被授予广泛的自由权。第23条不仅保护工业化国家盛行的核心家庭，也保护如非洲文化中的大家庭。但23条并未具体规定应如何专门保护家庭。这条是为后面各款所规定的权利以及个人有关国家不得解散家庭或以其他方式威胁其存在的主观权利要求规定了前提条件。因此，缔约国有义务在其法律体系中（私法）规定家庭的存在并规定一定的权利和义务。如法律体系中必须有调整父母与未成年子女之间关系的法律条文。广泛地或完全的废除家庭法的做法无论如何都违反了第23条第1款。而且，制度保障常暗含受影响的个人所享有的某种特权，由于一起生活是家庭存在的一项基本标准，家庭成员被赋予了比他人更大的在一起生活的权利。国家不仅要尊重这项权利，而且要保护它免受私主体的干涉。国家有义务促进家庭关系的维持并缓解家庭的解散所产生的消极影响。在最广泛的意义上说，保护家庭还包括许多国家所规定的大量其他措施，如经济帮助、保护母亲、税收优惠、成家救助等。在这方面第23条第1款甚至与《经济、社会和文化权利国际公约》第10条所保障的权利重叠。

[1] [奥]曼弗雷德·诺瓦克:《民权公约评注》，毕小青译，三联书店2003年版，第40—41，288—289页。

第六章 家庭权的限制

就法律规定的权利而言，永远难以免除的尴尬就是：一方面，权利本身具有神圣性，它可以用来对抗他人的权利，甚至国家、社会的权力，就这个方面而言，只要是法律认可的权利，国家就应当尽可能保障其在社会生活中的实现；但另一方面，权利的神圣并不等于权利的绝对性，任何一种权利都有其特定的边界，一旦越界，就可能对他人或社会造成损害，因而限制权利又是正当的。

对权利限制的基础在于人的社会性本质，无论愿意与否，我们早已被强行纳入了社会生活，为了使共同体正常运行和免于解体，必须承认和遵守某些共同价值，并在此基础上对个体权利进行限制。我们既无可能也无必要成为一座孤岛，每个人都免不了要和他者发生联系。然“天下熙熙，皆为利来；天下攘攘，皆为利往”，利益需求在人们之间架起了一条无形的纽带，但自利心又为人们之间的矛盾冲突埋下了伏笔。显然，允许权利的无限制行使就必然会侵犯到他人、社会的权利，势必会损害他者的利益。因此，为了一项权利自身，也为了他项权利，为了一个人的权利，也为了他人的权利，对权利进行必要的限制，自是不言而喻的。

在一些重要的国际文件和国家立法中，都有一些权利限制的特定条款。如《世界人权宣言》第29条就承认，权利只受法律确定的限制，其目的在于“保证对旁人的权利和自由给予应有的承认和尊重，并在一个民主的社会中适应道德、公共秩序和普遍道德的正当需要”；《公民权利和政治权利国际公约》第12条规定，只有在“为了维护国家安全或公共安全、公共秩序，保护公共卫生或道德，或他人的权利和自由以及法律规定的情形下，才能对权利进行限制”。《欧洲人权公约》第8条第2款规定，“公共权力当局对行使上款规定权利的干涉仅得在法律规定的情况下进行，并且该干涉构成民主社会中所必需的，为了国家安全、公共安全、国家经济福利的利益，为了防止社会无序或者犯罪、保护健康或道德，或保护他人权利和自由而采取的必要措施。”1789年法国《人权宣言》第2章宣布保护人的自由与权利乃是任何政治社会的最终目的，但是紧接着在第4章就规定了对自由行动的限制，第5章则允许法律防止对社会秩序和他人权利的危害。此外，德国宪法也规定：“人人有自由发展个性权，但不得损害他人的权利和触犯宪法制度或道德规范。”我国宪法也有类似条款，“中华人民共和国公民在行使自由和权利的时候，不得损害国家的、社会的、集体的利益和其他公民的合法的自由的权利。”

尽管家庭权对于人格塑造、人性尊严具有重要意义，但是就国际范围的人权公约看，除了《美洲人权公约》《紧急状态下人权规范的巴黎最低标然》承认家庭权的不可克减性，其余公约仍将其设定为可克减的权利。[1]当然在任何一个法治国家，家庭权的限制必须在一定原则框架指导下，按照特定的目的和程序进行，这是当今世界各国立法的基本原则。

第一节 限制家庭权的基本理由

根据前述主要国际法律文件可知，目前达成共识的权利限制的理由主要有：基本权利、公共利益和普遍道德。

基本权利的受制约性与基本权利的不受侵犯性相伴而生。恰如罗尔斯所言“限制自由的理由来自自由原则本身”[2]一样，基本权利限制的正当性可从基本权利自身予以挖掘。对基本权利的受制约性可从以下两方面理解：

[1] 所谓“不可克减的权利”（non-derogable rights），是指缔约国在任何情况下，包括在紧急状态或战争时期，都不得减损或损害人权条约所规定的某些权利。有关不可克减的权利范围，各公约的看法并不一致，1969年《美洲人权公约》相对于《欧洲人权公约》和《公民权利和政治权利国际公约》更宽泛，共有11项。而1984年国际法协会通过的《紧急状态下人权规范的巴黎最低标准》则列举了16项。这两项国际人权公约大大拓展了不可克减权利的范围，“家庭权”就在其列。

[2] ［美］约翰·罗尔斯：《正义论》，何怀宏、何包刚、廖申白译，中国社会科学出版社1988年版，第241页。

一、内在制约：基本权利

所谓内在制约是指“基本权利相互之间的制约，即一种基本权利对另一种基本权利的制约，某一主体的基本权利对另一主体基本权利的制约。”[1]正如言论自由的行使，不能侵犯他人隐私、生命安全。权利的和平共存是构筑公正和谐权利体系的重要因素，并非所有权利均有理由绝对高于其他一切权利，也未必所有基本权利的实现都必须以其他非基本权利的牺牲为代价。为了自身基本权利的享有，也为了他人基本权利的实现，以适当形式划定公民基本权利之合理维度，其正当性是不言而喻的。

鉴于基本权利的理由限制家庭权的正当性源于它们与家庭权一样具有相同的道德属性和不可侵犯性，因此要求个体在行使家庭权时不得与他人的基本自由冲突，当实施家庭日常生活和亲密关系侵犯到他人权利的时候，国家有权对家庭权进行限制和干涉。比如在婚姻共同生活中并不能剥夺对方伴侣的一般法律保护，配偶一方侵害了另一方作为法律上的人而享有的绝对权利（如身体完整权、姓名权、人格权、荣誉以及财产权），如对伴侣的电话秘密录音，损害其通信秘密等都应承担相应的法律责任。

基本权利理由道德性的来源之一在于它是政府所能合法施加于个人权利的根据。密尔认为在文明世界中，强力能够正当地适用于一个文明化了的社会任何成员的唯一目的，就是防止对他人造成伤害，“人类所以有理有权可以个别地或者集体地对其中任何分子的行动自由进行干涉，唯一的目的只是自我防卫。”[2]

基本权利理由的另一个道德性源于人权是普遍的最低限度的道德标准的要求，“这个标准在消极的方面，要求人不能被仅仅当作手段；在积极的方面，则要求全人类在一切交往中始终遵循共同道德原则。”[3]人不能被当作手段，家庭权的实现不能以侵害他人基本权利为代价；“遵循共同道德原则”要求自己须像他人那样为权利的实现负同样的责任，而不能仅仅通过要

[1] 胡肖华:《论公民基本权利限制的正当性与限制原则》, 载《法学评论》2005年第6期, 第3—10页。

[2] ［英］约翰·斯图亚特·密尔:《论自由》, 许宝骙译, 商务印书馆 1959 年版, 第 10 页。

[3] ［英］A.J.M.米尔恩:《人的权利与人的多样性——人权哲学》, 夏勇、张志铭译, 中国大百科全书出版社1995 年版, 第 153 页。

求他人承受义务而自己享有权利，基本权利可以看作直接含有普遍的相互强制的可能性，并与所有人的自由相协调。权利只能因为权利而被限制，所有权利都应被视为一种不言而喻的资格或正当性，对可能侵犯权利的任何人施加强制。

基本权利的限制理由主张一个人只要在行使家庭权的过程中没有伤害到他人的权利，那么他的行为就不应当受到限制。对于限制家庭权而言，指出基本权利限制理由的正当性还远远不够，它所能保证的仅仅是政府基于基本权利理由的限制不是一种恣意干涉，但是并不能保证所有基于基本权利理由的限制都是正确的。基本权利理由的应用需要在实际遇到的案件中具体分析，当反对限制的理由在道德上优于基本权利理由时，那么个体就获得了反对政府限制的具体道德权利，政府就不能继续以此理由干涉个体行使家庭权。因此基本权利的理由并不能一劳永逸地解决家庭权限制问题，至少存在两种情况仍然需要进行道德上的比较。

一种情况是存在反对限制的具体道德权利，这时国家依据基本权利理由的干涉就是错误的。比如在处理布拉克曼和斯哥顿诉联邦德国（Bruggemann and Scheuten v. Federal Republic of Germany[1]）案时，欧洲人权委员会认为，妊娠或中止妊娠是私人生活的一部分，在一定情况下，也是家庭生活的一部分。人权委员会进一步认为，在感情方面建立和发展与其他人的关系是发展和完善个人人格的要求，因此，性生活也是私人生活的一部分，并应予以尊重。有鉴于此，联邦德国有关堕胎的立法是对私人生活权的干涉。人权委员会在处理诉英国（X v. the united kingdom）案时发现，堕胎构成对父亲权利的干涉，然而，这一干涉因保护他人的权利而合法化，因为该案中的堕胎是胎儿的母亲为了保护她自身精神健康而主动要求进行的。因此，人权委员会的结论是，尊重父亲的私人和家庭生活权不能被解释得如此广泛以至于从该项权利中推断出他享有对堕胎的同意权。人权委员会的上述观点同样反映在赫兹诉挪威（Hercz v. Norway）案中。在该案中，人权委员会指出，诚然，公约第8条保护私人和家庭生活受尊重的权利，然而，委员会的观点是，在解释堕胎方面潜在的父亲所享有的权利时，首先应考虑到胎儿母亲的权利，

[1] （1981）3 E.H.R.R. 244.

因为她在继续妊娠或终止妊娠方面是主要利害关系人。[1]这些例子说明基本权利的性质并不能保证家庭权的行使后果能够让所有人都满意。除了确定政府依据基本权利理由本身是正确的之外，还必须确定政府干涉的理由在道德上要优于不干涉的理由，但是政府依据基本权利理由的干涉并不能总是做到这两点，所以并不是所有妨碍他人权利的亲密关系都被允许施加限制，存在虽然给他人造成了伤害，但是政府的限制却是错误的情形。

再比如，我国《最高人民法院关于适用〈中华人民共和国婚姻法〉若干问题的解释（三）》第十一条规定："一方未经另一方同意出售夫妻共同共有的房屋，第三人善意购买、支付合理对价并办理产权登记手续，另一方主张追回该房屋的，人民法院不予支持。"尽管家庭权和财产权都是宪法保障的基本权利，但法律保护这两种权利达到的目的有所不同，法律保护婚姻家庭住房权，是为了保障婚姻家庭当事人有房可居，以维持家庭成员的基本生存需要；法律保护善意当事人的受让物之所有权，是为了维护交易安全，以保障社会经济的正常发展。从生存权与发展权两者的关系看，生存权应当优先于发展权，因为人只有首先是生存着的，才能有进一步的发展，因此，保护家庭在道德上优先于财产。尽管在征求意见稿中有"但该房屋属于家庭共同生活居住需要的除外"的但书条款，但立法者最终还是选择了对善意第三人利益的保护，实乃遗憾。

另一种情况是在家庭权的行使没有伤害到他人权利的时候，政府的干涉也往往非常重要。尽管私人生活并不对任何人构成伤害，依据对他人权利和自由的尊重原则，国家不能对个体之间的私生活进行干涉，但是这种主张并不总是正确的。在某些即便是没有他人基本权利受到伤害的情形下，国家也有必要对私密生活行为进行限制。比如由于生活的困顿或是意外发生的天灾人祸导致家庭受到重大挫折以至于家庭成员选择集体自杀，此时国家不能袖手旁观，对公民必须施以援手而非听之任之，此时国家对公民生命的捍卫远比尊重其家庭自主重要。

"我们必须承认，如果政府有理由相信对立的权利中有一方是更为重要

[1] 杨成铭：《人权保护区域化的尝试——欧洲人权机构的视角》，中国法制出版社2000年版，第176页。

的，它就有理由限制另一些权利。”[1]基本权利原则不仅意味着当个体行使家庭权利伤害到他人基本权利的时候，政府的这种限制就是正当的；更重要的是它更强调只有当家庭权的行使伤害到他人基本权利，并且这种伤害对基本自由所造成的损害后果在道德上大于对家庭权的限制时，国家的限制性立法才具有正当性。

二、外在制约：普遍道德与公共利益

所谓外在制约是指“为实现秩序、福利及公序良俗而对基本权利所必需设定的且为宪法价值目标所容许的制约”[2]。

（一）普遍道德

普遍道德的限制理由首先假设了在共同体中存在人们普遍认同的基本道德准则，允许人们基于道德的理由主张限制家庭权。普遍道德作为限制原则主要在于它能够从道义上论证产生社会制度的合理性和正义性，使社会能够在共同思想观念、基本准则和行为评价标准下保持秩序稳定。普遍道德被视为社会存续的重要条件。比如，乱伦禁忌是现代社会普遍承认接受的家庭伦理规范，因此任何乱伦行为的限制都被认为是合理正当的。

应当指出的是，公共道德作为限制权利的理由，也必须纳入法律框架内，即使如婚外情是一种违背社会公德的行为，但也不宜直接用法律的制裁措施。当必须借助刑罚的威慑力量来阻止个人的不道德时，那么是否可以容忍侦查人员随意进入私人住所呢？这显然是不行的。当隐私荡然无存无所遁形，恰是集权肆意横行时。

但是值得注意的是，依据普遍道德理由限制家庭权的观点也并非总是正确。哈特主张不能依据道德的理由限制权利，他认为“社会所认定的特别不道德的和令人气愤的每一种行为都威胁到社会的存在简直是荒谬的，其愚蠢性仿佛像认定社会成员的生生死死会威胁社会的生存一样。如果社会是由人们在特定时期所持的伦理观念和态度的特殊复合体所组成的，那么，声称每一种这样的道德现状都有权运用强力保护其不稳定的存在实在令人难以容

[1]　［美］罗纳德·德沃金：《认真对待权利》，信春鹰、吴玉章译，中国大百科全书出版社1998 年版，第255 页。

[2]　胡肖华：《论公民基本权利限制的正当性与限制原则》，载《法学评论》2005年第6期，第3—10页。

忍。”[1]哈特的正确性在于并非所有不道德的行为都能损害之前所声称的那些道德的意义，所以限制理由是否充足仍然有赖于与反对限制的理由在道德上的比较。

以美国法对于摩门教一夫多妻态度为例，摩门信徒声称：“《联邦宪法》第一修正案对宗教自由的保障，他们有权保留他们一夫多妻制的习俗，而不受犹他州重婚法的约束。”1878年，联邦最高院认为，在政府的管理行为中，社会的利益应高于摩门教徒的宗教权利。他们可以信仰一夫多妻制，但不能实行一夫多妻制。[2]尽管摩门教会在1890年禁止一夫一妻，但美国西部几个州禁止一夫多妻的阻力仍然很大。1985年，Utah州一名叫作Royston Potter的警察提起了一个诉讼，其认为确认一夫多妻对于宗教信仰而言是必须的，他本人也确实娶了两个妻子。Potter的主张被联邦地方法院驳回了，并且法院重申了一夫一妻制的原则：“一夫一妻制已经被编织入我们的社会结构中不可分离，这是我们文化的基石。根据这些基本的价值观念，州政府有理由为了它的根本利益，而支持并执行它对一夫多妻制的禁令，以保护一夫一妻制的婚姻关系。”[3]但是，Utah州的地方检察官却没有对Potter提起控诉，因为检察官认为，一夫多妻仅是一个公然的道德邪恶问题，而与法律问题无关。1991年，Utah州最高法院认定一夫多妻是不合法的，但是这样的家庭仍然可以收养子女。

然而近年来，联邦最高院在劳伦斯诉得克萨斯州案的判决解读表明针对私人生活领域行为的限制需要更有说服力的理由。联邦最高院认为，“一州中具有支配地位的大多数人将某一特定行为视为非道德的传统观点不足以支持禁止这种行为的法律。”联邦最高院进一步分析说，宪法对个人在亲密关系中的自由的尊重，“作为一条普遍原则，应注意防止州或法院想要界定这种亲密关系的内涵或为之设定界限的企图，商讨对个人可能造成的伤害或者是否有滥用法律保护的制度。”[4]由此，禁止一夫多妻法律的合宪性有赖于

[1] [美]罗纳德·德沃金：《认真对待权利》，信春鹰、吴玉章译，中国大百科全书出版社1998 年版，第322 页。

[2] Reynolds v. United States, 98 U.S.（8 Otto.）145（1878）.

[3] Potter v. Murray City, 760F.2d 1065（10 th Cir.1985）.

[4] Lawrence v. Texas，539 U.S.558（2003）.

法律执行中观察到的相关证据来证明。比如一夫多妻中的犯罪行为经常指向妇女和儿童，其行为表现为乱伦、性攻击、法定强奸以及不支付子女抚养费等。2006年，犹他州最高院支持了某位男子的重婚判决，因为他在一个宗教的结婚仪式中迎娶他妻子的16岁的妹妹，法院分析认为“本案牵扯的是公开建立的婚姻，一种受法律保护的制度，且当事人涉及未成年人。”[1]本案对男子的指控主要基于两个方面。首先，该男子的行为符合犹他州2003年关于重婚罪的法令，即在已经拥有一个合法妻子的情况下，又和其他人举办结婚仪式并同居。这里的结婚仪式不限于“法定”，其范围之广足以涵盖宗教仪式。其次，也是最关键的一点，本案涉及未成年人。女方在16岁举行婚礼，并在18岁前就生育了两个孩子。未成年人的理性认知、身体健康等不足以表达其结婚的真实意愿并且承担婚姻家庭生活的义务责任，她们在受到压迫、伤害、虐待时也不知如何保护自己。所以和未成人的性行为、婚姻关系是法律严格禁止的。

综上，不能笼统的出于普遍道德的理由去限制公民组建家庭的方式，确切地说正是因为在这种亲密关系中可能存在人身伤害或是性别压迫而需要对公民自由作出干预。

（二）公共利益

公共利益是一个囊括了社会福利、公共安全、公共秩序以及公序良俗等广泛价值在内的极具开放性的概念体系，它体现了一个能够充分行使个人自由的公民必须维系共同体存在的社会责任的观念。

《世界人权宣言》认为，“人人对社会负有义务，因为只有在社会中，他的个性才可能得到自由和充分的发展”。这个义务至少应当包括对法律的遵守和对维护公共利益的承诺。作为一种具有正当性的理由，允许根据公共利益为家庭权设定必要的界限并不能被看作是一种对权利的恣意干涉。

值得注意的是，由于公共利益概念自身的局限性，滥用公共利益的危险始终无法彻底清除。首先，社会多元化趋势以及公共利益所具有的抽象性和开放性特征使其成为一种典型的不确定法律概念，内涵难以清晰界定，尽管利益内容的不确定性及受益对象的不确定性都可能使得公益并非真正有效

[1] State v. Holm, 137 P.3d 726,743（Utah 2006）.

代表社会全体福利，但通过公共利益限制个体的基本权利却是确定的，从而对主体造成损害。其次，尽管人们常常声称公共利益和个人基本权利在根本上是一致的，但事实上公共利益往往来源于个体和群体之间以及群体和群体之间的利益衡量，获胜一方并不总是能够代表社会全体利益，抽象的规范和理想化的价值以及并不高尚的事实都可以作为公共利益的表达范围，多数人的利益和少数人的利益最终都可能被冠以公共利益的名号，同时公共利益也可能是个人之间或群体之间竞争的结果。[1]所以德沃金坚持主张社会的普遍利益不能成为剥夺权利的正当理由，即使讨论中的利益是对于法律的高度尊重。[2]据此，哈耶克提出公共利益原则是否能够成为对基本权的限制原则取决于更为重要的一项保障措施，即“只有在公共收益明显大于个人因正常期望受挫而蒙受损害的情形中，才能允许对私域予以上述必要的干预。主张对损失进行完全补偿的主要目的，乃在于对这类侵犯私域的行动施以制约，并提供一种手段，以使人们能够确定某个特定目的是否已重要到了足可以证明为实现这个目的而对社会正常运行赖以为基础的原则进行破例为正当。”[3]

虽然国际人权文件和各国宪法都规定了公共利益的限制原则，但是它们在“公共利益”范围和内容的诠释上有着很大的不同，在民主国家，公共利益往往是由占多数的立法代表所决定的。一般而言，目前公共利益大致包括，国家安全、社会秩序、公共健康等。

（1）紧急状态或国家安全。当国家共同体陷入危险，为快速恢复正常的宪法秩序，允许公共权力机关发布紧急命令和采取紧急措施以禁止或限制包括家庭权在内的公民基本自由。尽管国家宣布进入紧急状态具有正当性理由，但是“超宪性”权力的运用必然以在一定时期内限制公民的部分基本权利为代价，并且由于此时国家已处于宪法控制之外，对权力的约束则更为困难，所以这一原则的适用要求相当严格。比如两国交战中，出于国家安全的考量，可以暂时拒绝外籍家属的入境要求，从而限制了公民的家庭团聚权。

---

[1] [美]亨廷顿：《变革社会中的政治秩序》，华夏出版社1988年版，第25页。

[2] [美]罗纳德·德沃金：《认真对待权利》，信春鹰、吴玉章译，中国大百科全书出版社1998年版，第255页。

[3] [英]弗里德利希·冯·哈耶克：《自由秩序原理》，邓正来译，生活·读书·新知三联书店1997年版，第276页。

又比如，欧洲人权公约在X and Y v. Switzerland案中，在有人争辩说已婚之人应当能够在监狱中继续其婚姻生活的情况下，人权委员会维持了诉诸公共安全的理由。[1]当然公共安全的考量也并非无限制，即便为了“国家安全”这样重大的利益，也不能以牺牲个人婚姻自由为代价，否则我们就可以堂而皇之地恢复古代的“和亲”制度，用一个女性的婚姻权利去换取整个国家和社会的安全。

（2）社会秩序。这里所称的“社会秩序”，是指经由国家管理所形成的社会秩序。由于个人、家庭、国家存在利益相关，因此，家庭“注定不能只从时下存在的法律中设立和塑造，出于公共利益和公共政策连续性的考虑，国家保留修订法律或制定额外法律对其进行调整的权力”。[2]同时，国家也愿意按照自己的意愿干涉或“塑造”家庭的建立方式，比如“在主权的范围内，每一个世俗政府都有权力决定婚姻的形式和方式，其应当成为社会生活的法律，而这无论如何都在世俗政府合理的权限范围内”。[3]在近现代国家充分发达前，上述关系的发展更多地体现为一种自生自发的秩序，那么，在近现代国家充分发展后，国家充当了维持物质秩序和精神秩序的主权者。虽然，这改变不了婚姻和家庭是主要承担者的事实状况，但却给国家和社会干涉婚姻提供了理论逻辑上的依据。

但是这种社会秩序的考量并非总是正当的，比如国家为了维持社会人口安全对性别比例进行控制，这种做法可能与父母对于子女性别的选择权发生冲突。现实生活中如果男女某一性别的总数大大超过另一性别的总数，就会造成“剩男”“剩女”，不但可能影响其结婚生育选择权，也会危及社会稳定，进而影响一个民族的繁衍。由于我国传统的重男轻女思想，在只能生一个的政策下，男孩偏好成为首选，性别失衡成为现实，由此国家通过公权遏制父母的子女性别选择成为重要的人口调控手段。但这里的控制并非是绝对的，如果父母一方的某种遗传病具有性别选择性遗传的特点，“传男不传女，或传女不传男”，如果通过鉴别发现胎儿性别有可能遗传家族遗传病，

[1] [英]克莱尔·奥维、罗宾·怀特：《欧洲人权法：原则与判例》（第3版），何志鹏、孙璐译，北京大学出版社2006年版，第282页。

[2] ［美］哈里斯·D. 格劳斯：《家庭法》（美国法精要·影印本），法律出版社1999年版，第89页。

[3] Reynolds v. United States, 98U.S.166（1878）.

则应当将选择权留给夫妻决定而非一味地禁止性别选择。我国在2016年修订公布的《禁止非医学需要的胎儿性别鉴定和选择性别的人工终止妊娠的规定》，该法特别提出“胎儿患严重遗传性疾病的”，可以实施选择性别人工终止妊娠。

（3）公共健康。提高人口质量，加强公共健康，防止疾病传播通常情况下是符合民主法治国的限制理由，这在婚姻家庭领域也有诸多表现，尤其是婚姻准入资格的设定方面。首先，为实现人口优生禁止直系血亲和三代以内的旁系血亲结婚，这是各国通行做法，因为血缘过近的亲属间通婚，容易把双方生理上的缺陷遗传给后代，造成人口质量下降，许多科学研究结果表明，近亲结婚所生育的子女更容易罹患一些遗传性的疾病，例如血友病。中国古代所谓“同姓不婚，其生不蕃”也是从这个角度出发。其次，疾病成为限制结婚的理由，也是古今中外的惯例，但是究竟什么样的疾病属于限制的范畴需要合理化论证，通常一方面其范围与科学技术的结论有关，另一方面也与传统习俗有关。在近现代以后，尤其是西医学的发展，人们越来越关注遗传性疾病以及传染性疾病对人类后代健康的重大影响。美国在20世纪80年代，超过30个州引入立法，要求强制进行HIV病毒感染的筛查，犹他州的立法更为严格，“艾滋病、梅毒或者淋病等传染病患者禁止结婚”，我国曾经也限定了麻风病人的结婚权，并有强制性婚检等配套措施。然而将婚姻和生育捆绑的行为存在扩大公益解释的嫌疑。如果一个人不畏惧被传染的危险而坚持和带病者结婚，或者两个同时带病者愿意结婚，我们不妨从受益权性质的角度去理解婚姻自由，国家有必要为有结婚需求的人提供尽可能的物质扶持以帮助他们能够迅速组建家庭。当然那些患有传染性且不能治愈的疾病患者，将自己置于传播高风险疾病的环境下，确实存在着占用更多社会资源的可能。如果从预防的角度来看，国家就有权力禁止这些患者的结婚选择，以避免将来所支出的巨额费用。总之，对于一定范围的血亲或是疾病禁止婚姻都不能一概而论。美国目前相当一些州开始弱化或放弃缔结婚姻的健康方面的要求，改为告知性传播的风险，同时提供免费检查。[1]而我国也取消了婚检制度，使公民有更多自由决定的权利。

---

[1] [美]哈里·D. 格劳斯：《美国家庭法精要》，陈苇等译，中国政法大学出版社2010年版，第34页。

第二节　限制家庭权的基本原则

为了防止限制理由正确但是限制结果错误的情形，应当遵循适当的限制原则，从而使对家庭权的限制能够被控制在合理的范围之内，避免过分削弱家庭权。“限制理由”保证限制家庭权的正当性，解决的是原因正确的问题；“限制原则”保证限制家庭权的合理性，解决的是结果正确的问题。限制原则实质上是对限制家庭权的控制，它建立在限制家庭权是有限度的观念之上，是“对限制的限制”。

一、主体层面：法律保留原则

法律保留最早由德国人奥托·梅耶提出，该原则强调对公民基本权利的限制只能由国家立法机关通过的法律为准。法律保留原则源于分权模式下的法治理念，即对民意机关的信任和对行政权力的恐惧。伯特曼认为，“法律保留制度能成为宪法之制度，是国会取得权力的表现，也是国会权力受到宪法信任的表现，并借此来防止人民权利遭到第二权（行政权）及第三权（司法权）非法之侵犯。”[1]

世界上大部分国家均在本国宪法典或宪法性法律中明确了法律保留原则。如1949年《德国基本法》第2条规定：“人人都享有生存权和人身不可侵犯权、个人的自由不可侵犯，只有根据法律才能侵害这些权利。”1993年《俄罗斯联邦宪法》第55条第3款规定：“联邦法律只能在为捍卫宪法制度的基本原则、道德以及其他人的健康、权利和合法利益，保障国防和国家安全所必需的限度内，限制人和公民的权利与自由。”我国虽未确立法律保留原则的宪法性地位，但根据宪法第二条，人民代表大会构成国家政治体制的核心。作为民主起点和归宿的公民基本权利，自然只能由人民的代议机关予以保障或限制。

按照法律保留原则，所有家庭权的限制规则必须严格遵循宪法精神和宪法原则并且在形式方面都应当采取法律的方式，防止和避免行政权力对家庭

[1]　[英]马丁·洛克林：《公法与政治理论》，郑戈译，商务印书馆2002年版，第355页。

权的任意限制。法律保留原则为限制家庭权谋得合法性，一个没有得到法律承认的限制规则是无效的。因此，在没有立法的情况下，即便实质性家庭共同生活产生了不利的社会后果，也不能仅仅以此为根据限制家庭权。

限制家庭权的立法控制包括实体法律规范和程序法律规范两个方面:实体法律规范规定允许依据何种理由限制家庭权；程序法律规范规定限制家庭权的具体程序。前者要求对家庭权的限制不能采用模糊的授权和提供过于宽泛的自由裁量权，应尽可能清楚地界定限制家庭权的具体情形，避免单独使用“社会秩序”“国家安全”“公共安全”“公共利益”等不确定概念，还应该尽可能明确侵害这些具体公共利益的违法行为的构成要件，这也是法律明确性原则的体现。

比如，在禁止结婚的疾病方面，国家应当采用列举式方式进行立法，还是采用原则和列举结合进行的方式进行立法？一般来说，公权力在这里只能对已经研究成熟的特定的疾病进行立法上的控制，对于尚没有明确认知的疾病，公权力应当让步。当然，一旦对某种新的疾病有了明确的认知，立法可以进行补充性的规定。这样可以防止公权力在此方面对私人生活的过分干预。就我国而言，中央及地方各级立法、规范性文件中都有关于阻碍、限制或禁止特定疾病患者结婚自由的规定，如1999年国务院《关于对艾滋病病毒感染者和艾滋病病人的管理意见》第2条第2项规定：“艾滋病病人应暂缓结婚，艾滋病病毒感染者如申请结婚，双方应接受医学咨询”。许多地方性法规，如1991年《沈阳市性病防治管理条例》第12条、1992年《吉林省性病防治管理条例》第10条等都有类似的表述。而1995年《四川省预防控制性病艾滋病条例修正案》第10条则规定，民政部门在办理结婚登记时应对申请人所持的婚前医学检查报告进行审查，对艾滋病、梅毒、淋病病人及感染者未治愈的，不予登记；2005年《黑龙江省母婴保健条例》第11条第2项规定，患有艾滋病、淋病、梅毒、麻风病以及医学上认为影响结婚和生育的其他传染病未治愈者和精神分裂症、躁狂抑郁型精神病以及其他重型精神病在发作期间应暂缓结婚的，不予办理登记。婚姻自由是宪法保障的基本权利，以行政规章、地方性法规的形式限制基本权利显然与法律保留原则不相符合，其合宪性存疑。

再比如，有关高等院校在校生的结婚自由也曾经受到教育行政管理部门的不当干预，原国家教育委员会在1990年制定的《普通高等学校学生管理规定》第30条规定："在校期间擅自结婚而未办理退学手续的学生，作退学处理"；1995年《研究生学籍管理规定》第14条也规定："研究生在学习期间提倡晚婚。对符合国家规定的晚婚年龄而要求结婚者，由培养单位根据实际情况从严掌握"。这些规定都涉及了在校大学生的婚姻自由基本权，不在教育行政主管机关职权范围内。尽管这两个规范性文件中禁止大学生结婚的规定在2005年被取消，但这种行政管理重于个人自由的理念依然在一些高校制定的学生手册中得到延续，如《×学院学生管理规定》中提道："学生在校学习期间，应当履行结婚告知义务。不履行结婚告知义务，擅自结婚或隐瞒婚姻状况者，给予留校察看以上处分；非法同居者，给予留校察看以上处分；违反社会公德，破坏他人婚姻、家庭者，给予留校察看以上处分。行为恶劣或造成严重后果者，给予开除学籍处分。"

二、施行层面：立法均衡原则

法律在设置公民基本权利限制条款时应遵循立法均衡原则，即立法主体应全面衡量各种利益关系以作出最佳价值判断。该原则具体包括平等保护与利益平衡两项子原则：

（一）平等保护

1. 含义

平等，即"身为人之价值与地位皆无差等，无特殊之谓"[1]。在有关公民基本权利限制的立法中，平等主要涉及以下三种情形：一是同等情况同等对待，立法者在面对境遇相同的主体时，应当一视同仁，反对歧视；二是不同情况不同对待，针对主体个性差异，立法者应差别对待以实现实质平等；三是比例对待，即立法者应根据不同情况的不同比重分别配置公民的权利义务。

平等保护不仅反对任意立法，而且禁止任何违反宪法精神和事物本质的立法行为。"事物的本质"是"一种有意义的，且在某种方面，已具备规

---

[1] 邱基俊、邱铭堂：《论行政法上之平等原则》，载陈仲模主编：《行政法之一般法律原则》（二），台湾三民书局1997年版，第359页。

律性的生活关系，也就是社会上一种已经存在之事实及存在之秩序”[1]。由此，我们可以推断，平等保护并非一概而论地反对任何差别对待，在客观衡量的基础上形成的合理差别对待是允许的，至于何种差别被视为“合理”，则依照是否符合“事物的本质”而定。

2. 区别对待的情况

在家庭权立法的分类标准中，比较典型的区别对待包括种族、性别、婚生、职业等。是否存在歧视，则需分别述之：

第一，种族歧视。在历史上，对结婚进行干涉最典型的事例之一是美国在南北战争后开始广泛施行的禁止白人与黑人之间通婚的法律，后来，这一法律将主体扩展到了整个有色人种。根据这项法律，白人和黑人之间的通婚是非法的。对于黑人与白人之间已经缔结的婚姻，被强行宣告无效。之所以出现这种法律，原因是一部分人认为，白人与黑人之间的通婚会对良好的血统产生污染（种族至上主义），另一方面这也会对文化的传承产生影响。这种认识在当时获得了广泛的赞同，大部分的美国州都存在类似的法律。可以说，先是社会然后是政府（国家）对白人与有色人种之间的婚姻进行了强有力的干涉。Loving 案开启了美国最高法院以宪法平等保护条款介入家庭立法的序幕，推翻了有关禁止种族通婚的立法。联邦宪法第14 修正案规定，各州不得拒绝给予所辖范围内公民平等保护的权利。根据该条，法律必须平等适用于按照某一适当立法目的而合理界定的某团体内的所有成员，如果某部法律仅仅适用于与立法目的密切相连的团体中的部分成员，则该部法律就是过窄的，违反了平等保护，如果不仅适用于与立法目的密切相连的团体中的所有成员，还对不属于该团体中的人也予以适用，则该法律就是过宽的法律。家庭立法中的分类标准可能是多样化的，包括种族、性别、年龄、宗教信仰等。以平等保护条款分析家庭立法实质上就是审查基于某种特定标准的分类立法是否构成歧视。[2]最高法院在loving案中指出：“虽然各州毫无疑问有权确认婚姻关系应服从于公共利益，但基于第14 修正案，各州对婚姻的规制并不是不受任何限制的。”以种族为基础的分类立法通常法院会以严

[1] 转引自陈新民：《德国公法学基础理论》，山东人民出版社2001年版，第676页。

[2] [美]哈里·D·格劳斯等著：《美国家庭法精要》，陈苇等译，中国政法出版社2010年版，第18页。

格标准来审查其合宪性，政府如要主张其合宪，必须要证明其服务于“急迫的政府利益”，并且其措施必须要经过“严格限缩”。

第二，非婚生子女歧视。传统社会的家庭制度以维护血统的纯粹和婚姻稳定为主要内容，因此，非婚生子女很难得到家庭法的保护。这一理念将父母的过错延伸到子女，在人权兴起和保护未成年子女利益的时代背景下，已难以为继。1968 年，美国最高法院开始介入对非婚生子女的平等保护领域。在Levy v. Louisiana一案中，宣布禁止非婚生子女继承母亲遗产的法律违反平等保护条款。在1972 年的Stanley v. Illinois 一案中，法院判决非婚生儿童的父亲也可以获得监护权。在其后一系列案件中，“以儿童是否婚生为基础的分类变成了一种可疑性分类，儿童应被视为独立的个人，不应因其父母的罪恶而受到惩罚。”[1]自此，联邦法院对于非婚生子女的歧视案件适用更为严格的审查标准，以此维护儿童的平等保护。

第三，性别歧视。在家庭生活中，基于传统的男女生理差异的认识，性别歧视现象尤为突出，显然这与现代社会的男女平等理念相冲突，由此借助平等保护条款国家介入家庭就成了普遍的选择。美国最高法院正是通过审查以性别为分类基础的家庭立法进入了审查家庭立法的第三扇大门。自1976年Craig v. Boren[2] 一案起，最高法院正式以中度审查标准来审查家庭法中的性别歧视问题。根据这一标准，那些过分强调男女生理差异以及女性的家庭角色的立法，其合宪性会受到严重质疑，甚至会被推翻。如给予儿子比女儿更长时间抚养的法律；仅规定前夫对前妻有抚养义务的法律；规定男女不同最低婚龄的法律；倾向于由母亲取得监护权的规定；规定仅由丈夫处理共同财产的法律；规定由丈夫对家庭债务负责的法律。

第四，基于职业身份的限制——以军人为例。在中国，现役军人是一个特殊的职业，通常认为，军人与军队存在着特别权力关系，军人工作涉及国家国防安全，其婚姻自由，须受到军事法规的限制。国家对现役军人婚姻自由权的特别规定，构成我国婚姻法的重要内容。在结婚权方面，中国人

[1] Laurence C. Nolan, “Unwed Children” and Their Parents Before the United States Supreme Court From Levy to Michael H. : Unlikely Participants in Constitutional Jurisprudence, 28CAP. U. L. REV. 1, 9 — 10 (1999)

[2] 429 U. S. 190 (1976).

民解放军总政治部于1980年发布的《关于军队贯彻执行〈中华人民共和国婚姻法〉的暂行规定》；2001年发表的《军队贯彻实施〈中华人民共和国婚姻法〉若干问题的规定释疑》；2001年，中国人民解放军总参谋部、总政治部、总后勤部、总装备部颁布的《中国人民解放军士官管理规定》都对军人的择偶提出了一定的标准。大致来说，需要考量的因素包括政治立场是否可靠；作风是否正派；是否存在海外关系；是否存在健康问题、特别是传染病史。严格禁止的婚姻包括外国人、本部队内部军人的结合等，通过恋爱报告和政治审查制度，对军人结婚权进行限制。在离婚权方面，我国自1950年起，三部婚姻法都强调“配偶提出离婚，必须得到军人的同意”。该原则具有一定历史合理性。然在今天该规定是否与宪法第49条第4款“禁止破坏婚姻自由”相符合，还应进一步审查立法目的。1950年婚姻法中军人离婚权的设定是出于对军人保家卫国而不得不与家人长期分居的补偿；1980年婚姻法类似规定则是基于和平时期军人与其配偶两地分居优先照顾军人的需要。但夫妻分居并非军人婚姻特有的现象，对军人离婚主导权的保护是在平衡稳定军人安心工作与非军人要求解除婚姻关系的冲突中，选择了优先照顾军人的利益取向。从基本权利角度检讨这个立法，需要更合理地平衡婚姻当事人的利益。

第五，囚犯。出于狱政管理的便利和公共安全的需要，囚犯在基本权利的行使方面必然有所欠缺，实际享有的法定权利内容和范围有所减少或缩小，但有些如人格尊严、健康权、财产权、劳动报酬权、宗教信仰自由等并不因其特殊身份和所处的特殊环境有所改变和限制，然而有些权利由于其人身自由受限制以及刑罚惩罚性目的的存在使得其行使必须有所限制，但这里的权利范围还是有所争议的，尤其是在围绕家庭生活的结婚自由和生育权方面。《意大利刑法典》第32条虽然规定服无期徒刑和5年以上有期徒刑者和故意犯罪者，无财产方面的行为能力，但有人身和家庭方面的行为能力，因此意大利法官可以裁决黑手党老大通过人工采精育子，以保障他成为父亲的权利。[1]但意大利的做法仍属于少数。《阿根廷刑法典》规定，“法院可根

[1] 《意大利法官裁决狱中黑手党老大采精育子》，《厦门晚报》2006年7月9日第6版。

据罪犯的性质判处在服刑期间剥夺亲权。”[1]通说认为，这样的安排是出于事理的性质，因为被监禁者客观上无法行使亲权。美国2004年在“戈博尔诉希克曼”案中也表示“生育权与监禁是相矛盾的”，英国法院在“梅勒案”中驳回原告的诉讼请求时主张，监禁的目的之一即是通过剥夺罪犯的一些权利和他们只有在自由时才能享受的乐趣（包括享受家庭生活、行使夫妻间特有的权利以及建立家庭的权利）起到惩罚的作用。欧洲人权委员会认为，囚犯的婚姻不可避免地影响了监狱体系内部秩序的维持。[2]人权委员会在处理X v. Austria一案时指出，将受拘禁者与其家庭分离是拘禁的自有之义。在处理诉X v. united kingdom案时，人权委员会重申，对囚犯的亲属和好友探监予以一般性限制是合理的，这并不构成对公约的违反。[3]综合这些国家的法律和判例可以得出家庭权尽管仍是囚徒应该享有的一项基本权利，然监禁的客观事实必然会影响该权利的行使。当然，这并不意味着这些国家在维护公民基本权方面无所作为，例如，美国存在“配偶探视”制度，允许符合条件的服刑人员与其配偶同房，这在一定程度上满足了囚徒家庭权的行使。

1963年，我国最高人民法院、公安部的《关于徒刑缓刑、假释、监外执行等罪犯的恋爱结婚问题的联合批复》等文件规定：“对于因病保外就医的罪犯，考虑到病愈后还要收监执行的情况，因此，他们的恋爱与结婚以不允许为宜……”1982年公安部颁布的《监狱劳改队管教工作细则》规定：“犯人在关押或保外就医期间，不准结婚。”这些规定在相当长时间成为监狱服刑人员没有婚姻权认识的规范来源。实践中，因服刑人员人身自由受到限制，缺乏履行夫妻义务的能力和条件，监狱管理部门通常不会批准他们结婚。然而对那些在入狱前就与女方同居，或已生育子女的服刑人员，不批准他们结婚的做法就显得不够人道。《民政部关于贯彻执行〈婚姻登记条例〉若干问题的意见》（民函〔2004〕76号）第10条规定：“一方或双方是劳教人员、在押服刑人员、保外就医及监外执行人员可以申请办理婚姻登记，办

[1] 徐国栋：《民法哲学》，中国法制出版社2009年版，第144页。

[2] [英]克莱尔·奥维、罗宾·怀特：《欧洲人权法：原则与判例（第3版）》，何志鹏、孙璐译，北京大学出版社2006年版，第311页。

[3] 杨成铭：《人权保护区域化的尝试——欧洲人权机构的视角》，中国法制出版社2000年版，第182—192页。

理婚姻登记时，当事人双方必须亲自到场”。该规定表明对于囚犯结婚权限制的松绑。

（二）合目的性原则

合目的性原则要求对家庭权的限制被控制在一定的目标范围之内，限制家庭权必须符合依据法治精神和宪政原则所确定的合法目的，如保障基本权利、维护普遍道德和保护公共利益等，禁止以任何其他理由限制家庭权。超过上述目标之外对家庭权的限制被认为是一种违宪的过度限制。欧洲人权法院认为，如果一项对家庭权的限制符合公约第11条第2段规定的“民主社会所必须的”正当目的，这些目的包括国家安全或者公共安全的利益、防止混乱或者犯罪、保护健康或者道德或者保护他人的权利与自由，那么此种限制是正当的。

（三）利益均衡

利益均衡是行政法“帝王条款”——比例原则在立法领域的运用。该原则要求立法主体在设定公民基本权利限制条款时，应在相互冲突的公共利益与个人利益间进行理性衡量，作出最佳判断。

1. 具体原则

（1）必要性原则

该原则强调当有多种限制公民权利的手段可供选择时，立法者应当适用对公民利益限制损害最小但同时又是为实现公共利益所必需的方式。“必要性”是就目的实现而言，所采取的处理方式或行为措施是绝对必要的，除此之外别无他法。该原则的价值在于该限制措施是对实现或保障公共利益必要的，但同时它对公民造成的利益损失又最小。

（2）适当性原则

该原则要求立法者对公民基本权利的限制不得超过所追求的公共利益，二者必须相适当或相对称。也就是说，即使立法者规定了必要的限制措施以维护特定的公益目的，但如果该手段造成公民利益受损，并且与期待实现的公共利益相比较显然不相称，则该立法的正当性存疑。

与旨在实现损害最小的必要性原则相比，适当性原则更侧重于成本与收益之间数量的比较和限制程度的均衡性，主张进行限制时，所保护利益应当与基本权受限程度保持一定比例；在强调不能为了一个较小的目的，而使家庭权受到严重限制方面，它与必要性原则具有相同的目标，都是在合法性基础上强调一种限制的合理性。

因此，当立法者在启动立法程序前，必须将其可能造成的对公民基本权利的损害与预期实现的公共利益之间进行反复理性权衡，只有当后者明显超过前者时，方能制定相应限制条款。如在紧急状态立法中，明显可以受到限制的基本权利可能包括迁徙自由、表达自由、财产权、罢工权等，然而诸如生命权、免于酷刑、免于奴役等则需要更审慎的对待。

2. 示例

（1）婚龄的设定

通过考察一些国家的婚姻法，我们可以发现一个现象：在结婚年龄的规定方面，各国不尽一致。大多数国家将结婚年龄规定在18周岁左右，而我国则规定男须满22周岁，女须满20周岁。从表一可以看出，我国是目前法定婚龄最高的国家。

表一　世界部分国家法定最低结婚年龄（岁）

最低结婚年龄	部分国家										
	希腊	伊朗	瑞士	法国	英国	德国	美国	日本	韩国	菲律宾	中国
男	14	15	20	18	16	18	18	18	18	18	22
女	12	13	18	15	16	18	18	16	16	16	20

为什么就结婚年龄这样极为简单的问题上，各国规定如此不一？确定婚龄，首先考虑的是自然因素，就生理结构基本相同的人类而言，婚龄上的认识应当大抵一致。其次，是社会因素，如传统习惯，还有一种就是基于特定的社会情势对结婚年龄人为地提升或下降。比如战乱或者瘟疫之后，政府为了保证劳动力的供给，鼓励生育而降低婚龄，甚至采取一些惩罚性措施[1]；相反，为了控制日益增长的人口压力又会提高婚龄。如我国1980 年《婚姻法》比 1950 年《婚姻法》最低结婚年龄调高了2岁，直接目的即在于人口的数量控制。

以结婚年龄达到控制人口（生育）的目的，其手段是否正当？生育并非总是和结婚挂钩，结婚年龄虽然具有一定的社会因素，但是其本身承载社会

[1]　如汉朝汉惠宗时期对超过15岁而未出嫁的女性多征收人头税。

政策的能力是有限的。实施计划生育并非我国独有，韩国和伊朗都在1960年左右开始实行计划生育政策，但这些国家并没有用结婚年龄的提高来实现计划生育的目的。[1]而且根据全国第六次人口普查数据显示："全国年均人口增长率已从1962—1982年的2.09%下降至2000—2010年的 0.57%，比1990—2000年间的1.07%还低0.50%。与此同时，2000—2010年妇女总和生育率在1.45 左右，属于超低生育水平。"[2]这表明，我国通过计生政策控制人口增长已经达到一定效果，是否有必要继续推行提高婚龄则需要审慎对待。社会政策虽有平衡社会整体秩序的价值，但有时反而会成为健康家庭的桎梏。经济增长、物质生活及营养水平的提高使个体生理成熟提前，多元文化促使社会包容度提高，多元婚配形式及性观念解放不断挑战婚姻对个人的意义，未婚先孕、同居不婚、流产率增加等现象部分地与法定最低结婚年龄过高有关。例如，未达法定婚龄而急于想结婚者，可能会采用假身份证或虚报年龄办法形成非法婚姻；而低龄同居者，隐藏着未婚先孕或人工流产的风险，这不仅危害妇女身体健康与胎儿生命，也会使得男女双方处于不稳定的交往关系中，对双方家庭造成不利影响。显然，采取限制婚龄以达到控制人口的目的违背了手段的必要性和适当性原则。

（2）离婚、再婚禁止期

以男子离婚禁止期规定的合比例性为例。我国《妇女权益保障法》第45条规定："女方在怀孕期间、分娩后一年内或者终止妊娠后六个月内，男方不得提出离婚。"（《婚姻法》也有类似规定）。本条是否与宪法第49条婚姻自由相违背？由于其所涉及的权利属于家庭基本权，因此在宪法上享有的保障强度理应高于其他，应审查衡量立法目的是否重要、手段与目的间是否具有实质关联。这一规定的立法目的是保护妇女和胎儿、婴儿合法权益。女方在上述期间内，身体上精神上有一定负担，尤其是胎儿、婴儿需要特殊保护，如果允许男方提出离婚势必影响母亲的身心健康，甚至连带影响胎儿、婴儿的健康。结合目前离婚率日见攀升，立法规定在上述期间内限制男方提出离婚具有重要的社会利益，它符合女方在身心上对丈夫具

---

[1] 顾宝昌：《韩国、低生育之惑》，《第一财经日报》2008年7月21日。

[2] 陈友华、胡小武：《低生育率是中国的福音？——从第六次人口普查数据看中国人口发展现状与前景》，载《南京社会科学》2011年第 8期，第53—59页。

有合乎情理的依赖及保护胎儿、婴儿健康生长的要求，限制措施与保护妇女和胎儿、婴儿合法权益的立法目的间具有实质关联。因此，《妇女权益保障法》第45条能够符合限制的比例原则，因而具有合理性。相比较而言，那种认为“应对其婚姻破裂负责的配偶所施加的一项在离婚后3年内对复婚的暂时禁止，则被认为其所追求的合理目标——即保护婚姻的设立和他人道德权利——不适度。”[1]

（3）亲子关系的限制

亲子关系构成了家庭生活的重要内容，它不能因为父母的分居或离婚而停止，这一点得到一些重要的国际公约和国内司法实践的肯定。

比如在K&T v. Finland案中，欧洲人权法院强调：父母和孩子对于另一方陪伴的共同享受构成了家庭生活的一个根本要素。对这种享受的任何干涉将会构成对公约第8条所保障的受尊重的家庭生活的一种干涉。任何干涉都必须符合法律并且出于一种合理目标……有关部门在评判儿童照管的必要性时享有一种广泛的自决范围。然而，在任何进一步的限制条件（如那些部门对父母的会见权所施加的限制）方面，以及在任何用以确保对父母和孩子尊重家庭生活权的一种有效保护的法律保障方面，却又要求一种更为严格的审查。此类进一步限制条件带来这样的危险：父母与一个年幼孩子间的家庭关系极大地遭到剥夺。

而在B.v.United Kingdom案中有关申诉人诉称：她曾经被拒绝会见孩子，而她的孩子随后又被人收养。她还诉称：在一次持续6个月的社会工人罢工期间，会见曾经被拒绝。该案中的问题涉及围绕着与她孩子有关的决定的那些程序是否已经超越了民主社会中所必需的程度。人权法院承认：亲生父母的参与有可能是有限的，但是亲生父母参与关于孩子未来的决定这一原则却是一项不应轻易被省略的重要原则。在该案中，在决定做出过程中的关键阶段，母亲参与的缺乏导致了对其家庭生活尊重的违反。[2]

在针对子女利益受损害的情况时，德国法院采取的干预措施同样也是

[1]　［英］克莱尔·奥维、罗宾·怀特：《欧洲人权法：原则与判例（第3版）》，何志鹏、孙璐译，北京大学出版社2006年版，第311—312页。

[2]　［英］克莱尔·奥维、罗宾·怀特：《欧洲人权法：原则与判例（第3版）》，何志鹏、孙璐译，北京大学出版社2006年版，第314—318页。

排除子女危险适当和必要的，即干预的严重程度和所追求的结果之间必须为适当的关系。国家监督责任的基础在于子女作为基本权利的权利人，有权要求国家保护，国家监督的基准点在于子女的最佳利益，但国家在行使监督职能时必须注意父母的优先地位，不能一发现父母有不履行义务或稍有疏忽行为，就剥夺父母的照料和教育权利。这里应严格遵循比例原则，国家对于父母权利的干预措施，必须和父母不履行义务的严重程度以及维护子女利益的要求相适应，国家可以采取措施干预父母的照顾权，但以可能和足够为限。[1]

在美国，1982年santosky v.Kramer[2]中，联邦最高院在平衡了父母、子女、公众等方面的利益后，最终判定正当程序条款要求父母不称职的指控必须满足清楚并具有说服力的证据标准。联邦最高法院在此类案件中清楚透露出宪法在很大程度上要求各州必须证明父母不称职，以此作为终止父母权的实质要件，强调父母对终止父母权后对其子女造成的危险承担着巨大风险，对子女而言，应终止亲子关系而未被终止，其结果很可能是使他仍处于一种不良状态中，然而，对父母而言，对不应终止的亲子关系被予以终止，其后果是不必要地破坏了他们的家庭。

[1] ［德］迪特尔·施瓦布：《德国家庭法》，王葆莳译，法律出版社2010年版，第257—264页。

[2] ［美］哈里·D. 格劳斯等著：《美国家庭法精要》，陈苇等译，中国政法出版社2010年版，第199页。

第七章 中国家庭权的保障

正如导言中提到的，我国目前对于家庭权宪法保障的研究基本处于初步阶段，无论是学术界还是实务界，更关注家庭的私法建设，但事实上，家庭的准入方式、家庭内部关系的平衡、弱势家庭的扶助救济都有赖于国家公权力的干预，这些与宪法息息相关，私法则难有更大作为。面对日新月异的社会现实，应全面反思我国家庭立法的理念和规范体系，以真正落实宪法家庭权。

第一节　我国家庭权保障的现状

一、现有法律规范体系中家庭权保障规定

（一）宪法关于家庭权的保障

近代以来，西方个人主义的立宪模式也影响着当时的中国，突出个人自主还是继续将家庭视为社会和民族发展的单位在近代国民政府的立宪理念上也得到了一定的印证。如南京国民政府时期1934年薛毓津提交的宪法草案，在“个人权利”后单列一节“家庭”，第20条规定，“一、婚姻为家庭生活之基础，受宪法特别保护，关于婚姻以男女有同等权利为原则，禁止养媳，及男女在十五周岁以下之婚约。二、家庭生活夫妇有同等权利。”本条侧重排除儒家封建社会的遗毒，但并未进一步赋予家庭对抗或顺从国家的功能。同年吴经熊提交的宪法草案，则在家庭与国家关系间建立了更积极的构图，在“民族”篇“民族之培养”中，作了家庭制度的规定。第17条规定“婚姻为民族发达之基础，应受国家之保护，男女两性，应本平等互助之精神，共谋家庭之幸福，患精神病及其他遗传性之恶疾者，有贻害民族及社会

之危险，得以法律禁止其婚姻，或防止其生育。”第18条规定“妇女在生产之后，应由国家按其家庭之环境，身体状况，予以相当之保护。”第19条规定“未成年子女，应由国家按其智识程度，身体状况，予以必要的保护。”第20条规定“非婚生子女应由国家保护之，使其与婚生子女享有生存及发展能力之均等机会。”这些代表性宪草不从民权、民生而是从民族角度定位家庭的功能，显然延续了传统的伦理道德理念，认为个人的存在是为了服务群体，在“大局为重”的压力下，个人是可以被牺牲的棋子，婚姻、家庭的核心功能就是为了延续民族血脉。然而到了五五宪草，竟然没有任何家庭的规定。1946年《中华民国宪法》在人权部分同样没有提到家庭和婚姻，只在第21条和基本国策的第160条提到强制接受基本教育，另外第156条规定，“国家为奠定民族生存发展的基础，应保护母性，并实施妇女儿童福利政策。”[1]

1949年，中华人民共和国成立后，家庭权逐渐在宪法中予以确认。1949年《共同纲领》第6条规定：“中华人民共和国废除束缚妇女的封建制度。妇女在政治的、经济的、文化教育的、社会的生活各方面，均有与男子平等的权利。实行男女婚姻自由。”1954年《宪法》第96条规定：“中华人民共和国妇女在政治的、经济的、文化的、社会的和家庭的生活各方面享有同男子平等的权利。婚姻、家庭、母亲和儿童受国家的保护。”1975年《宪法》第27条第5款规定：“婚姻、家庭、母亲和儿童受国家的保护。”1978年《宪法》第53条第2款规定：“男女婚姻自主。婚姻、家庭、母亲和儿童受国家的保护。”1982年《宪法》以国家根本大法的形式，将家庭权的内容规定为公民的基本权利，使其获得宪法的根本保障。第48条明示：“妇女在政治的、经济的、文化的、社会的和家庭的生活等各方面享有同男子平等的权利。”第49条规定：“婚姻、家庭、母亲和儿童受国家的保护。禁止破坏婚姻自由，禁止虐待老人、妇女和儿童。”在现行《宪法》的数次修宪中，基本权利体系虽然做了一定的删减或调整，但家庭条款始终在列，显而易见，家庭权是我国当代宪法保护一贯追求的核心价值。

---

[1] 苏永钦主编:《部门宪法》，元照出版公司2006年版，第795-806页。

（二）婚姻法关于家庭权的保障制度

《婚姻法》作为规范家庭成员权利义务关系的基本法，其关于家庭的制度构建及完善直接影响着公民家庭权益的实现。中华人民共和国家庭立法始于1950年《婚姻法》，虽名为婚姻法，但实际上却宣示了新民主主义时期家庭生活的总原则和基本制度，内容涉及总则、结婚、夫妻关系、亲子关系、离婚及离婚后亲子关系。1980年《婚姻法》出现于改革开放的时代背景下，在制度构建上有所突破：提高了法定结婚年龄；扩大了家庭关系的调整范围，将祖孙、兄弟姐妹纳入亲属关系的调整范围；放宽了离婚条件。2001年《婚姻法》代表了中国家庭法治建设的新阶段，较之以往作了大幅度修改，涉及总则、结婚、家庭关系、离婚和救助措施等多个方面，尤其是在基本原则部分增加"禁止家庭暴力"和"家庭成员间尊老爱幼、友爱互助"条款，堪称婚姻法落实宪法精神的特色规范。

（三）中国妇女权益保障法关于对女性家庭权的保障制度

1992年，中国发布《妇女权益保障法》，对妇女政治、文化教育、劳动、财产、人身和婚姻家庭等方面的权益首度作出了具体的规定。2012年《女职工劳动保护特别规定》进一步规定：不得因女职工怀孕、生育、哺乳降低其基本工资，或者解除劳动合同；女职工在怀孕期间，应根据情况予以减轻劳动量或者安排其他能够适应的劳动。女职工生育享受98天产假，其中产前可以休假15天；难产的，增加产假15天。2018年修正的《妇女权益保障法》将"三期"扩大为"经期、孕期、产期、哺乳期"受特殊保护；任何单位不得以结婚、怀孕、产假、哺乳等为由，辞退女职工或者单方面解除劳动合同。对于违法犯罪的孕妇或哺乳期妇女，根据《刑法》和《刑事诉讼法》，在法定情形下可以采取取保候审，符合条件的不适用死刑。

（四）中国未成年人保护法关于未成年人家庭权的保障制度

1991年9月，全国人大常委会颁布了《中华人民共和国未成年人保护法》，专门对未成年人的人权保障作了特别规定。该法第3条规定：未成年人享有受教育权，国家、社会、学校和家庭尊重和保障未成年人的受教育权。这是对未成年人家庭教育权的肯定。通过第二章"家庭保护"对亲子关系、家庭和谐权等作了专门规定。

其他法律法规，如《收养法》《继承法》《刑法》《民法总则》《劳动法》《刑事诉讼法》《民事诉讼法》《反家庭暴力法》等对家庭生活权的具体权利内容也作出了一些特别规范。

二、婚姻家庭立法的价值变迁

中华人民共和国成立以后，我国婚姻法的三次重大调整与所处的时代背景息息相关，其背后折射的价值变迁值得我们深思。

作为新中国首部婚姻法，1950 年《婚姻法》充分体现了反对男尊女卑、包办婚姻、家长制等封建陋习，建立新民主主义婚姻家庭制度的立场。设立了婚姻自由、男女平等、一夫一妻、保护妇女、未成年子女合法权益等几项原则，这些原则对女性权利的尊重和保护是前所未有的。除了直接规定男女平等，婚姻自由不论男女也体现了对女性的关照，因为在父权至上、夫权至上的旧社会，妇女更难获得婚姻自由。一夫一妻被视为社会主义国家的重要标志，“为奴隶主和封建阶级所公然实行的一夫多妻制，为资本主义社会所必然产生的以通奸、卖淫作补充的虚伪的一夫一妻制，为实行新式的男女平等的一夫一妻制的现代无产阶级所敌对和鄙视。”[1]新婚姻法对于破除封建礼教和封建家长制功不可没。[2]

随着妇女解放思想宣告一段落，反封建也不再成为婚姻法的重心，1980年婚姻法开始注重婚姻家庭秩序的全面建构。不再一味强调权利享有，义务的分担也成为家庭立法的重要内容。更侧重家庭整体、民族和国家发展，针对日益严重的人口问题和优生学的考量，该法在总则第2条第3款首度提出

[1] 陈绍禹:《关于中华人民共和国婚姻法起草经过和起草理由的报告》，载《婚姻法学参考资料》，中国人民大学出版社1989年版，第83页。

[2] 为使婚姻法得到真正贯彻执行，从1950年到1953年中共中央在全国掀起一场轰轰烈烈的贯彻婚姻法运动，这种政治动员的方式尽管收到了积极的效果，但在“不惜一切代价”指导理念下，也产生了一些极端行为，甚至采用阶级斗争的方式，错误的提出“依靠寡妇、光棍、童养媳，团结未婚青年男女”，把父母作为斗争对象，召开斗争会、坦白会，把贯彻婚姻法工作扩大到一般男女关系和家庭纠纷上，在群众中引起了不小的疑惑和恐慌，一些有“不正当关系”的男女和曾有虐待妇女行为的忍受不了心理折磨而自杀。相反，一些基层干部，因封建残余意识作祟，对婚姻法基本精神缺乏正确认识，滥用权利粗暴地干涉婚姻自由，甚至私立法庭，对自由恋爱的青年男女捉、扣、押、斗争、具结和管制。参见袁玉芳:《建国初期贯彻婚姻法运动的政治动员评析》，载《桂林师范高等专科学校学报》，2011年第3期，第72—85页。

"实行计划生育"，计划生育由此成为基本国策；通过提高法定结婚年龄、扩大禁婚亲范围，提高人口质量和民族素质。在结婚自由被普遍接受的情况下，规定了"感情破裂是离婚的唯一标准"。进一步明确了夫妻共同财产制，丰富了家庭生活中财产关系的处理原则。

改革开放，带来经济快速发展，婚姻家庭领域发生巨大变化，最突出的就是市场经济的"经济理性进入家庭，构成对家庭责任的冲击"[1]。如何平衡个人自主与家庭稳定的内在冲突，需要国家法律更有效的回应。2001年婚姻法呈现出家庭自治与国家干预的两个面向。一方面，私法自治原则在婚姻家庭领域的适用空间加大，如婚姻当事人可以自由约定婚姻成立前后的财产归属，可以对财产争议进行自由协商。另一方面，对婚姻家庭中的不和谐、强弱不平衡等增加国家干预。一是规定"夫妻应当互相忠实""禁止有配偶者与他人同居""禁止重婚"，这三项规定共同构成一夫一妻原则的重要内容；二是规定"家庭成员间应当敬老爱幼，互相帮助，维护平等、和睦、文明的婚姻家庭关系""禁止家庭暴力"，这些规范旨在预防倚强凌弱、家长制等现象，积极维护家庭中的弱者利益。总之，新婚姻法总体上体现了尊重公民权利，以私人自治为主、国家公权适度干预为辅的理念，预示着婚姻家庭在向更加文明、和谐与现代的方向发展。

三、当代家庭权保障方面存在的问题

（一）家庭权防御功能不够突出

防御功能的家庭权旨在强调国家必须尊重家庭自治，保障公民在私人领域的亲密关系和日常生活的自由，从而达到自我认同与人格发展。从宪法条文的表述看，当前我国更强调对家庭的制度性保障，防御性格的家庭权并不突出。一方面公民在表达和塑造个人私生活的方式时，很难通过家庭权的概念去建构一个自己理想的家庭模式，进而难以维护家庭生活的自主。另一方面，家庭作为一个整体，面对国家、社会时，其自治地位仍不够突出。如前所述，家庭的自然性、私密性需要国家正视私域的存在，甚至当家庭与国

[1] 孟宪范：《家庭：百年来的三次冲击及我们的选择》，载《清华大学学报》（哲学社会科学版），2008年第3期，第133—145页。

家社会利益发生冲突时，也能为家庭保留一个自主选择的空间，然而我们的立法在价值选择方面，有时仍一味强调国家利益优先。最典型的是亲属作证义务。亲亲相隐代表了普遍的人性，是亲属之爱的自然反应，非中国独创，类似的容隐观念在古希腊、古罗马法同样存在。就现代刑事诉讼法制的域外经验看，西方一些主要国家以“亲属拒证权”为核心完成了这一古老制度的现代转换。我国现行《刑法》第305条、307条和310条分别规定了伪证罪、妨害作证罪和帮助毁灭、伪造证据罪以及窝藏、包庇罪，这些条款的共同之处在于没有将犯罪嫌疑人的亲属排除在犯罪主体之外。《刑事诉讼法》对亲属作证义务作了一定调整，规定“经人民法院通知，证人没有正当理由不出庭作证的，人民法院可以强制其到庭，但是被告人的配偶、父母、子女除外。”本条尽管受赞誉颇多，但事实上该条只是说明庭审环节被告人近亲属可以不出庭作证，避免在法庭上和被告人当面对质，出现尴尬局面，伤及家庭和气。本条并非免除被告人近亲属作证的义务，和亲属拒证权仍有一定的距离，其背后依然是国家利益优先于家庭亲情。

（二）家庭权受益功能不够丰富

家庭权的受益权功能包括消极和积极两个方面：前者要求在家庭权受到损害时，公民得向法院提起诉讼要求保障，该功能的实现，有赖于宪法诉讼制度的建立；后者则要求国家提供家庭符合人的尊严的基本生存条件，能够维持起码的生活水准，这与国家的财政资源密切相关。

就前者而言，我国宪法不具有直接法律效力，基本权利的司法保护功能较弱，当公民的家庭权益诉求受到公权力侵犯的时候，难以通过司法途径予以解决。“基本权利无直接效力，即如果公民不能依据基本权利提起诉讼，则处于优势地位的国家机关因缺乏外在强制力，其履行义务的动力不足，进而导致基本权利实际上只是国家的恩惠。”[1]这为“无救济即无权利”提供了深刻的注脚。

就后者而言，权利永远不能超出社会经济的结构以及由经济结构所制约的社会文化发展。由于行政给付受国家财政和资源的制约，国家所能提供给家庭的社会保障种类不多、内容局限。首先，社会保障的范围不够普遍。国

[1] 周永坤：《论宪法基本权利的直接效力》，载《中国法学》1997年第1期，第20-28页。

家的社会保障体系既要满足家庭的基本生存需要，也要积极推动家庭的发展性需求。由于每个家庭具体情况不同，它对于国家所能提供的帮助、给付的期待也是不同的，而国家也不能一概而论，既要维持社会弱势家庭的最低生活保障，也要关注一般家庭的生存照顾，因为在一个风险社会中，谁都有可能陷入未知的困难甚至绝境而无法正常生存，国家应给予必要的关心。我国目前对家庭的社会保障主要集中于对贫困家庭的物质帮助、医疗保障、维权救济等方面，保障对象缺乏普遍性。其次，过于强调传统家庭内部的救助、供养功能，“政府责任”观念尚未真正落实，相当多的法律制度仍侧重于强调家庭或个人的照顾义务。由于我国传统观念的影响，就目前中国的实际而言，家庭生活中仍然是妇女主要承担生育、抚养幼儿、照料老人与病人的责任，这些家务活动没有交换价值，也无法纳入工资薪酬范围。特别是随着近年我国全面二孩政策的实施，女性生育以及家庭育儿的成本不断加大，如果没有政府必要的保障措施，就会对女性劳动权产生实质性影响，甚至重新回到传统的“男主外、女主内”的家庭模式。

（三）家庭权保护功能不健全

家庭权的保护功能要求国家为家庭权的实现提供前提条件，即国家对家庭负有保护义务，最重要的就是要求立法机关制定法律明确家庭权的保护范围。这种保护义务的落实涉及公法和私法两个层面。

依前所述，家庭权内容包括组建家庭权、维持家庭存续的权利、维护家庭和谐权和维持家庭成员亲属关系权等多项内容。其中组建家庭权在私法上体现为允许适龄自然人在宪法许可范围内自由组建家庭，至于合法家庭的类型不应局限于婚姻一种途径，同居家庭、单亲家庭等也应纳入关注范畴，国家应正视家庭多元化的现实，主动规范那些没有婚姻而愿意长久共同生活的家庭关系，明确其中家庭成员的权利义务；维持家庭关系存续的权利要求国家在劳动、社会保障、税收等方面颁布完善的制度或政策，政府协助公民实现家庭的存续；维护家庭和谐的权利则需要我国相关部门健全未成年人保护法、家庭暴力防治法等；维持家庭成员亲属关系的权利要求国家完善家庭法关于家庭成员间权利义务关系的法律制度，如亲权、扶养制度、监护、收养制度等。总体来看，就目前我国立法而言，家庭暴力防治法，家庭福利立法不够细化，可操作性方面还有待加强。

第二节 确立保障家庭权的法治理念

一、以人的尊严为总纲

人的尊严构成了宪法权利体系的价值基础。家庭权在宪法体系中的确立是个人主义发展的产物，是个人对自我生活方式的表达，因此无论是尊重家庭的自治还是公权力介入家庭都必须在这样的价值前提下展开。人的尊严要求尊重个人的主体性存在，保障个体起码的生活水准，以独立自主的方式在亲密关系的私人领域中生存。由于特定的传统，我国尚未真正确立私生活自治的观念，因而在家庭立法方面仍存在相当障碍。

正如前所述，中国传统社会本质上是一个以血缘为纽带的封建宗族社会，个人对于家庭、宗族存在强烈人身依附关系，正所谓个人始终处于宗族“同心圆的中心”，跳出这个中心，个人将无法生存。

私文化的匮乏为新中国成立后泛政治化倾向埋下了伏笔。新中国成立之初百废待兴，对于国家安全和工业化发展的强调改变了传统社会以家庭为中心的结构形态，构成社会的基础组织不再是家庭，而是城市的单位和农村的人民公社，家庭自“五四”以来进一步被边缘化。1976年之前的社会生态直接侵蚀了家庭的根本价值，然而个人依然无法真正独立，反而在强大的政治机器面前无所遁形。现代国家将个人从家庭、血缘的权力支配下解放出来，又借由将家庭卷入社会政治运动的方式为个人创造出新的存在空间，“人们史无前例地被卷进了各种政治运动中，但国家并未及时在日常生活方面建立起一套与服从政治国家相区别的私生活伦理规范体系，以取代传统旧道德，只能用一些空洞的政治伦理去取而代之。这些政治伦理往往又是以摧毁日常生活道德伦理之间的信任网络来加以维持。”[1]比如十年间频繁的政治运动为强化政权合法性和个人对国家的忠诚，鼓励告密和背叛亲情关系的行为。这种社会氛围下很难真正塑造出独立自主的个人。理念导向的匮乏必然导致人们对于国家法律的疏离，无法真正建构起良性的国家、家庭与个人间的互

[1] 杨念群：《亲密关系变革中“私人”与“国家”》，载《读书》2006年第10期，第130-136页。

动。

“徒法不足以自行”。任何法只有在被接受为公众意识的时候，才能体现出其有效性。要想使包括家庭权在内的权利体系真正融入社会生活，首先应转变观念，树立个人在宪法上主体地位的意识。人的尊严代表了人类的价值共识，也是整个法律秩序的基石。作为宪法上认可的人，并非一个遗世独立的个体，他必然在共同体中生存，家庭正是其社会化的起点，是其融入共同体的开始，保障个人的家庭，正是保障人的尊严。

二、落实家庭权保障的各项原则

（一）男女平等

男女平等是宪法平等原则在家庭生活中的具体落实。在传统社会中，父权制家庭被认为是最容易产生性别歧视、性别压迫的场所。男女平等是伴随着近代资产阶级革命而逐渐确立的。1804年《法国民法典》第212条规定：“夫妻互相负忠实、帮助、救援的义务。”1900年《德国民法典》第1353条规定：“夫妻互负共同婚姻生活的义务”；1901年《瑞士民法典》第159条规定：“夫妻因婚姻结合为婚姻共同体，夫妻间有相互协力于共同幸福之保持，共同养育子女之义务。”这些都反映了男女平等的主张，但同时在法典中又保留了歧视女性的条款，如妻应当顺从其夫；妻从夫姓；妻的财产由夫管理；亲权由父亲行使等。20世纪以来，女权运动的发展和一系列国际公约中对男女平等的宣示大大改善了妇女在家庭中的地位。

一般来说，男女平等在家庭中的体现包括：（1）男女两性在家庭中的地位平等。双方拥有各自独立人格，彼此平等，不存在人身依附关系。（2）男女双方在家庭中依法享有的权利和依法承担的义务不因性别有所差异。（3）禁止对女性任何形式的歧视、虐待和压迫。

如何判断男女平等？围绕此话题，启蒙时代曾出现过两性“同一”还是“差别”的分歧。前者认为，“人人生而平等”的自然法则同样适用于男女之间；而后者则强调男女之间因生理、社会因素而存在差异是客观存在的，男女平等只能是在承认上述差异前提下的平等。在女性尊严和价值普遍没有得到尊重的时代背景下，前者更符合女性赋权的需要，强调差异会助长妇女为“此等族类”的传统观念，而无益于妇女的自身发展。因此，18世纪的西方女权主义高举“人人生而平等”的旗帜，展开了争取妇女权利的斗争。“在这种平等价值观的指导下，妇女在法律领域中的斗争目标集中于对法律公平价值的追求，期望得到与男人平等的权利，得到平等的对待。为了实现这个目标，早期的西方妇女采取了‘无性别姿态’进入法律领域的战略。”[1]

然而“同一”论的局限也很明显：首先，男女生理差异客观存在，一味强调同一反而导致中性立法对基于男女性别差异的歧视问题束手无策。比如保护职业母亲和分娩的女性劳动者是十分必要且正当的，而中性的法律规范却因为强调一视同仁而忽视了妇女的特殊性，这就必然造成以男女生理差别为基础的歧视被平等口号所掩盖。其次，由于事实上妇女在政治、经济、社会和文化资源占有上处于不利处境，因此即使法律赋予女性权利，却因为欠缺实现权利的条件而存在权利落空的可能。这种“性别中立”“无差别平等”的理论无视制度和社会结构上的男性特权和女性劣势，从而限制了平等的作用和效果。总之，“同一”论赋予人们平等的权利，却不关注它们是否能被实现，它或许为人们提供了参与社会生活的起点，却无法消除人们的自然不平等。与之不同的是，“差别”论所要追求的是事实上的平等而非形式上的平等。它着眼于社会弱者，更关心结果上的平等，力求实现真正的社会公平。由此得知，对女性的特殊保护，正是为了弥补女性因其不利地位而失去的平等。

根据差别平等的要求，我们在制定家庭法的时候，就应当将这种性别意识融入其中：首先，充分考虑到女性特殊生理差异，给予其必要的特殊照顾。其次，致力于消弭女性不利地位，加强对妇女人权的特殊保障，在法律条文中对妇女人权做出特别规定以突出男女之间的差别，通过国家采取积极行动或给予制度倾斜，来补偿妇女因受到性别歧视而带来的不平等，以保证妇女在机会与结果上的平等。

[1] 李银河:《妇女: 最漫长的革命》, 三联书店1997年版, 第23—28页。

（二）子女最佳利益原则[1]

1. 亲子关系理念的变化

无依无靠的婴儿降临到这个世界后，在很长一段时间里需要他人照顾，所以无论哪种国家、哪种文化，都偏向于将照料子女视为家庭、特别是父母的天然义务。子女必须依附于父母才能生存，相关法律也是围绕这一事实来制定的。

正如第一章回顾梳理的家庭史，家长权为核心的“家庭本位”理念曾普遍存在于人类早期的婚姻家庭制度中。以1804年《法国民法典》为代表的近代民法典，创立了亲权制度，亲子关系由“家庭本位”发展为“父权本位”，直到20世纪前，子女仍然作为父亲的财产而附属于父亲，子女利益并不具有独立性。

一战后，男女平等理念渗透进入家庭，父权本位发展为父母本位。法国民法典修订时特将“父母婚姻关系存续中，亲权由父亲单独行使”改为由“父母双方共同行使”（第372条）；离婚后父母对子女的亲权由“一律由父亲行使”变更为“根据未成年子女的利益，对子女的照管可托付于夫妻一方或他方”（第287条）；取消了父母对子女人身支配权。父母本位的亲子法，既强调父母教养子女的权利，也强调父母对于子女的抚养、教育义务。

二战后，随着“国家家长主义”“儿童保护原则”及“尊重儿童的权利与自由”等思想的兴起，成人世界的儿童观也发生了革命性的改变，主流观点认为：“追求社会的最大利益，就必须注意到儿童及儿童的需要，将儿童视为独立的个体，给予法律的特别保护，随着这种思维模式的转变而转变的是把重点放在儿童权利方面，并将之与父母权利或父母责任区分开来，父母在法律上的权利与子女最佳利益相比，处于次要地位。”[2]亲子关系立法自此进入子女本位的时代。

子女本位的国际立法可以追溯至1924年的《日内瓦儿童权利宣言》，

[1] 当前，我国学术界对这一原则有不同称谓，有称“子女最佳利益原则”的，还有称“儿童最大利益优先原则”的。在联合国1989 年《儿童权利公约》中，称之为“儿童最大利益原则”。我们认为，在家庭法中称这一原则为“子女最佳利益原则”，更能凸显它所指导的社会关系的性质与范围。

[2] Douglas, G. &Sebba, L.Children’s rights and traditional value.England: Dartmuoth Publishing Company, 1998, p, 291.

此后的1959年《儿童权利宣言》、1979年《联合国消除对妇女一切形式歧视公约》、1986年《关于儿童保护和儿童福利、特别是国内和国际寄养和收养办法的社会和法律原则宣言》等若干国际文件都对这一原则进行了重申和发展。1989年《儿童权利公约》被认为是确立儿童最大利益原则的里程碑。其中第3条明确规定“关于儿童的一切行动，不论是由公私社会福利机构、法院、行政当局或立法机构执行，均应以儿童的最大利益为一种首要考虑。”公约将儿童作为独立的权利主体而不是权利客体来看待，“儿童也是平等的人；作为人类成员，儿童拥有与成人一样与生俱来的价值。”该原则成为各个国家处理儿童相关事务的一个根本准则和纲领性条款。各国家庭立法普遍进入 “子女本位”的时代。一些国家不仅将子女最大利益原则作为亲子法中的基本原则， 还抛弃了原有的法律术语，以彻底改变父母本位的亲子法， 实行子女本位的亲子法。例如，“德国亲属法将亲权改称为‘父母照顾’、英国儿童法将父母监护改称为‘父母责任’，强调父母身份是责任而非权利；俄罗斯家庭法将未成年子女的权利单独成章，专门作出明确的保障性规定。”[1]除了原则和术语的革新，一些制度设计也颇为有特色，比如在确定子女与父母的居住权时要充分尊重子女的意愿，将子女利益放在首位；在确定离婚后父母子女关系、子女抚养费数额、探视权等问题时，强调父母对未成年子女责任的持续性，重视父母双方在决定有关子女利益事项中的积极参与。

2. 子女最佳利益原则的意义和内涵

子女最佳利益原则的意义在于，明确了父母有义务最大限度地保障子女健康成长、道德完善与发展。“父母对子女事务的决定权仅仅是一种工具，其目的是为了照料和教育子女”；“照料和教育是父母的天然权利，也是其最高义务”；“照料和教育子女固然是父母的天然权利，但它是‘服务型的

[1] 夏吟兰：《离婚亲子关系立法趋势之研究》，载《吉林大学社会科学学报》2007年第4期，第63-71页。

基本权利’”[1]显然，父母照顾在于子女的最佳利益，行使照顾权不能首先考虑父母自身的利益，而应当优先考虑子女的最佳利益。

子女最佳利益原则虽然出现在《儿童权利公约》中，但是公约没有对这一原则的具体内涵进行明确界定，有学者认为该原则是指“在处理有关儿童的父母职责、居住地点、联系交往权以及子女姓氏选择、教育的形式和医疗咨询等问题时，儿童的最大利益应当被给予优先考虑。”[2]结合公约条款及相关学理，该原则的内涵应该体现三个方面：其一，尊重未成年子女的独立主体权利和地位，最佳利益是未成年子女作为独立权利主体的最大利益，因此未成年子女的意见理由受到尊重。父母应当通过引导子女一起参与、商议某些事项。父母在教育和家庭事务中应当注意考虑子女的才能和偏好。其二，人们不仅要考虑未成年子女的利益，而且要优先考虑他们的最大利益；未成年子女最佳利益在与其他利益，如父母利益、妇女利益产生冲突时，前者处于优先地位；第三，最佳利益就是要实现未成年子女的全面发展，要涵盖儿童作为人在健全的人类环境中依据其能力的全面发展。

第三节　完善我国家庭权的制度保障

一、建立家庭权方面

（一）同性恋保护规范缺失及完善

我国《婚姻法》通过第2、3、5、8条确立了婚姻自由、男女平等、一夫一妻的结婚制度，从而排除了同性结婚的可能性。虽然社会中不乏存在同性恋者自行宣称结婚，并组建家庭共同生活的情况，但因其婚姻未能履行结婚登记手续，其婚姻不能受到我国《宪法》和《婚姻法》的保护。而且，现行

[1] 如《德国基本法》第6条第2款将父母对子女的照料和教育作为基本权利来对待，父母的独立性和自我责任受到宪法的优先保护，父母权利既是一种自由权，也是针对国家干涉的防御权，国家不能滥用职权排除父母权利，基本法第6条第2款保护的范围还包括，父母有权自由决定用何种方式适当地实现他们的父母责任。参见［德］迪特尔·施瓦布：《德国家庭法》，王葆莳译，法律出版社2010年版，第259—263页。

[2] 陈苇主编：《外国婚姻家庭法比较研究》，群众出版社2006年版，第582页。

婚姻法为限制异性随意结婚，避免早婚早育、促进优生优育，对结婚者的年龄、双方当事人的健康状况、是否属于禁婚亲都作了明确规定，不论其是基于合乎宪法的精神而确立，还是基于保护婚姻家庭的目的而确立，其最终构成了宪法和法律认可的合法婚姻的条件。因此，通常认为我国公民组建家庭的权利，应是指在合法婚姻基础上建立家庭的权利。

法律必须有回应现实需求的能力。《宪法》第49条从其立法表述看偏向于强调家庭权的保护义务，即它要求国家必须尊重每个人组建家庭的愿望，通过积极立法为家庭权的实现提供前提条件，消除家庭权实现中可能遇到的阻碍。这也意味着国家应保证处于社会弱势的群体不因其性倾向不符合主流道德而受到歧视，甚至被剥夺组建家庭的权利。可以参照欧美国家的“同性伴侣关系法”，在保障同性伴侣家庭权的同时又不影响我国现有异性婚姻制度。

（二）人工生殖规范缺失及完善

尽管生育权没有写入《世界人权宣言》和我国宪法，但一系列重要的国际公约承认了生育权的人权地位，这也是现代民主国家的基本共识。代孕是人工生育方式中最具伦理争议和法律挑战的一种，目前大多数国家立法都对其采取了禁止态度，我国也不例外。卫生部在2001年发布的《人类辅助生殖技术管理办法》中明确禁止代孕，2003年通过的《人类辅助生殖技术和人类精子库伦理原则》则重申了这一原则。这类禁止不孕女性通过代孕方式生育子女的文件在合法性、合理性方面存在一定问题。

现代民主国家对于基本权利的限制必须遵循法律保留原则和比例原则。首先，我国卫生部颁布的规章以及规范性文件，非出于法律的授权，其所属的规范层级决定了其限制措施不合法。其次，根据比例原则，立法者禁止代孕应限定在一定范围内，一刀切、全面禁止代孕将会使那些意在组成以自然血亲为纽带的家庭愿望落空，生殖科技的双面性使得人们在充分享受代孕所带来的科技成果的同时又充满对其可能产生负面作用的焦虑，禁止代孕成为一些国家最无奈却又最安全的选择。风险社会中，人类应当理性和宽容地对待科技应用的成果。人工体内受精和试管婴儿技术已被广泛接受，然而代表生殖科技重大发展的代孕技术却因种种原因仍被卫生部明令禁止。社会中数量庞大的代孕需求有些因政府的禁令而不得不转向地下代孕或海外代孕，当然更多的人基于经济、安全等考虑被迫放弃生育愿望，无奈接受丁克生活。生殖科技的每一次进步，都带来了人类生殖自由进一步扩大。“而这份宝贵的自由空间能否在被实践证明无伤害于他人的情况下，运用宽容理念赋予其真正的生命力？”[1]

二、维持家庭成员亲属关系权利方面

（一）扶养制度的缺陷及完善

我国现行扶养制度主要由《婚姻法》《民法总则》《未成年人保护法》等相关条款组成，涉及主体包括夫妻之间，父母子女之间，祖父母、外祖父母与孙子女、外孙子女间，以及兄弟姐妹间。这些规定对于养老育幼、稳定婚姻家庭关系、保障社会安定都有积极意义，但或许是传统上这些属于纯粹的私人事务，更多受到家庭伦理的规范和调整，现代立法在回应这些问题时往往有不少法律留白的空间。纵观这类法律，立法内容过于原则，对主体之间扶养的程度、方式，抚养关系的变更、终止等无明确规范，缺乏可操作性，无法对抚养义务人是否完全、适当履行义务进行评价，国家监管更是薄弱环节，一旦发生照顾缺位或纠纷，公权力的介入往往于法无据，无的放矢。

以备受质疑的家长滥用监护权为例。《最高人民法院关于贯彻执行〈中华人民共和国民法通则〉若干问题的意见》专门围绕“监护”对《民法通则》做了细化，第10条就规定了“监护人要保护被监护人的身体健康，照顾被监护人的生活，管理和保护被监护人的财产，代理被监护人进行民事活动，对被监护人进行管理教育，并且在被监护人合法权益受到侵害或者与人发生争议时代理其进行诉讼。”但是没有规定父母履行上述监护义务的权限、方式、程度，也没有规定如何对父母尤其是离婚后的父母履行监护义务进行有效的监督。

抚育照顾是家庭的基础性功能。尽管社会分工越来越专业化，家庭的功能日益萎缩，家的生存照顾作为人权保障体系的一部分被纳入了社会保障，家庭的抚养责任大大减轻，然而无论社会保障体系如何健全，家庭的扶养功

[1] 张燕玲：《人工生殖法律问题研究》，法律出版社2006年版，第177页。

能都不可能被完全取代。一方面生养子女是父母的自然权利，家庭教育是塑造个人多样化的重要途径，无法被国家统一接管；另一方面，国家财政资源的有限性，使得国家只能对社会成员提供补充性的保障补助，家庭仍然是承担扶养义务的首要主体。

2017年《民法总则》对监护权作了较大修正和调整，建立以家庭监护为基础，社会监护为补充、国家监护做兜底的大监护体系。在被监护人权益处于短暂无人保护状态时的空白期，在没有依法具有监护人资格的情况下，由国家民政部门或是当地自治群众组织承担监护人职责。对于监护的性质，新法强调权利与职责并重，监护权的行使必须以"保护被监护人利益作为出发点"，以"最有利于被监护人"为限度。新法体现了家庭自主以及国家干预的二重性，但对于如何落实以及有效监督还需要立法更积极的作为。

（二）夫妻关系

1. 结婚法定年龄

我国法定婚龄除了基于人口政策和优生学考量，普遍高于世界其他国家的标准外，还存在着男女不同龄的情况。

1950年《婚姻法》规定男女婚龄分别是20、18岁。这种区分一方面顺应了传统"男大女小"的婚配习俗，另一方面也是考虑到当时女性早婚和童婚现象比较严重，为妇女健康着想，法律规定了男女结婚的最低年龄，对女性利益的保护是有积极意义的。

1980年《婚姻法》对男女最低婚龄分别提升2岁，2001年《婚姻法》仍沿用此规定。随着社会发展，这样的做法是否合适？固然，女性在生理上比男性早熟，但确定法定婚龄的主要依据是社会因素。"早生孩子早得福"是传统小农经济需要充足劳动力而对女性科以的重要任务。由于将女性定位在人口生产、繁衍家族后代的角色上，变向形成了"男大女小"的婚配习俗，也间接造成女性在家庭和社会中受歧视的事实。到了现代，受传统"男大女小"观念的影响，现实生活中男性择偶的年龄范围大大广于女性，这直接导致了男女两性在结婚对象资源分配上的不平等，加重了对女性的歧视。因此，未来婚姻法应尽可能采用男女婚龄同一制。

2. 妇女的婚姻住所决定权

《婚姻法》对婚姻住所决定权没有明文规定，但从《婚姻法》第9条

"登记结婚后，根据男女双方的约定，女方可以成为男方的家庭成员，男方可以成为女方的家庭成员"可推出住所决定权。

尽管立法赋予夫妻双方自由约定住所的权利，但在表述上仍把"女方可以成为男方的家庭成员"放在句首，而把"男方可以成为女方的家庭成员"放在句尾。在实际生活中，男婚女嫁、妻从夫居的婚姻观念根深蒂固，很难在短时期内有所改变，尤其是在农村，婚姻住所的决定权基本都属于丈夫。如果考虑到这一现实，那么《婚姻法》第9条的表述方式实际上忽略了我国法律根植的社会土壤以及男女不平等的社会现实，缺乏对弱势妇女必要的关注，无法真正落实女性的婚姻住所决定权。未来的婚姻立法应明确住所决定权，突出夫妻双方对婚姻住所享有平等商定权。

3. 事实婚姻中的婚姻家庭权利

1994年2月1日，民政部颁布的《婚姻登记管理条例》第24条宣告事实婚姻关系无效，不受法律保护。然而"事实婚姻"并未就此消失，不受法律认可是否就要游离于法律保护之外？比如，事实婚姻的男女因为"离婚"纠纷引发的财产争议、彩礼归属等。《〈婚姻法〉司法解释一》第5条提到"对未办理结婚登记而以夫妻名义同居的男女，起诉到人民法院要求离婚的，法院应当区别对待：1994年2月1日民政部《婚姻登记管理条例》公布实施以前，男女双方已经符合结婚实质要件的，按事实婚姻处理；1994年2月1日民政部《婚姻登记管理条例》公布实施以后，男女双方符合结婚实质要件的，人民法院应当告知其在案件受理前补办结婚登记；未办理结婚登记的，按解除同居关系处理"。由此可见，事实婚姻当事人，即使符合结婚的实质要件，仅仅因为欠缺结婚登记而只能被认定为同居关系。表面看，这种先结婚、后离婚的制度设计从逻辑上讲可谓无懈可击，但问题是已经处于矛盾冲突中的双方能否真的愿意补办这道程序，如果一方执意拒绝，又该如何应对？更何况，按情理结婚属于喜事，在那种有可能剑拔弩张的氛围中如何完成"补办结婚"，是否会进一步激化当事人的矛盾？这条规定属于典型的逻辑代替人情。

对于这种情况，法律应当适度考虑事实婚姻主体的婚姻家庭权利。首先，修改《婚姻法》第25条，改变非婚生子女的称呼，把非婚生子女和婚生子女统称为子女。其次，取消事实婚姻纠纷受理需补办结婚登记的前置性规定。

4. 妇女在离婚时的家务劳动补偿权利

《婚姻法》第40条规定了离婚时家务劳动补偿制度，这是对女性家务劳动的价值的认可和尊重，然而这种补偿机制相当有限。首先它只适用夫妻约定财产制。然而现实生活中，夫妻采用约定财产制度、特别是书面约定财产制的情况少之又少。其次，补偿仅仅在离婚诉讼中予以考虑，女性在家庭存续期间劳动服务的价值依然没有引起足够的重视。根据夫妻在共同生活中承担家务劳动的模式及我国家庭实际情况，适用家务劳动补偿的应当有两种情况：一方无社会工作全面承担家务劳动的；双方都有社会工作，且一方承担主要家务劳动的。由于“男主外，女主内”的传统家庭模式，无论是否有独立职业的女性往往都会承担较多的家务劳动。在夫妻法定共同财产制中，夫妻如果离婚，没有社会工作、付出家务劳动较多的一方，可以从分割夫妻共同财产中得到补偿；而在夫妻双方都有工作的情况下，付出家务劳动较多的一方，在离婚时很难从分割夫妻共同财产中得 到补偿，依照《婚姻法》的规定家务劳动补偿制度不适用夫妻法定财产制，造成采用夫妻法定财产制度付出较多家务劳动一方的家务劳动价值无从体现。

完善妇女在家务劳动补偿中的婚姻家庭权利，应该把我国《婚姻法》第40条改为“夫妻在婚姻关系存续期间，一方因抚育子女、照料老人、协助另一方工作等付出较多义务的，离婚时有权向另一方请求补偿，另一方应当予以补偿。”这样既可以体现夫妻约定财产制中，一方付出家务劳动过多得到补偿的立法初衷，另一方面可以兼顾夫妻法定财产制中“夫妻双方都有一定的社会工作，而家务劳动主要由一方承担”的实际情况，使在夫妻法定财产制中付出家务劳动较多一方的家务劳动价值得到体现。

（三）亲子关系

1. 明确“子女最佳利益原则”

“子女最佳利益”是家庭立法从父权本位到子女本位的直接反映，但目前我国婚姻法并无直接表述，如学者所说，“现行的《婚姻法》及其司法解释等法律规范似乎都是为了一个目的，即如何平衡夫妻双方及父母子女各方的利益，并无确立未成年子女利益优先的观念。”[1]立法缺位造成司法实

[1] 郭丽红：《冲突与平衡：婚姻法实践性问题研究》，人民法院出版社，2005年版，第71页。

践中子女利益难以被看作独立的价值取向而纳入司法考量，子女利益往往与父母利益甚至第三人利益混同。如《婚姻法》第39条规定离婚时，夫妻共同财产如协议不成，由法院根据财产的具体情况以“照顾子女和女方权益的原则”判决。大多数情况下我国亲子法把子女利益与其母亲的利益捆绑在了一起。也有的规定则直接以父母利益为优先考虑，比如离婚程序中子女抚养责任的确定。立法原则不明确，极易造成司法混乱。有鉴于此，未来的家庭立法需尽快明确“子女最佳利益原则”。

2. 取消非婚生子女称谓

新中国成立后三部《婚姻法》均规定了婚生子女与非婚生子女的称谓，这样的区别对待极易造成社会对非婚生子女的歧视，不利于非婚生子女的健康成长。无论是婚生子女还是非婚生子女都是父母的自然血亲，其身份与父母的婚姻状况并无内在逻辑关联。因此，区别婚生子女与非婚生子女欠缺标准的正当性，有违公平。随着社会的进步和人们思想观念的改变，婚前性行为情况增多，人们自主选择各种非婚生活方式，同居与违法无必然联系，立法者应顺应世界亲子法的发展潮流，及时对法律进行调整以适应社会的需要，不得歧视在父母的非婚状态下出生的子女。应取消“非婚生子女”的称谓，将“非婚生子女”和“婚生子女”统称为“子女”，并在此基础上进行具体制度的设计。

3. 加强离婚程序中对未成年子女的保护力度

首先，婚姻法及其相关司法解释在体系和用语上仍表明离婚后父母与子女的关系是以父母为主导的。离婚后亲子关系的处理被放置在婚姻法的离婚一章中，表面上确定的是离婚后子女抚养义务的归属。既然离婚后亲子关系不变，它就不应是离婚问题，而是亲子关系问题，应当纳入亲子法，而非离婚法的调整。既然子女是法律上的独立主体，具有独立的法律地位，子女也就应当是离婚亲子关系的主体，而不应成为离婚时被确定归属的客体。

其次，婚姻法在确定离婚亲子关系时，没有充分考虑子女的意愿。在我国，未成年子女更多是被看成需要保护的对象而非独立的个体，婚姻法更多是从父母的视角衡量判断子女利益。因此，婚姻法对子女在确定离婚后的直接抚养方时的作用只字未提。最高人民法院《关于人民法院审理离婚案件处理子女抚养问题若干具体意见》第5条规定，父母双方对10周岁以上的未成年子女随父随母生活发生争执的，应考虑该子女的意见。但本条一方面预设了适用前提，即父母未能就抚养问题达成一致协议的，如父母双方已经达成协议，则无须征求子女的意见，然而父母所达成的意见是否符合子女的利益，是否需要考虑子女的意愿，则没有明示；另一方面本条仅适用于诉讼程序，通过行政程序协议离婚的父母当然无须就抚养问题征求子女的意见。这些规定依然延续了“父母本位”的思想。所以我国离婚亲子立法应当明确规定，无论父母通过行政程序协议离婚还是诉讼程序判决离婚，在确定子女抚养人时，都应当征求子女的意见，考虑他们的愿望，对于10周岁以上子女的意见应当作为确定子女直接抚养方的重要参考因素。

5. 完善探望权制度

我国《婚姻法》第38条规定：“离婚后，不直接抚养子女的父或母有探望子女的权利，另一方有协助的义务。”探望权制度同样体现了“父母本位”。

根据第38条，仅限于离婚后不直接抚养子女的一方。我国学界的通说认为“探望权的规定既可以满足不直接抚养子女的父母一方思念子女的情感需求，有助于实现其抚养子女的权利和义务，也有利于子女的健康成长，同时，依法行使探望权还可以预防、减少纠纷，有利于家庭秩序、社会秩序的稳定。”[1]这种解读显然是以家长和社会的视角来定位探望权及其意义的，而没有从子女的视角考虑他们的感受和愿望。父母离婚、确认婚姻无效或者父母分居不影响子女的权利。因此，从子女最佳利益原则出发，应当确认子女是探望权的主体，不直接抚养子女的父母一方有探望子女的责任。探望权的设立不应当仅从父母利益考量，更应当考量子女的权利和需求。完善探望权制度，应适当扩大探望权的主体，不仅要将子女扩大为探望权的主体，还应将与该子女关系密切的祖父母、外祖父母[2]和兄弟姐妹均扩大为探望权的主体。

[1] 杨大文、龙翼飞：《婚姻家庭法学》，中国人民大学出版社2006年版，第201页。

[2] 许多祖父母、外祖父母承担了抚养照顾孙子女、外孙子女的责任，祖孙之间往往形成中国特有的“隔代疼”，如果因为父母的离异而使得祖父母、外祖父母失去探望孙子女、外孙子女的机会，使得其他亲属失去与未成年子女情感交流的机会，将不利于儿童的成长。

三、维护家庭和谐权利方面

屋檐下的安全和谐是一个人安身立命的需要。传统社会中，家长借由教令权对家内秩序进行管理，暴力成为重要手段。但在现代文明社会，家长的部分惩戒权经由家庭过渡到了国家公权力，暴力被严格禁止。对家庭暴力的强势干预是现代家庭立法对“法不入家门”的重大突破，也是作为客观法的家庭权国家保护义务的重要体现。

2001年我国《婚姻法》第一次在基本法层面明确禁止家庭暴力，第五章还确立了相应的法律责任和救济措施，但本法并没有对家庭暴力的定义及范围作出明示，随后最高院的司法解释、《刑法》《妇女权益保障法》《未成年人保护法》陆续出现防治家庭暴力的相关内容，许多省、自治区、直辖市也相继颁布了地方性法规。这些规范性文件对于明确家庭暴力的主体、类型、细化救济措施做出了积极贡献。然而从实践看，令出多门、过于原则、救济分散。防治家庭暴力涉及社区干预、行政干预和司法干预诸多方面，不只是民事、行政、刑事等实体法或程序法的问题，特别是作为私法的婚姻法难以协调个人与公权力间的关系，以婚姻法为中心架设反家暴的规范体系，其局限性十分明显。2016年，法学界呼吁多年的反家暴专门立法《中华人民共和国反家庭暴力法》终于尘埃落定，然而新法在可操作层面上依然有诸多问题未决，比如家庭暴力的定义和表现形式单一、举证责任分配不均且诉讼和解易被滥用、家庭暴力事后处罚措施乏力、人身安全保护令制度实践与衔接问题，这些问题的解决还需要在实践中不断积累经验。

四、维持家庭存续权利方面

我国目前实行的安居工程、居民最低生活保障制度、夫妻不同时下岗、医疗保险、养老保险等都体现了国家对于家庭生活的福利保障。2019年施行的《个人所得税法》首次将“子女教育、继续教育、大病医疗、住房贷款利息、住房租金和赡养老人”等六项专项附加扣除作为新法的配套措施，相对于以往以个人为单位的税制，更能有效减轻那些供养责任过于沉重家庭的经济压力，保障这些家庭的经济安全。

但相较于一些发达国家优厚的福利政策和税收优惠制度，我国在维系家庭存续的制度建设方面仍有进步的空间。应建立普惠全民的社会保障体系，确保所有家庭都能维系基本的生活水准，并在此基础上得以追求更美好的生活。不仅关注贫困家庭，还应对各种特殊家庭，如残疾人家庭、失独家庭、空巢家庭、留守家庭等进行救助，尤其要针对这些家庭的具体情况采取有针对性的救助制度。协助低收入家庭有工作能力者，参与劳动市场，完善失业保障制度，不仅要逐年增加失业救济金，还要对失业人员免费进行技能培训，为再就业创造条件。严格实行城市最低工资标准制和农村最低生活保障制。

第四节 自治与干预并进——家庭立法的二元发展趋势

我国目前的婚姻家庭立法呈现出自治与干预并进的趋势。在那些以维系公共利益和伦常秩序为理由而对个人自由作出限制的领域，公权力逐渐收缩，让位于个人与家庭自主；而在原来国家不愿介入或采取消极态度的领域，如贫困家庭的扶持、对家庭暴力受害者的救助，国家则给予越来越多的积极干预。

这一趋势与世界各国家庭立法的现代走向基本吻合。家庭自治的结果是促进家庭生活的自由发展，提升人格塑造水准，由个人实现家庭的价值。承认这些就意味着国家对婚姻家庭的介入或干预应当受到限制，国家不得以假定的公共利益名义去扰乱或妨碍个人的家庭生活。以夫妻关系为例，近代各国基于婚姻契约论，在立法上总是企图明确夫妻双方应承担何种义务、享受何种权利，以规范约束夫妻关系，维持婚姻秩序。这一时期，家庭法对婚姻身份上的规范尽可能面面俱到，其内容涵盖夫妻姓氏、婚姻住所决定权、同居义务、忠实义务等各个方面。但进入现代，许多国家的家庭法逐渐放弃将夫妻之间的亲密关系条文化的尝试，对于绝大多数夫妻关系事项，采取当事人自治的原则，由当事人自行解决，以免干涉夫妻的日常生活。由此，在亲属身份权方面，逐渐缩小了法律规范的范围，将原有的夫妻姓氏、住所决定权、同居、贞操义务等条款删除或改变其规范性质，由权利义务型修改为宣示性规范或任意型规范，不再具有法律的强制力。

而强化国家干预则主要针对贫困家庭以及家庭中的弱势群体。家是供给个人生活的主要来源，当家庭自身陷入困境，个人也将无以为继，对家提供物质帮助和福利救济，才能保证正常的家庭生活。家庭整体会因为面临各种风险而失去行为能力，就家庭内部关系看，成员的行为能力也是参差不齐，弱者更容易受到强者的宰制。所以现代社会不仅需要从外部确保一个家庭整体的存续发展，而且要关注家庭内部关系的平衡，如果连起码的家庭安全都无法保障，则家庭自治依然只是一种“家长专制”。此时国家公权力对于那些看似“私人事务”的介入就是协助弱势者提升其地位，使家庭各成员都能平等地参与决定家庭事务。

具体而言，公权力的介入主要表现为强化司法的功能以及对某些事项授权行政机关直接介入。第一，强化法院的规范角色。家庭法律行为（如收养）的生效由法院把关；扩大法院介入的范围，使法院由被动转化为主动，如对子女亲权的行使，法院依职权或依照利害关系人请求介入；增加法院裁判的事项，法律作为家庭自治的平衡机制，当发生家庭重大争议时，请求法院来裁断，此时法院的介入，并不一定等于国家对家庭事务介入范围扩大了，事实上，许多事项过去不在法院裁量范围内只是因为国家已经在法律中明确规定了当事人之间的权利义务，这种较为被动而又有独立特质的法院介入的形态，虽然也有国家监督的意味，不过与法院认可行为或法院依职权直接介入在程度上仍然较轻微。如亲权行使由父权优先到父母自行协议，但是如果父母协商不成，或母亲仍处于弱势时，当事人可自行决定是否由法院来裁断。第二，促进行政机关积极介入。通过立法要求行政机关介入的领域主要在于保护弱势家庭或家庭中的弱者。尽管法院的功能也具有强化规范与国家监督的功能，但由更为积极主动、拥有更多资源与专业技术的行政机关加以协助，比较容易达到扶持弱者的目的。总之，无论是法院还是行政机关，国家以子女最佳利益以及两性平等为前提介入家庭，并非为了维护原来以家长权为核心的家庭制度，而是保障家庭中的弱者，继而维持家庭的基本秩序以及确保家庭成员作为一个个人应有的自主决定权。

综上，家庭权的法律保障同时出现自治和干预两种趋势，这代表了法律所保障的主体不仅是家庭，还包括家庭中的个人。两种趋势本质上都是走向对个人权利的强化。当然现代社会如果没有针对个人之间既存的权力关系的规范和控制，从而确保家庭成员之间能够地位平等，那么法律对“个人”的“放任自主”很可能延续甚至强化家庭内部事实上的不平等，因此国家如何“有所为，有所不为”，依然是未来家庭立法值得高度关注的问题。

结　语

从传统到现代，家庭之于个人意义重大。凡人皆在家庭中成长，并借由家庭的庇护、父母的教育，大多数人并因此社会化而成为社会的一分子。基于人类群居的天性，大多数人都有组成一个家庭，在家庭共同体中感受共同生活的欲望与本能。可以说家庭的组成、家庭成员间的共同生活，满足了一个人安身立命最基本的需求。这种生活模式先于国家和法律而存在，具有普遍性，属于人的“自然权利”。尽管家庭对于个人目的性的存在具有十分重要的价值，但不可否认，家庭权作为一项宪法确认的基本权利为人们所认知、重视却是晚近之事。随着一系列重要的国际人权公约相继明确规定了家庭权，直到二战后家庭权才真正成为普适性人权。然而与家庭权重要性不相称的是，对于如何认识家庭权的宪法地位等问题，学界的研究仍处于起步阶段。

20世纪50年代以来，由于个人主义、福利主义等思潮的影响，加之生物新技术的产生，传统的以异性婚姻为基础的单一家庭模式正遭受越来越多的挑战。尽管这一传统模式在家庭自主和爱的伦理法则的表象下掩盖了性别歧视、权力压迫等弊端，但由于得到国家法律的背书而被视为具有不言而喻的正当性。面对全新的社会现象和观念变革，传统的家庭制度已然不能适应时代的发展。作为奠定整个共同体价值秩序的宪法，必须回应时代的变迁，从基本权利的角度重新调适国家与个人家庭私生活之间的关系，将传统的异性婚姻家庭制度纳入合宪性审查的范畴。这就使得有关家庭权的宪法理论研究迫在眉睫。

本书是国内首次从基本权利层面研究家庭权的专论。从探讨家庭的内涵入手，进而分析作为基本权利的家庭权的主体、内涵，并结合国际人权法规范及西方国家国内法对家庭权的落实程度，分析论证家庭权的宪法保障范围及其效力，最后结合中国实际，对中国有关家庭立法进行了反思。

本书强调家庭权是家庭及其家庭成员在家庭生活方面所享有的权利的总和。就个人而言，家庭权有助于个人的自然成长、自我认同、自然情感的维护；就公共领域而言，家庭权将推动民主政治，限制专制集权。就家庭权的保障对象而言，包括每一个家庭及家庭成员，而就保障事项而言，家庭权涵盖组成家庭的权利、共同生活权、家庭隐私权、维持家庭成员亲属关系的权利、维持家庭存续的权利、维护家庭和谐的权利。就家庭权的权利性质来看，家庭权兼具自由权和社会权的双重属性。结合基本权利功能理论，家庭权的效力分为三个层次：第一，作为防御权性质的家庭权，国家应当自我克制，尊重家庭的自治；第二，作为受益权性质的家庭权，国家应当提供家庭成员符合人的尊严的基本生存条件，维持起码的生活水准；第三，作为客观法的家庭权，国家不仅应当保障家庭权免受私人的侵害，还应当架构保障家庭权的一系列法律制度，包括社会保障制度、社会福利政策、税收优惠规定及家庭法、继承法等，以此维护良好的家庭秩序和社会秩序。宪法在赋予国家保护家庭义务的同时，应当允许国家对家庭权进行必要限制，这些限制应当基于基本权利、普遍道德和公共利益的理由，并严格遵守法律保留原则、平等保护原则、合目的性原则和利益均衡原则。

对于转型中的中国来说，无论是家庭的建立还是家庭内部关系的平衡，都需要国家给予理性的对待。一方面要避免国家公权力对家庭生活的全面渗透和监管，让每个公民都能自由地塑造自己的日常生活，为自然情感的表达和亲密关系的建立留有余地，尤其要为少数人的独特生活方式给予必要的尊重和宽容。另一方面也不能放任自流，需要强化国家干预的是社会中的贫困家庭以及家庭内部的“弱者”。无论是尊重还是干预，其最终的落脚点都在人的尊严的实现。

参考文献

一、中文著作

[1] 伯阳. 德国公法导论[M]. 北京: 北京大学出版社, 2008.
[2] 陈明侠, 黄列. 性别与法律研究概论[M]. 北京: 中国社会科学出版社, 2009.
[3] 陈苇. 外国婚姻家庭法比较研究[M]. 北京: 群众出版社, 2006.
[4] 陈新民. 德国公法学基础理论[M]. 济南: 山东人民出版社, 2001.
[5] 城仲模. 行政法之一般法律原则[M]. 台北: 三民书局, 1994.
[6] 程燎原, 王人博. 赢得神圣——权利及其救济通论[M]. 济南: 山东人民出版社, 1993.
[7] 费安玲. 学说汇纂[M]. 北京: 知识产权出版社, 2007.
[8] 公丕祥. 权利现象的逻辑[M]. 济南: 山东人民出版社, 2002.
[9] 郭丽红. 冲突与平衡: 婚姻法实践性问题研究[M]. 北京: 人民法院出版社. .
[10] 韩大元. 比较宪法学[M]. 北京: 高等教育出版社, 2003.
[11] 韩大元. 宪法学教学参考书[M]. 北京: 中国人民大学出版社, 2003.
[12] 胡肖华. 宪法诉讼原论[M]. 北京: 法律出版社, 2002.
[13] 胡玉鸿. "个人"的法哲学叙述[M]. 济南: 山东人民出版社, 2008.
[14] 胡玉鸿. 法律原理与技术[M]. 北京: 法律出版社, 2002.
[15] 黄茂荣. 法学方法与现代民法[M]. 北京: 中国政法大学出版社, 2001.
[16] 蒋碧昆. 宪法学[M]. 北京: 中国政法大学出版社, 1999.
[17] 荆知仁. 美国宪法人身自由条款要义[M]. 台北: 台湾商务印书馆股份有限公司, 1976.
[18] 李步云. 宪法比较研究[M]. 北京: 法律出版社, 1998.
[19] 李银河. 妇女: 最漫长的革命[M]. 北京: 生活·读书·新知三联书店, 1997.
[20] 李震山. 多元·宽容与人权保障——以宪法未列举权之保障为中心[M], 台

北：元照出版有限公司，2007.
[21] 梁治平. 寻找自然秩序中的和谐[M]. 北京：中国政法大学出版社，2002.
[22] 林来梵. 从宪法规范到规范宪法[M]. 北京：法律出版社，2017.
[23] 林语堂. 生活的艺术[M]. 合肥：安徽人民出版社，1988.
[24] 林喆. 公民基本人权法律制度研究[M]. 北京：北京大学出版社，2005.
[25] 刘引玲. 配偶权问题研究[M]，北京：中国检察出版社，2001.
[26] 龙冠海. 社会学[M]. 台北：三民书局股份有限公司，1983.
[27] 蒙培元. 情感与理性[M]. 北京：中国社会科学出版社，2002.
[28] 潘允康. 家庭社会学[M]. 北京：中国审计出版社，中国社会科学院，2002.
[29] 彭怀真. 进入社会学的世界[M]. 台北：洞察出版社，1988.
[30] 钱穆. 中国文化史导论[M]. 北京：商务印书馆，1994.
[31] 秦前红. 新宪法学[M]. 武汉：武汉大学出版社，2009.
[32] 瞿同祖. 中国法律与中国社会[M]. 北京：中华书局，1981.
[33] 沈宗灵，黄楠森. 西方人权学说[M]. 成都：四川人民出版社，1994.
[34] 苏永钦. 部门宪法[M]. 台北：元照出版有限公司，2006.
[35] 孙隆基. 中国文化的深层结构[M]. 桂林：广西师范大学出版社，2004.
[36] 万俊人. 寻求普世伦理[M]. 北京：商务印书馆，2001.
[37] 王洪. 婚姻家庭法[M]. 北京：法律出版社，2003.
[38] 王丽萍. 亲子法研究[M]. 北京：法律出版社，2004.
[39] 张学仁. 西方法律思想史资料选编[M]. 北京：北京大学出版社，1983.
[40] 夏勇. 中国民权哲学[M]. 北京：生活·读书·新知三联书店，2004.
[41] 肖蔚云. 一国两制与香港特别行政区基本法[M]. 北京：北京大学出版社，1990.
[42] 谢瑞智. 宪法新论[M]. 新北：文笙书局，1999.
[43] 许崇德. 中国宪法[M]. 北京：中国人民大学出版社，1996.
[44] 许庆雄. 社会权论[M]. 台北：众文图书股份有限公司，1991.
[45] 徐杨杰. 宋明家族制度史论[M]. 北京：中华书局，1995.
[46] 杨春福. 权利法哲学研究导论[M]. 南京：南京大学出版社，2000.
[47] 杨大文，龙翼飞. 婚姻家庭法学[M]. 北京：中国人民大学出版社，2006.
[48] 杨海坤. 宪法学基本论[M]. 中国人事出版社，2002.

[49] 杨建顺. 日本行政法通论[M]. 北京: 中国法制出版社, 1998.
[50] 杨日受. 法与义[M]. 台北: 五南图书出版有限公司, 2000.
[51] 杨宇冠. 《公民权利和政治权利国际公约》研究[M]. 北京: 中国人民公安大学出版社, 2003.
[52] 俞可平. 社群主义(修订版)[M]. 北京: 中国社会科学出版社, 2005.
[53] 岳庆平. 中国的家与国[M]. 长春: 吉林人民出版社, 1990.
[54] 张千帆. 西方宪政体系·欧洲部分[M]. 北京: 中国政法大学出版社, 2001.
[55] 张千帆. 宪法学导论[M]. 法律出版社, 2004.
[56] 张文显. 法学基本范畴研究[M]. 北京: 中国政法大学出版社, 1993.
[57] 张文显. 法理学[M]. 北京: 高等教育出版社, 北京大学出版社, 1999.
[58] 张翔. 基本权利的规范建构(修订版)[M]. 北京: 法律出版社, 2017.
[59] 张燕玲. 人工生殖法律问题研究[M]. 北京: 法律出版社, 2006.
[60] 周汉华. 外国政府信息公开制度比较[M]. 北京: 中国法制出版社, 2003.
[61] 周辅成. 从文艺复兴到19世纪资产阶级哲学家政治思想家有关人道主义人性论言论选集[M]. 北京: 商务印书馆, 1966.
[62] 周永坤. 公民权利: 有尊严的活着[M]. 北京: 人民出版社, 2010.
[63] 卓泽渊. 法理学[M]. 北京: 法律出版社, 2000.
[64] 陈绍禹. 关于中华人民共和国婚姻法起草经过和起草理由的报告[M]//刘素萍. 婚姻法学参考资料. 北京: 中国人民法学出版社, 1989.
[65] 陈昭如. "重组"家庭: 从父系家庭到中性的新伙伴关系? [M]//苏永钦. 部门宪法. 台北: 元照出版公司, 2006.
[66] 何兆武. "从身份到契约"——重评梅茵的公式[M]//何兆武. 何兆武学术文化随笔. 北京: 中国青年出版社, 1998.
[67] 刘淑范. 试论德国联邦宪法法院保障基本权利功能之界限[M]//刘孔中、李建良. 宪法解释之理论与实务. 台北: "中央研究院"人文社会科学研究所, 1998.
[68] 邱基俊, 邱铭堂. 论行政法上之平等原则[M]//陈仲模. 行政法之一般法律原则(二). 台北: 三民书局, 1997.
[69] 苏永钦. "我国宪法"中的家庭[M]//苏永钦. 部门宪法. 台北: 元照出版有限公司, 2006.

[70] 王宏波. 市场经济的道德理念: 互为目的[M]. 陶黎宝华, 邱仁宗. 价值与社会（第2集）. 北京: 中国社会科学出版社, 1998.
[71] 杨懋春. 中国的家族主义与国民性格[M]//刘志琴. 文化危机与展望. 北京: 中国青年出版社, 1989.

二、译著

[1] A. 班杜拉. 思想和行动的社会基础——社会认知论（上册）[M]. 林颖, 译. 上海: 华东师范大学出版社, 2001.
[2] A. J. M. 米尔恩. 人的权利与人的多样性——人权哲学[M]. 夏勇, 张志铭, 译. 北京: 中国大百科全书出版社, 1995.
[3] 阿部照哉. 宪法——基本人权篇[M]. 周宗宪, 译. 北京: 中国政法大学出版社, 2006.
[4] 阿格妮丝·赫勒. 日常生活[M]. 衣俊卿, 译. 重庆: 重庆出版社, 1990.
[5] 阿拉斯戴尔·麦金太尔. 追寻美德: 伦理理论研究[M]. 宋继杰, 译. 北京: 译林出版社, 2003.
[6] 阿米·古特曼等. 结社: 理念与实践[M]. 吴玉章, 毕小青等, 译. 北京: 生活·读书·新知三联书店, 2006.
[7] 艾德, 等. 经济、社会和文化的权利[M]. 黄列, 译. 北京: 中国社会科学出版社, 2003.
[8] 安德烈·比尔基埃, 等. 家庭史[M]. 袁树仁, 译. 上海: 生活·读书·新知三联书店, 1998.
[9] 安吉洛·M. 科迪维拉. 国家的性格——政治怎样制造和破坏繁荣、家庭和文明礼貌[M]. 张智仁, 译. 上海: 上海人民出版社, 2001.
[10] 彼得·斯坦, 约翰·香德. 西方社会的法律价值[M]. 王献平, 郑成思, 译. 北京: 中国法制出版社, 2004.
[11] 彼德罗·彭梵得. 罗马法教科书[M]. 黄风, 译. 北京: 中国政法大学出版社, 1992.
[12] 柏拉图. 理想国[M]. 郭斌和, 张竹明, 译. 北京: 商务印书馆, 1986.
[13] 伯兰特·罗素. 罗素文集[M]. 王正平, 杨承滨, 译, 北京: 改革出版社, 1996.
[14] 伯兰特·罗素. 社会改造原理[M]. 张师竹, 译. 上海: 上海人民出版社, 2001.

[15] 博西格诺等. 法律之门[M]. 邓子滨, 译. 北京: 华夏出版社, 2002.
[16] 查尔斯·泰勒. 自我的根源: 现代认同的形成[M]. 韩震, 等, 译. 北京: 译林出版社, 2001.
[17] 大卫·切尔. 家庭生活的社会学[M]. 彭铟旎, 译. 北京: 中华书局, 2005.
[18] 大沼保昭. 人权、国家与文明: 从普遍主义的人权观到文明相容的人权观[M]. 王志安, 译. 北京: 生活·读书·新知三联书店, 2003.
[19] 迪特尔·施瓦布. 德国家庭法[M]. 王葆莳, 译. 北京: 法律出版社, 2010.
[20] 弗里德利希·冯·哈耶克. 法律、立法与自由(第二、三卷)[M]. 邓正来, 张守东, 李静冰, 译. 北京: 中国大百科全书出版社, 2000.
[21] 弗里德利希·冯·哈耶克. 自由秩序原理[M]. 邓正来, 译. 北京: 生活·读书·新知三联书店. .
[22] G. 拉德布鲁赫. 法哲学[M]. 王朴, 译. 北京: 法律出版社, 2005.
[23] 戈登·葛拉姆. 当代社会哲学[M]. 黄藿, 译. 台北: 桂冠图书股份有限公司, 1998.
[24] H. 科殷. 法哲学[M]. 林荣远, 译. 北京: 华夏出版社, 2002.
[25] 哈里·D. 格劳斯等. 美国家庭法精要[M]. 陈苇, 等, 译. 北京: 中国政法出版社, 2010.
[26] 汉密尔顿等. 联邦党人文集[M]. 程逢如, 等, 译. 北京: 商务印书馆, 1980.
[27] 黑格尔. 历史哲学[M]. 王造时, 译. 北京: 商务印书馆, 1973.
[28] 亨利·范·马尔赛文, 格尔·范·德·唐. 成文宪法的比较研究[M]. 陈云生, 译. 北京: 华夏出版社, 1987.
[29] 亨廷顿. 变革社会中的政治秩序[M]. 李盛平, 译. 北京: 华夏出版社, 1988.
[30] J. L. 斯图尔特. 中国的文化与宗教[M]. 闵甲, 等, 译. 长春: 吉林文史出版社, 1991.
[31] John Muncie. 家庭社会学[M]. 洪慧芬, 等, 译. 新北: 韦伯文化国际出版公司2003年版。.
[32] 杰克·唐纳利. 普遍人权的理论与实践[M]. 王浦劬, 等, 译. 北京: 中国社会科学出版社, 2001.
[33] 京特·雅克布斯. 规范·人格体·社会——法哲学前思[M]. 冯军, 译. 北京: 法律出版社, 2001.

[34] 卡尔·施米特. 宪法学说[M]. 刘锋, 译. 上海: 上海人民出版社, 2005.
[35] 卡尔威因, 帕尔德森. 美国宪法释义[M]. 徐卫东, 吴新平, 译. 北京: 华夏出版社, 1989.
[36] 考夫曼. 法律哲学[M]. 刘幸义, 译. 台北: 五南图书出版公司, 2000.
[37] 康德. 法的形而上学原理——权利的科学[M]. 沈叔平, 译. 北京: 商务印书馆, 1991.
[38] 康拉德·黑塞. 联邦德国宪法纲要[M]. 李辉, 译. 北京: 商务印书馆, 2007.
[39] 克莱尔·奥维, 罗宾·怀特. 欧洲人权法: 原则与判例(第3版)[M]. 何志鹏, 孙璐, 译. 北京: 北京大学出版社, 2006.
[40] 利谷信义, 等. 离婚法社会学[M]. 陈明侠, 等, 译. 北京: 北京大学出版社, 1991.
[41] 列宁. 列宁全集[M]. 中共中央编译局, 译. 北京: 人民出版社, 1987.
[42] 芦部信喜. 宪法(第三版)[M]. 林来梵, 等, 译, 北京: 北京大学出版社, 2006.
[43] 卢梭. 社会契约论[M]. 何兆武, 译. 北京: 商务印书馆, 1980.
[44] 路易斯·亨金. 权利的时代[M]. 信春鹰, 吴玉章, 李林, 译. 知识出版社, 1997.
[45] 罗纳德·德沃金. 认真对待权利[M]. 信春鹰, 吴玉章, 译. 北京: 中国大百科全书出版社, 1998.
[46] 罗思玛莉·佟恩. 女性主义思潮[M]. 刁筱华, 译. 台北: 时报文化出版企业有限公司, 1996.
[47] 马丁·洛克林. 公法与政治理论[M]. 郑戈, 译. 北京: 商务印书馆, 2002.
[48] 马克思, 恩格斯. 马克思恩格斯全集[M]. 北京: 人民出版社, 1995.
[49] 曼弗雷德·诺瓦克. 《公民权利和政治权利国际公约》评注[M]. 孙世彦, 毕晓青, 译. 北京: 生活·读书·新知三联书店出版社, 2008.
[50] 梅因. 古代法[M]. 沈景一, 译. 北京: 商务印书馆, 1997.
[51] 孟德斯鸠. 论法的精神(上册). 张雁深, 译, 北京: 商务印书馆, 1982.
[52] 米塞斯. 人的行为(上)[M]. 夏道平, 译. 台北: 远流出版事业股份有限公司, 1991.
[53] 摩莱里. 自然法典[M]. 黄建华, 姜亚洲, 译. 北京: 译林出版社, 2011.

[54] 庞德. 通过法律的社会控制法律的任务[M]. 沈宗灵，译. 北京：商务印书馆，1984.
[55] 乔治·恩德勒等主编. 经济伦理学大辞典[M]. 王森洋，译. 上海：上海人民出版社，2001.
[56] R. J. 文森特. 人权与国际关系[M]. 凌迪等，译. 北京：知识出版社，1998.
[57] 莎伦·布雷姆. 亲密关系[M]. 郭辉，等，译. 北京：人民邮电出版社，2005.
[58] 史蒂芬·霍尔姆斯，凯斯·R. 桑斯坦. 权利的成本——为什么自由依赖于税. 毕竞悦，译，北京：北京大学出版社，2004.
[59] 史蒂文·卢克斯. 个人主义[M]. 阎克文，译，南京：江苏人民出版社，2001.
[60] 泰·德萨米. 公有法典[M]. 黄建华，姜亚洲，译. 北京：商务印书馆，1982.
[61] 威尔海姆·赖希. 法西斯主义群众心理学[M]. 张峰，译. 重庆：重庆出版社，1990.
[62] 威廉·A. 盖尔斯敦. 自由多元主义——政治理论与实践中的价值多元主义[M]. 佟德志，庞金友，译. 南京：江苏人民出版社，2005.
[63] 威廉·J. 古德. 家庭[M]. 魏章玲，译. 北京：社会科学文献出版社，1986.
[64] 薇薇安娜·A. 泽利泽. 亲密关系的购买[M]. 姚伟，刘永强，译. 上海：上海人民出版社，2009.
[65] 文鸿柱. 韩国的宪政制度[M]. 林秋山，译. 民国大会宪政研讨委员会编印，1985.
[66] 西塞罗. 论共和国 论法律[M]. 王焕生，译. 北京：中国政法大学出版社，1997.
[67] 许烺光. 宗族·种姓·俱乐部[M]. 薛刚，译，北京：华夏出版社，1990.
[68] 雅各布·布克哈特. 意大利文艺复兴时期的文化[M]. 何新，译. 北京：商务印书馆，1979.
[69] 亚里士多德. 政治学[M]. 吴寿彭，译. 北京：商务印书馆，1965.
[70] 英戈·穆勒. 恐怖的法官——纳粹时期的司法[M]. 王勇，译. 北京：中国政法大学出版社，2000.
[71] 约翰·罗尔斯. 正义论[M]. 何怀宏，何包刚，廖申白，译. 北京：中国社会科学出版社，1988.
[72] 约翰·格雷. 自由主义的两张面孔[M]. 顾爱宾，李瑞华，译. 南京：江苏人民

出版社, 2002.
[73] 约翰·斯图亚特·密尔. 论自由[M]. 许宝骙, 译. 北京: 商务印书馆, 1959.
[74] 詹姆斯·M. 伯恩斯等. 民治政府[M]. 陆震纶, 等, 译. 北京: 中国社会科学出版社, 1996.
[75] 艾利斯·马瑞恩·扬. 政治与群体的差异——对普适性公民观的批评[M]//成庆, 译. 许纪霖. 共和、社群与公民. 南京: 江苏人民出版社, 2004.
[76] 彼得·德·马尼弗. 权利·理由和结社自由[M]//邹利琴, 译. 阿米·古特曼, 等. 吴玉章, 毕小青, 等, 译. 结社: 理念与实践. 北京: 生活·读书·新知三联书店, 2006.
[77] 凯瑟琳·马奥尼. 作为人权的妇女权利: 各种理论观点的分析及其实施战略[M]//白桂梅. 国际人权与发展, 中国和加拿大的视角. 北京: 法律出版社, 1998.
[78] 沃尔特·E.莫菲. 宪法、宪政与民主[M]//信春鹰, 译. 宪法比较研究课题组. 宪法比较研究文集(3). 山东人民出版社, 1993.
[79] 星野英一. 私法中的人——以民法财产法为中心[M]//王闯, 译. 梁慧星. 为权利而斗争——梁彗星先生主编之现代世界法学名著集. 北京: 中国法制出版社, 2000.
[80] 约翰·罗尔斯. 公共理性观念再探[M]//时和兴, 译. 哈佛燕京学社·三联书店. 公共理性与现代学术. 北京: 三联书店, 2004.

三、论文

[1] 埃德加, 海伦·格莱泽. 家庭与亲密关系: 家庭生活历程与私生活的再建[J]. 仕琦, 译. 国际社会科学杂志(中文版), 1995(1): 133-156+7.
[2] 蔡俊生. 论群婚[J]. 中国社会科学, 1983(1): 143-162.
[3] 蔡维音. 论家庭之制度保障——评释字第502号解释[J]. 月旦法学杂志, 2000(8): 138-143.
[4] 曹诗权. 中国婚姻法的基础性重构[J]. 法学研究, 1996(3): 100-108.
[5] 柴效武. 家庭本质是经济关系[J]. 社会, 1984(2): 31-32.
[6] 陈清秀. 纳税人权利保障之法理——兼评纳税人权利保护法草案[J]. 法令月刊, 2007(6): 59-83.

[7] 陈燕萍. 论婚姻家庭权的伦理内涵与法律规制[J]. 四川省政法管理干部学院学报, 2005(4): 53-58.
[8] 陈宜倩. 以家庭之名强化父权的社会控制——评释字第五六九号解释[J]. 月旦法学杂志, 2005(5): 199-209.
[9] 陈友华, 胡小武. 低生育率是中国的福音?——从第六次人口普查数据看中国人口发展现状与前景[J]. 南京社会科学, 2011(8): 53-59.
[10] 戴瑀如. 论德国同性伴侣法[J]. 月旦法学杂志, 2004(4): 145-165.
[11] G. 博顿利, 陈一玛. 论"家庭"的历史模式和社会学模式[J]. 国外社会科学, 1989(6): 64-70.
[12] 汉斯·哈腾鲍尔. 民法上的人[J]. 孙宪忠, 译. 环球法律评论, 2001(冬): 389-400.
[13] 何道宏. 社会主义家庭的本质是感情关系[J]. 社会, 1984(1): 34.
[14] 胡玉鸿. 法律与自然情感——以家庭关系和隐私权为例[J]. 法商研究, 2005(6): 3-10.
[15] 黄友林. 家庭的本质是什么——邓伟志同志商榷[J]. 社会, 1983(7): 33.
[16] 江崇原. 论美国纽泽西州同性伴侣法制之发展: 以2004 年"家庭伴侣法"及2007 年"公民结合法"为研究中心[J]. "国立"中正大学法学集刊, 2010(1): 1-75.
[17] 李杰. 完善我国身份关系诉讼制度的构想[J]. 中国法学, 1990(6): 103-108.
[18] 李立如. 法不入家门?——家事法演变的法律社会学分析[J]. 中原财经法学, 2003(6): 41-83.
[19] 李秋高. 在伦理与法理之间: 一种古老权利的重新构建——家庭权法律问题初步研究[J]. 北京理工大学学报(社会科学版), 2011(2): 106-110.
[20] 刘练军. 民法典应承载宪法对家庭之制度性保障[J]. 法制与社会发展, 2018(2): 32-42.
[21] 莫纪宏. 论对社会权的宪法保护[J]. 河南省政法管理干部学院学报, 2008(3): 1-14.
[22] 欧爱民. 德国宪法制度性保障的二元结构及其对中国的启示[J]. 法学评论, 2008(2): 117-124.
[23] 欧爱民. 聚众淫乱罪的合宪性分析——以制度性保障理论为视角[J]. 法商

研究，2011（1）：36-41.

[24] 彭南林. 关于两性平等与和谐发展的思考[J]. 特区理论与实践，2003（1）：58-61.

[25] 王洪. 论子女最佳利益原则[J]. 现代法学，2003（12）：31-35.

[26] 王丽萍. 美国女性主义法学及其启示[J]. 法学论坛，2004（1）：88-93.

[27] 王思斌. 社会转型中的弱势群体[J]. 中国党政干部论坛，2002（3）：19-22.

[28] 韦澍一. 从两性关系重组谈实现男女平等的途径[J]. 社会科学战线，1996（2）：114-117.

[29] 温辉. 教育的宪法学解读[J]. 国家检察官学院学报，2008（4）：101-106.

[30] 夏吟兰. 离婚亲子关系立法趋势之研究[J]. 吉林大学社会科学学报，2007（4）：63-71.

[31] 杨遂全. 论国家保护婚姻家庭的宪法原则及其施行[J]. 中国法学，2001（1）：169-172.

[32] 姚建国. 宪法是如何介入家庭的？——判例法视角下的美国宪法对家庭法的影响及其争拗[J]. 比较法研究，2011（6）：1-14.

[33] 俞金尧. 欧洲历史上家庭概念的演变及其特征[J]. 世界历史. 2004（4）：4-22+144.

[34] 袁玉芳. 建国初期贯彻婚姻法运动的政治动员评析[J]. 桂林师范高等专科学校学报，2011（3）：72-75.

[35] 张燕玲. 家庭权及其宪法保障——以多元社会为视角[J]. 南京大学学报（哲学·人文科学·社会科学），2011（4）：141-149+160.

[36] 郑贤君. 作为客观价值秩序的基本权——从德国法看基本权保障义务[J]. 法商研究，2006（2）：35-45.

[37] 周永坤. 论宪法基本权利的直接效力[J]. 中国法学，1997（1）：20-28.

[38] 庄国荣. 西德之基本权理论与基本权的功能[J]. 宪政时代，1990（3）：32-33.

[39] 王国锋. 论结社权[D]. 长春：吉林大学法学院，2010.

[40] 高智美. 从婚姻本质探讨我国事实上夫妻保护之法理基础[C]//杨日然教授纪念论文集编辑委员会. 法理学论丛——纪念杨日然教授. 台北：月旦出版社股份有限公司，1997.

[41] 黄列. 中国的家庭生活权及其保障[C]//刘海年.《经济·社会和文化权利国际公约》研究：中国挪威经社文权利国际公约研讨会论文集. 北京：中国法制出版社，2000.

[42] 李建良. "制度性保障理论"探源——寻索卡尔·史密特学说的大义与微言[C]//吴庚大法官荣退论文集编辑委员会. 公法学与政治理论. 台北：元照出版公司，2004.

[43] 李孟融. 福利国家的宪法基础——及其基本权利冲突之研究[C]//杨日然教授纪念论文集编辑委员会. 法理学论丛——纪念杨日然教授. 台北：月旦出版社股份有限公司，1997.

[44] 施慧玲. 家庭·法律·福利国家——现代亲属身份法的主要研究课题[C]//施慧玲. 家庭·法律·福利国家——现代亲属法论文集. 台北：元照出版有限公司，2001.

[45] 张嘉尹. 基本权理论·基本权功能与基本权客观面向[C]//翁岳生教授祝寿论文集编辑委员会. 当代公法新论——翁岳生教授七秩诞辰祝寿论文集（上册）. 台北：元照出版有限公司，2002.

四、外文资料

[1] Allan Ides and Chritopher N May. Constitutional Law: Individual rights[M]. Beijing:Citic Publishing House,2003.

[2] Harry D. Krause. Family Law[M]. Beijing:Law Press,1999.

[3] Michael Freeden. Right[M]. Berkshire :Open University Press,1991.

[4] Elizabeth B. Silva,Carol Smart. The "New" Practices and Politics of Family Life[M]. London: Sage Publications, 1999.

[5] Susan Moller Okin. Justice, Gender, and the Family[M]. Princeton:Princeton University Press,1987.

[6] Bruce C. Hafen. Individualism and Autonomy in Family Law: The Waning of Belonging[J]. 1991, B. Y. U. L. Rev. 1.

[7] Carl E. Schneider. Moral Discourse and the Transformation of American Family Law[J]. 1895,83 Mich. L. Rev. 1803.

[8] Gillian Douglas. The Family and the State under the European Convention

on Human Rights[J]. 1998,International Journal of Law and the Family 2.

[9] Jennifer Wriggins. Marriage Law and Family Law: Autonomy, Interdependence and Couples of the Same Gender[J]. 2000, 41 B. C. L. Rev. 265.

[10] John DeWitt Gregory. Redefining the Family: Undermining the Family[J]. 2004, U Chi Legal F 381.

[11] Larry Peterman, Tiffany Jones. Defending Family Privacy[J]. 2003,5 J. L. Fam. Stud. 71.

[12] Naomi R. Cahn. The Moral Complexities of Family Law[J]. 1997, 50 Stan. L. Rev. 225.

[13] Sotirios A. Barber. Welfare State and the Nature of the U. S. Constitution: An Exchange of Views[J]. 1990,in Am. J. Juris,Vol. 42.

[14] Suzanne A. Kim. Reconstructing Family Privacy[J]. 2006, 57 Hastings L. J. 557

后　记

从硕士论文关注隐私权再到博士阶段聚焦家庭权，私人生活的法律规范一直以来都是我的研究兴趣所在。私域是感性、肆意、散漫的，而法律是理性、克制、刚硬的，两者气质违和，但私域从来不是“法外之地”，法治是一个良好社会秩序的基石，当“法治”已经成为街头巷尾、妇孺皆知的常识时，私域的法律调控自然是内在之义。问题在于，如何在感性和理性间寻找一个妥当的平衡。在撰写论文的过程中，我需要对自己朝夕相处、最为熟悉的领地进行抽丝剥茧的深度解构，时常会陷入“这么近，那么远”的迷思和困惑，那些看似家常琐事是否足以纳入法律的触角需要小心谨慎地设计和谋划，这不仅是对私域的尊重捍卫，也是对法律的敬畏虔诚之心。

作为一个在国内尚属于起步阶段的全新话题，虽然作品的诞生倾注了笔者相当的心血和精力，但不足之处不少，距离尽善尽美尚远。在作品即将面世接受公众评判之际，有些紧张，但更多的是期待，希冀未来有更多学界同仁来关注“家”，为作品的进一步完善提供智慧的火花。

感谢导师周永坤教授。是周师引我步入法理学的殿堂，先生深邃思想、缜密逻辑让人倾倒折服，宁静致远、淡泊名利令人肃然起敬。整个博士论文的写作过程，从选题、结构安排、内容构思、初稿的修改到最后定稿各个环节都倾注了老师大量的心血，许多建设性意见让我受益匪浅。是先生不断的鼓励和宽慰给了我前行的动力。惜学生愚钝又懈怠，多年得先生耳提面命、传道解惑，虽有智识增长，却始终不得精深学问。

感谢杨海坤教授。杨师大家风范，知识渊博，却善用朴实无华的语言为学生解读玄奥艰涩的理论。先生既是中国民主宪政理论的开拓者，又是践行家，多次在参政议政的场合敢于直言、为民担当，其胆识、智慧及关注民族命运的使命感和责任感令学人倾佩。多年奖掖后学，提携晚进则更让人感动。

感谢胡玉鸿教授。胡师是我硕士论文指导老师。多年来承蒙老师和师母傅丽琴女士的爱护关照。先生之风、山高水长。在浮躁虚弱的年代，先生爱书嗜书体现了一个读书人对知识的坚守和信仰。先生严谨踏实的治学风格、豁达宽厚的生活态度以及率真恬然的人格魅力，都是我一生学习的楷模和奋斗目标。我始终记得先生说写作撰文要追求“文字性、思想性、文学性”；待人处世要学会“宽容与幽默”，可惜学生修行尚浅、悟性不足，有负先生殷殷期待，每念于此，亏欠于心。

感谢孙莉教授。孙师内外兼修，感性又理性。广博的学问、风趣的语言、优雅的气质、时不时闪烁的思想火花，都令每一次交流如沐春风、回味隽永。

感谢艾永明教授，多年前有幸聆听您古代法理的讲授，改变了我对历史枯燥乏味的刻板印象，这些年跨界从事法制史的教学进一步强化了“以史为鉴”观念的重要性；感谢高积顺教授，兼济天下的人文情怀令人敬仰。

感谢在苏州大学王健法学院读博期间帮助和鼓励我的诸多学友。庞凌师兄才思敏捷、睿智儒雅，热爱生活的理念深得我心；高军师兄勤奋好学、仁厚身正，不时关心和督促论文的进展；薛华勇博士才华横溢，至情至性，颇有古代文人的风雅和气度；苏治、唐志容伉俪情深，善解人意，他们总是在我思绪缠绕、心情焦灼时为我疏解压力；同窗杨俊、陈峰、吕成、陈军、张蹇、陆岸、曹艳梅诸博士，你们在课堂上的精彩发言开拓了我的视野；同门吕尚敏、吴鹏飞、汪祥胜、赵哲、吕康宁、赵娴、张今文诸君，与你们之间不时的切磋交流和胡侃神聊，为繁忙劳顿的求学生活增添了不少生气，特别感谢赵哲和吕康宁二位在论文成稿、打印、校对阶段热情的帮忙。

感谢吉林大学出版社李国宏总编辑对本书出版给予的宝贵帮助，感谢本书编辑黄国彬老师的辛苦劳动让本书顺利付梓！

亲情始终是我内心最柔软的地方。父母经历过上山下乡，深知知识的可贵。在恢复成人高考后，他们克服重重困难毅然踏上了求知的道路，艰苦岁月没有消磨父母的意志，反而让他们更为坚韧不拔和从容不迫。在我做出了继续研修的决定后，父母给了我最坚定的支持！父母是我人生第一导师，感恩之心，无以言表！

王琼雯

2019年立夏

图书在版编目（CIP）数据

家庭权初论 / 王琼雯著.—长春：吉林大学出版社, 2019.10
ISBN 978-7-5692-5765-6

Ⅰ.①家… Ⅱ.①王… Ⅲ.①亲属法–研究–中国 Ⅳ.①D923.904

中国版本图书馆CIP数据核字(2019)第244166号

书　　名：家庭权初论
JIATINGQUAN CHULUN

作　　者：王琼雯　著
策划编辑：黄国彬
责任编辑：王　蕾
责任校对：马宁徽
装帧设计：刘　丹
出版发行：吉林大学出版社
社　　址：长春市人民大街4059号
邮政编码：130021
发行电话：0431-89580028/29/21
网　　址：http://www.jlup.com.cn
电子邮箱：jdcbs@jlu.edu.cn
印　　刷：北京光之彩印刷有限公司
开　　本：787mm×1092mm　　1/16
印　　张：12.75
字　　数：200千字
版　　次：2020年1月　第1版
印　　次：2020年1月　第1次
书　　号：ISBN 978-7-5692-5765-6
定　　价：60.00元